观光休闲农业
助推乡村振兴

曾伟　编著

WUHAN UNIVERSITY PRESS
武汉大学出版社

图书在版编目(CIP)数据

观光休闲农业助推乡村振兴/曾伟编著.—武汉:武汉大学出版社,2022.10
(2023.11 重印)
ISBN 978-7-307-23192-4

Ⅰ.观…　Ⅱ.曾…　Ⅲ.①观光农业—研究—中国　②农村—社会主义
建设—研究—中国　　Ⅳ.①F592.3　②F320.3

中国版本图书馆 CIP 数据核字(2022)第 132806 号

责任编辑:陈　帆　　责任校对:李孟潇　　　版式设计:马　佳

出版发行:**武汉大学出版社**　　(430072　武昌　珞珈山)
(电子邮箱:cbs22@ whu.edu.cn 网址:www.wdp.com.cn)
印刷:湖北金海印务有限公司
开本:787×1092　1/16　印张:15　　字数:353 千字　　插页:1
版次:2022 年 10 月第 1 版　　2023 年 11 月第 3 次印刷
ISBN 978-7-307-23192-4　　定价:62.00 元

前　言

观光农业是以农业为基础，以农民、合作组织、企业等为主体，依托农村生态环境、田园景观、农业生产设施、农耕与民俗文化、农家生活等丰富资源，通过科学规划、合理定位、功能整合等进行产业开发，为社会提供观光、休闲、度假、体验、娱乐、健身、教育及展示等多种服务的新型农业产业形态。观光农业以促进农民就业增收和社会主义新农村建设为目标，融合农村一、二、三产业，紧密联结农业、农产品加工业和农村服务业，是发展农村经济的强劲增长点。发展观光农业已成为促进农民就业增收、推进农村产业结构调整、推动现代农业和社会主义新农村建设、促进城乡统筹发展、转变农业农村经济增长方式的重要途径。

当前，观光农业在全国各地蓬勃发展，各类观光农业园、"农家乐"等已发展至 150多万家，具有一定规模的观光农业园区已发展至 12 000 多家，直接从业人员近 500 万人，年接待游客 7 亿人次，年经营收入达 1 200 亿元左右，成为我国农业和农村经济发展的重要产业。

本书的内容包括观光农业的概念与功能、观光农业理论、观光农业资源、观光农业的类型、观光农业的体验、观光农业的规划、观光农业的法制法规与标准化建设、观光农业的可持续发展等。本书多采用最新的研究成果，以使内容充分体现时代性与前瞻性。

20 世纪 80 年代，我国观光农业开始萌芽；到 21 世纪初，观光农业进入全面发展时期，观光农业节点增多，规模扩大，功能拓宽，布局优化，农户踊跃参与，工商资本纷纷介入，内涵不断丰富，质量稳步提升，观光农业的数量迅速增多，逐步形成区域与品牌优势，为农业、农村经济发展注入了活力，呈现出集约化、规模化的发展态势。

2011 年，农业部印发我国第一个休闲农业发展规划——《全国休闲农业发展"十二五"规划》，这预示着我国的休闲与观光农业步入新的发展时期。

经过长期发展，我国的观光农业已由最初农民经营的"住农家屋、吃农家饭、干农家活、享'农家乐'"初级形态向企业开发、村镇经营的高级形态转变，各地注重开发乡村、民族、农耕、民俗、生态等文化资源，不断注入休闲、观光、娱乐、养生、健身、教育和回归自然等内容，使观光农业向高品位、高层次、多功能方向快速发展，呈现出多元复合型发展态势。

各地农业部门重视观光农业的规范化管理，着手制定休闲与观光农业评定标准与发展规划，对"农家乐"和休闲农庄依据标准定期进行评估，评出不同等级的休闲(观光)农业旅游示范区(点)、休闲(观光)农业示范村与示范户，起到了引导与规范作用，使休闲(观光)农业由各地自发发展逐步走向区域化、规范化和专业化的道路。

观光农业产业融合发展，形成新型产供销、旅工农、科工贸生产体系，带动农村产业结构的调整和优化。观光农业通过对农业资源的开发，为社会提供了观赏、品尝、购买、习作、娱乐、疗养、度假等系列服务，促使农业与观光紧密结合，提高了农产品商品转化率。农业的生态效益和民俗文化等无形产品转化为新的经济收入，大大提高了农业生产的附加值和农业的经济效益，经营方式逐步走向集约化。

各级政府以促进农民就业增收为核心，加大对观光农业支持和引导力度。经过多年发展，规范引导逐渐常态化，一些地方将观光农业列入新农村建设的支持范畴，对参与农产品加工推进行动、农产品质量安全行动、农业科技提升行动、生态家园富民行动的观光农业企业，在项目建设和资金安排上给予支持。一些地方重视从业农民的素质提升，加强对从业农民在经营、管理、服务、餐饮、食宿、导游及解说等方面的培训，并将发展观光农业与新农村建设紧密结合起来，加强农村基础设施建设，整治脏乱差环境，树立农村文明新风，提高农民思想道德水平，弘扬中国传统道德与文化，推动了休闲农业可持续发展。

农业嘉年华是以市场需求为导向，以农业生产活动为主题，以狂欢活动为平台，以农业科技为支撑，以农产品为产品，充分挖掘和展示都市型现代农业的全景功能，从而达到全民关注都市现代农业发展与健康生活方式的目的。

党的十九大报告提出实施乡村振兴战略，并明确了"产业兴旺、生态宜居、乡风文明、治理有效、生活富裕"的总要求，这是新时代"三农"工作的总抓手。2018 年是乡村振兴战略的关键之年，在城乡融合发展的新格局下，要实施乡村振兴这一项长期的历史性任务，必须在乡村地区找到突破口。乡村作为中华民族传统文化的发源地，寄托着人们挥之不去的乡愁，乡村文化得以传承和延续，才能让远离故乡的人们的心灵得以皈依和栖息。从这个意义上说，乡村文化的振兴是乡村振兴的灵魂，势必成为实现乡村振兴的突破口。然而乡村文化是无形的，其传承与传播需要媒介，农业嘉年华作为以乡村文化为灵魂来实现乡村振兴的一种载体，其表现形式、发展模式在不断拓展和创新。

编者

2021 年 9 月 10 日

目　　录

第一章 绪 论

◎ **本章提要**

了解现代农业的特征与观光农业的发展脉络是学习观光农业知识的第一步，本章主要介绍以下内容：

- 农业的特征；
- 现代农业的特征与功能；
- 观光农业的内涵与特征；
- 观光农业演进；
- 观光农业发展的意义。

◎ **学习目标**

通过本章的学习，你应能：

- 了解现代农业的多功能性；
- 掌握观光农业的概念、观光农业的归属；
- 重点掌握观光农业的功能；
- 重点掌握观光农业的特征；
- 掌握观光农业发展的意义。

观光农业是农业与旅游业结合的新型产业，是学科交叉的新领域。观光农业的内涵、特征与功能是本章的重点。

农业在社会经济发展中不断实现功能的拓展，生态性、生活性等功能日益显现。随着现代社会生活节奏的加快和竞争的日益激烈，人们渴望在闲暇时间有多样化的生活体验，尤其向往宁静的田园生活，在充满自然气息的乡村环境中放松身心。因此，以回归田园、体验农耕、享受生活为特色，农业与旅游业交叉的新兴产业——观光农业应运而生。

观光农业是新兴产业和交叉学科。任何一种新兴产业都是在相关产业基础上发展演变而成的，观光农业亦是如此。观光农业在社会经济发展中不断拓展范围、深化内涵，体现了农业的发展与社会的进步。

第一节　农业与现代农业

一、农业

农业是指人们利用动植物的生长能力，采取人工培育和种养殖的办法，取得产品的物质生产产业。从现代经济发展来看，农业具有狭义和广义之分。狭义的农业仅指种植业或农作物栽培业；广义的农业包括种植业、林业、畜牧业、副业和渔业。在有些发达国家，农业还包括为农业提供生产资料的前部门和农产品加工、储藏、运输、销售等后部门。现阶段，中国的农业包括农业（农作物栽培，包括大田作物和园艺作物的生产）、林业（林木的培育和采伐）、牧业（畜禽饲养）、副业（采集野生植物、捕猎野兽以及农民家庭手工业生产）、渔业（水生动植物的采集、捕捞和养殖）。随着农业的发展，林业生产部门已独立出来，形成了一个独立的生产部门。

（一）农业生产活动的特征

1. 地域性

农业生产的对象是动植物，在农业生产过程中需要热量、光照、水、地形、土壤等自然条件。不同的生物，其生长发育要求的自然条件不同。世界各地的自然条件、经济技术条件和国家政策差别很大，因此，农业生产具有明显的地域性。

2. 季节性

农业生产必须"因时制宜"。动植物的生长发育有着一定的规律，并且受自然因素的影响。自然因素（尤其是气候因素）随季节而变化，并有一定的周期性，所以，农业生产的一切活动都与季节有关，必须按季节顺序安排。农作物的播种、管理、收获必须严格按农时进行，误了农时就会减产甚至没有收成。

3. 周期性

农业生产呈现出明显的周期性，这是农业生产的重要规律。利用这个规律，人们可以对上一个生产周期的经验和教训进行归纳和总结，以便在下一个生产周期中予以改进，不断提高农业生产效率。

4. 波动性

同其他事物一样，受市场、气候等多种因素的影响，农产品的产量经常出现波动，这是农业生产中的常见现象。研究和把握农业生产的波动性，对于指导农业生产具有重要的现实意义。

5. 粗放性

同工业生产相比，农业生产具有粗放性的特点。即使西方发达国家已发展"精确农业""精准农业""工厂化农业"等新型农业，但同工业相比，由于受到各种不可控因素的影响，农业生产仍未完全脱离粗放生产的状况。

6. 基础性

农业生产的基础性主要体现为农业是国民经济的基础与根本，是地球上所有生命的

"引擎"和"动脉"，它不仅提供粮食与蔬菜等人类生存必需品，同时也为其他产业提供原料。农业的基础性决定了农业的重要性。

7. 分散性

发达国家的农业虽已实现了机械化和工厂化，但由于地域辽阔，农业生产的分散性特征仍未消失。在发展中国家，农业生产分散性特征更为明显。分散性并不总是缺点，当畜禽疫病或作物病虫害发生时，分散性可有效控制疫病的传播速度，为疫病的控制与防治提供条件。

8. 露天性

"万物生长靠太阳"，作物只有暴露在阳光下，才能进行光合作用。这也是农业生产区别于工业生产的一个显著特点。今后，即使温室大棚和保护地生产面积不断扩大，农业生产露天性的特点也不会从根本上发生改变。

9. 多样性

农业生产具有多目标性、多层次性和多内容性等特点，因此农业生产表现出难以管理等一系列问题。农业生产大多以生物为对象，这与生物的多样性比较吻合。

10. 综合性

农业是一个综合系统，既有动物生产，也有植物生产；既有自然环境，也有人工环境。因此，农业生产表现出明显的综合性特征。

(二) 农业的基本功能

1. 食物保障

以我国为例，我国人口众多，解决好吃饭问题始终是农业最重要、最基本的任务。随着人口数量的增加和生活条件的改善，人们对食物数量的需求陆续增长，对品种的需求不断增多，对质量的追求日益提高，因此农业承担的食品供给、健康营养和安全保障的任务越来越重。

2. 原料供给

农业是工业发展的重要原料来源。随着人们健康意识、环保意识的增强，人们对以农产品为原料的制成品的需求呈快速增长趋势。随着生物质产业特别是生物质能源等新兴产业的兴起，农产品新的原料途径不断拓展、新的加工途径不断开发，既强化了农业对工业的原料支撑作用，也为农业发展开辟了新的空间。

3. 就业增收

农业是农民就业增收的重要产业。开发利用多种农业资源，发展农产品加工、流通及相关产业，提高农业综合效益，这些都蕴藏着极大的就业增收潜力。

二、现代农业

(一) 现代农业的概念与内涵

现代农业是指广泛应用现代科学技术、现代工业提供的生产资料、设施装备和现代科学管理方法的社会化农业。

现代农业是在采用大机器生产的现代工业基础上发展起来的。发达的资本主义国家大体上是从第二次工业革命开始到 20 世纪七八十年代完成的。建设现代农业的过程，就是改造传统农业、不断发展农村生产力的过程，就是转变农业增长方式、促进农业又好又快发展的过程。现代农业的核心是科学化，特征是商品化，方向是集约化，目标是产业化。

现代农业是广泛应用现代市场理念、经营管理知识和工业装备与技术的市场化、集约化、专业化、社会化的产业体系，是将生产、加工和销售相结合，产前、产后和产中相结合，生产、生活和生态相结合，农业、农村、农民协调发展，农村与城市、农业与工业发展统筹考虑，资源高效利用与生态环境保护高度一致的可持续发展的新型产业。

（二）现代农业的特征

现代农业的主要特征有以下十点。

1. 较高的综合生产率

这主要指较高的土地产出率和劳动生产率。农业能否成为一个有较高经济效益和市场竞争力的产业，是衡量现代农业发展水平的重要标志。

2. 可持续发展的产业

农业发展本身是可持续的。现代农业通常广泛采用生态农业、有机农业、绿色农业等生产技术和生产模式，实现淡水、土地等农业资源的可持续利用，达到区域生态的良性循环，使农业本身成为一个良好的、可循环的生态系统。

3. 高度商业化的产业

农业主要为市场而生产，具有很高的商品率，通过市场机制来配置资源。商业化是以市场体系为基础的，现代农业要求建立非常完善的市场体系，包括农产品现代流通体系。离开了发达的市场体系，就不可能有真正的现代农业。农业现代化水平较高的国家，农产品商品率一般在90%以上，有的产业商品率可达到100%。

4. 农业生产条件的现代化

这是指现代农业通常以比较完善的生产条件、基础设施和现代化的物质装备为基础，集约化、高效率地使用各种现代生产投入要素，包括水、电力、农膜、肥料、农药、良种、农业机械等物质投入和农业劳动力投入，从而达到提高农业生产率的目的。

5. 农业科学技术现代化

这是指现代农业通常广泛采用先进适用的农业科学技术、生物技术和生产模式，改善农产品的品质，降低生产成本，以适应市场对农产品需求优质化、多样化、标准化的发展趋势。现代农业的发展过程，实质上是先进科学技术在农业领域广泛应用的过程，是用现代科技改造传统农业的过程。

6. 管理方式现代化

这是指现代农业通常广泛采用先进的经营方式、管理技术和管理手段，使农业生产的产前、产中、产后形成比较完整的紧密联系、有机衔接的产业链条，具有很高的组织化程度；有相对稳定、高效的农产品销售和加工转化渠道，有把分散的农民高效率地组织起来的组织体系，有高效率的现代农业管理体系。

7. 农民素质的现代化

具有较高素质的农业经营管理人才和劳动力，是建设现代农业的前提条件，也是现代农业的突出特征。

8. 实现生产的规模化、专业化、区域化

这是指现代农业通常通过实现农业生产经营的规模化、专业化、区域化，降低公共成本和外部成本，提高农业的效益和竞争力。

9. 农业功能多元化

从大农业的角度分析，现代农业的内涵与外延已经发生了深刻变化，除了具有生产食物、提供工业原料这一传统经济功能外，还具有就业增收、生态保障、观光旅游、文化传承等多种非经济功能。而且，随着经济的高速发展，农业的非经济功能表现得越来越突出，观光农业、体验农业、景观农业、会展农业等新型农业形态正在迅速崛起，并逐步成为与产品生产农业并驾齐驱的重要产业。

10. 建立与现代农业相适应的政府宏观调控机制

这是指建立完善的农业支持保护体系，包括法律体系、政策体系和社会化服务体系。

三、现代农业的多功能性

农业多功能性是农业及其发展的客观属性，是当今农业发展研究领域的重点问题之一。随着经济社会的快速发展以及科技进步日新月异，农业的功能不断巩固和拓展，显示出崭新的面貌和广阔的前景。开发农业的多种功能，其根本目的在于巩固和强化农业的重要战略地位，适应经济社会发展对农业不断提出的新要求。发挥农业多功能性是推进现代农业建设的必然选择，是实现农业可持续发展的客观要求。阐述农业多功能性的由来、内涵及意义，对未来中国现代农业发展、新农村建设和可持续发展目标的实现，具有重要的理论意义和经济意义。

(一) 农业多功能性问题的提出及寓意

农业多功能性概念的提出可追溯到 20 世纪 80 年代末和 90 年代初日本提出的"稻米文化"。日本提出，日本文化与水稻种植密切相关，国内许多节日和庆典都根据水稻的播种、移植和收获活动确定，因此保护了日本的水稻生产就保护了日本的"稻米文化"。

20 世纪 90 年代初，农业多功能性(multi-functionality of agriculture)这一概念开始出现在联合国的重要文献之中。1992 年，联合国环境与发展大会通过了《21 世纪议程》，并将第 14 章第 12 个计划(可持续农业和乡村发展)定义为基于农业多功能特性考虑上的农业政策、规划和综合计划。

1996 年，世界粮食首脑会议通过了《世界粮食安全罗马宣言》和《世界粮食首脑会议行动计划》。这些文件提出，鉴于农业的多功能属性，相关组织等将在低潜力和高潜力地区致力于在家庭、国家、区域和全球推行具有可参与性和可持续性特征的粮食、农业、渔业、林业和乡村发展的政策与实践，并同病虫害、干旱和沙漠化作斗争。这对保证粮食充足稳定供应来说至关重要。1999 年 9 月，联合国粮食及农业组织在荷兰召开了国际农业和土地多功能特性会议，大会的纲领性文件即大会主席报告指出，所有的人类活动，包括农业，都具有多功能特征，因为它们在实现主要功能的基础上，还为满足其他需要和价值作出贡献。农业提供粮食和原材料，是农民赖以生存的基础，还可为社会福利作出贡献。

2007 年《中共中央 国务院关于积极发展现代农业扎实推进社会主义新农村建设的若干意见》指出，农业不仅具有食品保障功能，而且具有原料供给、就业增收、生态保护、观光休闲、文化传承等功能。建设现代农业，必须注重开发农业的多种功能，向农业的广度和深度进军，促进农业结构不断优化升级。

通过对农业多功能性的研究，可得出以下三点认识：

（1）农业多功能性是农业及其发展的客观属性。人类是一切社会活动的主体。农业生产经营活动是经济社会发展的重要活动。人类社会活动的社会性与农业生产的自然性、社会性相结合，形成了农业多功能性。从这个意义上说，农业多功能性实质上是农业及其发展的客观属性。

（2）农业多功能性是农业战略地位的内在基础。农业在经济社会发展中具有重要的战略地位。《罗马宣言》指出，要实行确保全球范围内粮食充足供应的政策和实践，要充分发挥农业多功能性。开发农业的多种功能，其根本目的在于巩固和强化农业的重要战略地位。

（3）农业多功能性是经济社会发展的重要保障。经济社会发展对农业的需求日益增长，并逐步呈现多元化。强化和拓展农业多功能性，直接关系到经济社会发展的持续性。农业多功能性与经济发展、社会进步相辅相成、互为促进。

（二）现代农业多功能的分类

1. 经济生产功能

（1）高效的食物生产，包括低价稳定的粮食供给、生活与住宅物资供给。

（2）优良食品的供给，包括新鲜、味美、品种丰富、常年供给。

（3）发展国民经济，包括劳动力、土地和资本、对经济增长的贡献、食物安全保障、稳定的经济增长、危机时的减压阀等。

（4）振兴地域经济，包括地域经济的多样性与安定性、为老年人口提供就业机会、提高能源生产效率等。

2. 生态环境功能

（1）保全国土，包括生态系统的维持、水资源涵养、保护土壤、防止侵蚀、防洪、动植物保护。

（2）保护生活环境，包括水的保护和净化，大气的保护和净化，防止噪声和臭气，保护自然景观、绿地空间、田园风景，建设灾害避难地。

（3）农业可持续性，包括避免使用食品添加剂，生物控制（改良、育种、天敌），农药化肥的减量，地域性能源的利用，保护生物多样性。

3. 社会文化功能

(1)一般性功能，包括社会的多样性、安定性和持续性，地域社会的维持，克服专业化和单纯化，社会安定和凝聚力等。

(2)社会交流，包括城乡交流、农产品直销、由工返农及务农。

(3)福利功能，包括老龄社会中老年人的生活意义、雇用和职业空间、适合各年龄层的工作、残疾人口的生活。

(4)教育功能，包括理解自然、培养协调精神、耐力和情操、创造性、学校农园、山村体验。

(5)人性复原功能，包括场所的提供(自然休养林、体验型农场、观光农园、别墅、市民农园)、人性的回归(休养与安适、改善人际关系、非物欲的丰裕、农业的自由和独立性、生活的变化和多样化)、理疗效果(自然与健康、紧张的缓和、现代病的治疗)。

综上所述，多功能是现代农业的重要特性和形式，是农业可持续发展和新农村建设的重要保障。经过多年的持续探索，农业的多功能性内涵不断丰富，被赋予了重大的经济和社会意义，是对传统农业理论的推进。

开展对农业多功能性问题的研究意义在于，可以为全社会重新认识农业拓宽视野，可以为农业摆脱传统的弱质低效开辟新的空间，可以为构建大农业的产业体系提供理论和实践的支撑，有助于为农民安居乐业奠定基础、为城市资源进入农村打通渠道，有助于统筹解决"三农问题"。

第二节　观光农业

观光农业是农业的重要组成部分。观光农业并不包括以名胜古迹为主的旅游业。观光农业是以农业活动为基础、农业和旅游业相结合的一种新型的交叉性产业，是以农业生产为依托、与现代旅游业相结合的一种高效农业。观光农业实现了农业生产方式、经营方式以及人们消费方式的创新，是世界农业未来发展的一种新思路、新模式，也是我国现代农业中一项具有发展前景的特色产业。

观光农业以充分开发具有观光、旅游价值的农业资源和农业产品为前提，以规划、设计、修建农业景观与设施为手段，以输出观光、采摘、购物、品尝、农事活动体验等旅游功能为目的，既不同于单纯的农业，也不同于单纯的旅游业，具有集旅游观光、农业高效生产、生态环境优化、生活体验和社会文化功能提升于一体的显著特点。

"三农问题"即农业、农村、农民问题。一方面，观光农业以农业生产为依托，使旅游业获得更大的发展空间，丰富了传统旅游业的内容；另一方面，观光农业以旅游经营为手段，使农业取得更高的经济效益，实现了农业功能的多元化。观光农业赋予了农业、旅游业新的文化内涵，既符合现代生态旅游的主题，又适应现代农业发展的新方向，突出了农业和生态环境对于城市及社会发展的重要性，是社会主义新农村建设与发展的重要手段。

一、观光农业的性质

观光农业的基本性质归纳起来主要有以下几个方面：

(1)农业与旅游两个产业的有机结合使观光农业具有农业和旅游业的双重产业属性，二者互为依托，相得益彰，体现了农业发展的新方向。

(2)观光农业的产业发展以农业生产的现代化生产和经营为基础，产业规划以旅游市场的农、游需求为导向，是按照市场规律运行和发展的。

(3)观光农业形成过程中的农、游产业交叉渗透使其内含的农业生产效益和旅游经营效益具有互动性和叠加性，展示了产业间的相互依存关系。

(4)观光农业的产业开发以农业生态景观为资源条件，具有明显的地域性和季节性，并强调了基础条件的重要性。

(5)观光农业的产业开发采用多维方式利用当地土地资源，具有较强的可持续发展特性，为未来的农业发展进一步奠定了基础。

二、观光农业的概念与特征

(一)观光农业的概念

观光农业是指依托农村田园景观、农业资源和自然生态环境资源，结合农林渔牧生产和经营、农村文化及农家生活，经过科学规划和开发设计，发挥农业与农村观光功能，向社会提供具有特色的休闲观光、风情感受、文化欣赏、农事体验、科普教育、娱乐健身等观光服务与相关产品的新型农业产业。

这个概念包含以下三个要素。

1. 立足于"三农"

观光农业是农业、农村、农民等农村资源向外延伸发展的产业，包括农产品延伸、农民职业延伸、农村文化延伸等多个方面。农产品的延伸主要体现在对农产品的附加值与功能进行拓展，延长产业链，开发农产品的多种消费利用途径，将生产、销售、服务连接成一体，进一步拓展农产品市场空间，注重满足观光消费的需要。农业的延伸主要体现在充分发挥农业的多功能性，延展农业生产过程，创造优美的生态观光环境，为人们提供观光旅游、观光养生、生产体验、娱乐教育等多种观光服务。农民职业的延伸主要表现在拓宽农民的经营与服务能力，使农民由传统的生产型农民向经营型与服务型农民转变。农村的延伸主要体现在充分利用与开发农村的传统文化、传统生活、传统生产、传统民居与自然生态等资源，为人们提供乡村独有的观光服务。

2. 立足于农业的功能拓展

随着经济社会的快速发展、科技进步的日新月异，农业的功能不断地拓展。用现代理念看，现代农业的功能通过观光农业在不断提升与彰显：一是生态保护功能。农业作为生态系统的有机组成部分，既有利用自然、开发资源的一面，也有维护环境、涵养生态的一面。大力发展观光农业和生态农业，切实加强森林草原保护和水土保持，对改变生态脆弱、环境恶化的状况，实现人与自然和谐相处，建设环境友好型社会，具有不可替代的作用。二是生活功能。浩瀚的森林、辽阔的草原、清澈的水面、碧绿的田野、恬静的乡村是人们休闲观光的最佳去处。随着城镇化水平的提高、生活质量的改善和工作节奏的加快，人们到秀美的田园风光和清新自然的环境中陶冶情操、修身养性的愿望越来越强烈，走进自然、亲近自然、享受自然的人越来越多。三是文化传承功能。农业是记录和延续农耕文明与传统文化的重要载体。中华民族在长期的农业生产实践中创造了光辉灿烂的农耕文明和博大精深的传统文化，原生态的物质和文化大多植根于广袤的农村。在新的历史条件下，农业不仅要继续提供物质产品，同时也肩负着继承和发扬民族优秀文化传统的使命。农业的多种功能的强化和彰显，使农业的基础性作用更为突出，内涵不断丰富，影响更加深远。

观光农业立足于农业的生产、生态、生活、文化功能的有机结合，利用农业生产资源、农业田园景观、农村生活习俗、自然生态环境等，以农业为载体，以农业科技为依托，以产业化经营为主线，以为人们提供满意的观光服务为宗旨，最终达到产业升级、经营者盈利的目的，使人们获得物质与精神上的享受。

3. 立足于产业融合

产业融合是不同产业或同一产业内的不同行业在技术创新与交互发展的基础上相互交叉、相互渗透，逐渐融为一体，形成新的产业形态的动态发展过程。产业融合主要有高新技术产业对传统产业的渗透融合、产业间的延伸融合与产业内部的重组融合三种方式。通过这三种方式，各产业间的边界特征开始逐渐模糊或消失，新产品、新服务乃至新产业不断产生。农业与其他产业的融合化发展成为农业发展的趋势。农业与其他产业的融合化发展不仅拓展了农业经营理念，而且改变了农业经济的属性，使农业也具备了融合产业的功能和特征。

从广义的观点来看，观光农业还包括观光林业、观光渔业、观光牧业等。因此可以说，观光农业以农业为基础，以观光为目的，以服务为手段，以城市游客为目标，是农业和观光产业相结合、第一产业和第三产业相结合的新型产业。观光农业是社会经济发展进入新阶段的产物，是农业多功能的拓展和延伸，是现代农业和观光产业的组成部分。

(二) 观光农业的内涵

观光农业作为一种新兴的观光产业形式，已风靡全国各地。观光农业是以农业为载体，兼具农业生产和观光活动功能的新型产业。

1. 农业和观光业的产业兼容

在社会经济门类中，农业属于第一产业，旅游业属于第三产业，它们有着各自的研究领域与经营范围。随着观光农业的出现与发展，两者在项目设置、设施装备、环境条件、经营管理等方面，都呈现出产业兼容、互促发展的趋势，并因此区别于一般的乡村农业。

2. 田园风光和风景点的呼应

一般农业所特有的田园风光虽然有其自然、开阔、壮观的特色，但毕竟较为粗犷和单一。观光农业充分发挥一般农业田园风光的优势，因地制宜地加以艺术化改造，如绿化、美化，地形改造，并适当设置雅致、简朴、自然的景点和实用、配套的设施，使田园风光得到点缀并增辉，旅游功能也因此而强化。

3. 生产功能和观光功能的耦合

农业的主要功能是向社会提供物质产品，以满足人们物质生活的需要；旅游业的主要功能是向社会提供文化产品，以满足人们精神生活的需要。观光农业则是两种功能的耦合，既具有生产功能，又具有旅游功能，即在向社会提供物质产品的同时，以其特有的田园风光、民俗风情，让人们享受返璞归真、回归自然的乐趣，并达到体验生活、增长见识和怡情益智、陶冶情操的效果。

4. 生产活动和观光活动的统一

农业是以种养业为主的物质生产活动，旅游业是以观光为主的精神文化活动。这两种活动过程在过去一般是分别在不同的场所展开的。观光农业则是同时在同一场所使两种过程融为一体。

5. 物质价值和文化价值的互补

农业追求的是物质生产价值，旅游业追求的是精神文化价值，两者的效益是通过各自的价值得到体现的。但在一般的农业和旅游业的项目中，具有物质生产价值的，未必同时具有精神文化价值；具有精神文化价值的，也未必同时具有物质生产价值。因为，生产性和可观赏性并不完全一致。所以，在许多情况下，两者难以兼备，往往为了这种价值而不得不牺牲另一种价值。观光农业则可以实现两种价值的互补，即观光农业一方面以其可观赏性和可参与性使农业的附加值得到提高，另一方面又以其生产性和文化性使旅游业价值获得支撑和延伸。

(三) 观光农业的特征

美国著名的经济学家西奥多·舒尔茨 (Schultz) 认为：发展中国家的经济发展有赖于农业的迅速稳定增长，而传统的农业不具备这种迅速稳定增长的能力，最有效的出路就在于将传统农业改造成现代农业。从内涵来看，观光农业综合开发农业与农村资源，延伸与拓展农业功能，是第一产业、第二产业以及第三产业相融合的新型产业，也是现代农业的重要组成部分。因此，观光农业具有以下九个显著特征。

1. 自然性

观光农业的资源主要来自田园景观、自然生态及环境资源，而非人工建造的景观。它是保持原有的农业生产特性，结合农业的自然资源及农村人文资源所进行的休闲观光活动，是人们融入富有多样化动植物资源的自然环境的最佳方式。人们可以通过观光农业满足亲近自然、回归自然的需求。

2. 观光性

观光是人类生活的需要。随着城市化、市场化进程加快，人们处于紧张、快节奏及拥挤、嘈杂、污染的城市生活中，身心交瘁，需要休息、恢复和调适。观光农业的目的是提供国民观光服务，增进城乡之间的交流互动，让消费者在观光的同时参与认识农业和农村，体验农村生活。"久在樊笼里，复得返自然"，"采菊东篱下，悠然见南山"。农村新鲜的空气、淳朴的民风、优美的自然环境和传统的农家生活是发展观光休闲农业的优势，向往农村生活、回归自然的社会需求在逐步扩大。观光农业与传统农业不同，它生产和营销的是农村自然生态、宜人的环境和农耕文化，使消费者融入自然，体验农村生活，欣赏农村景色，放松精神，愉悦身心。也就是说，观光性特点体现在其提供的特殊"产品"上，它满足消费者追求快乐、惬意、安逸，以及休养身心、接触自然的观光需求，使消费者得到体力、智力的恢复和提高。

3. 体验性

观光农业是一种体验活动，重在亲身感受。消费者在旅游的过程中同时参加农业生产，亲历农村的生活方式。观光农业通过参与、模仿、习作、体验等方式使消费者有成就感、满足感、自豪感。消费者在农业实践中学习农业生产技能，在农业生产习作中体验农业生产的乐趣、增长农业知识，这是观光农业的主要特征。

4. 乡土性

观光农业是以传统农业为基础发展起来的新产业，它离不开土地、乡村，离不开"乡味""土气"。风格各异的风土人情、乡风民俗，体现了观光农业的独特性。我国几千年的耕耘孕育了博大精深的农耕文化。观光农业根植于深厚的乡土文化，农村各种民俗节庆、工艺美术、民间建筑、民间文艺、婚俗禁忌、趣事传说等赋予其浓厚的乡土文化特色。农家生活、耕作方式、传统习俗、地方手工艺品、名特优农产品，以及一些乡村保留的原生态、古老的风貌，都为发展具有乡土特色的观光休闲农业奠定了基础。

5. 地域性

农业是生物性产业，不同区域的自然、经济和社会发展条件差异很大，因此观光农业具有很强的地域性特点。南方与北方、山区与平原、发达地区与欠发达地区，其种养业发展不同，形成的农业景观和乡土文化也不同。例如，北国风光粗犷、豪放，南方景致典雅、秀美，各具风格。同时，各地还可以结合新农村建设、"一村一品"发展、农业发展布局优化的需要，进一步发展具有地域性特色的观光农业。

6. 季节性

与一般观光旅游相比，观光农业具有自身的季节性特点。一方面，由于旅游观光消费者的观光特性，其表现出淡旺季等特点。另一方面，农业的季节性特点决定了一年四季景观、观光内容不同，春耕、夏耘、秋收、冬藏，四季农事劳动各有特点。同时，由于农业科技不断进步，通过设施农业，农作物生长期可以缩短或延长，消费者可以参与反季节的农事活动，如冬天可在温室大棚采摘有机种植果实等。

7. 生产性

观光农业是一种综合了农业和旅游业的新型产业经营模式。观光农业在充分挖掘农业观光资源和开发农业多功能的同时，并不削弱农业的生产功能，而是在开发农村资源的过程中使得原本不具备生产条件的荒山、野岭、河道及旧有村庄等资源转化为生产性资源，扩大了农业的生产范畴。为了开发农业的多功能性、丰富农业观光的内容，人们引进了新的动植物品种，实现了农业生产多样化，优化了农业生产结构，开拓了农业、观光业与土地、村庄等综合利用的新模式。观光农业的自然、绿色、环保等要求将限制观光农业的生产对自然与环境的破坏，实现农业与农村的可持续发展。因此，观光农业可以发挥农业的综合效应，提高农业的生产效能。

8. 产业性

观光农业具有劳动密集性高、关联带动性强、就业门槛低、就业方式灵活等特点。这些特点使观光农业具备了产业化发展的条件。据测算，观光农业每增加 1 个直接从业人员，可间接增加 5 个就业岗位。各地可通过发展观光农业形成以观光旅游业为中心的产业链，推动农村产业分工。由观光农业延伸出的产业链包括旅店经营、餐饮业经营、种养殖业、农副产品加工业、运输业、建筑业和文化产业等。在发展观光农业的过程中，各地可围绕农业观光这个龙头开展各项产业活动：一是发展第三产业，解决旅游者的"食、住、行、游、购、娱"六大问题，兴建旅游设施、商业设施、文化娱乐设施，促进产业化进程。二是发展第一产业，兴建农副产品基地、农业观光基地，带动农业产业化发展。三是发展第二产业，开发各种观光食品、饮料、纪念品等，对当地土特产进行深加工、精加工，力求上规模、上档次，丰富农业产业化内容。四是发挥旅游的牵线搭桥作用，让旅游市场带动信息、资金、技术等生产要素市场，促进资金、技术、人才的引进，加速农业产业化进程。

观光农业向产业化方向发展促进了新型产业集群的形成。观光农业以乡村生活的体验为主，由此便可以形成与工业产业集群相同布局的服务性产业集群，这符合乡村观光产业集群化发展的基本条件。一个乡村相当于一个企业，若干乡村相连，就形成一个企业群体，这一群体都开展观光农业，就形成了观光农业的产业集群。将观光农业发展提升到产业集群化高度，可使农业与农村产业发展跃上一个新台阶。

观光农业丰富了农业产业化经营的形式，强化了农业与旅游业的内在联系，是第一产业与第三产业结合的良好方式，是推动传统农业产业化向现代农业产业化发展的一条新途径，有利于形成"一业带百业，一业举而百业兴"的联动效应，推动农村第二、第三产业的发展，带动产业结构的调整。观光农业产业化发展为农民创造了增加收入的机会，缩小了城乡差距，促进了城乡关系的融合和社会的稳定，顺应了城乡一体化的趋势和构建和谐社会的要求。

9. 市场性

观光是人们在闲暇时间的自由活动，观光方式、内容、地点等的选择完全依据消费者的主观意愿，因此观光的消费是市场性行为。观光农业作为观光需求的供给方，以农业、农村为载体，为观光消费者提供观赏、品尝、娱乐、购物、体验、休养等观光服务，其目标市场是向往农村文化、渴望回归自然的城市居民。因此，各地必须以市场需求为导向，研究城市居民观光需求的共性与个性特征，有针对性地开发观光农业项目，从深度和广度两个维度扩大观光农业的市场。

第三节　观光农业的演进

我国观光农业的兴起源于 20 世纪 80 年代居住在城市的居民对郊野景色的欣赏和果品

的采摘活动，最后引发了全国范围内农业和农村对观光农业的全方位建设与开发。

一、观光农业发展的背景

观光农业是在巨大的社会需求拉动下，在农业产业、农村社会事业发展中逐步形成的。

(一) 国民经济发展

随着经济的稳步增长，居民收入水平大幅度提高，既为城市居民外出观光旅游积累了大量的观光资金，又为农村发展观光农业接待游客奠定了物质基础。农业机械化程度提高，解放了大批农村劳动力，为农村发展观光农业准备了充足的人力资源。

(二) 闲暇时间的增加

由于经济形态的改变，人们的工作时间和观光时间的比例亦随之变化，昔日"日出而作，日落而息"的社会逐渐为工业社会以及后工业社会所取代。随着社会的进一步发展，人们的闲暇时间不断增加。闲暇时间的增加使得人们有余暇从事户外活动。观光农业的发展是与人们日益增多的观光时间相伴而生的。据统计，18世纪前，人们可用于观光的时间只有17%，19世纪为23%，而现在已达50%。

越来越多的事实表明，人们享有闲暇时间的多少是一个国家(地区)生产力水平的标志，同时也是这个国家(地区)社会文明程度的体现。社会学家把闲暇生活作为生活质量的一个重要指标。随着人们拥有闲暇时间的增加，如何利用闲暇时间逐渐成为政府、社会团体、学者和民众普遍关心及亟须解决的问题。

(三) 收入的增加及消费观念的改变

随着收入的提高，人们在衣、食、住方面的花费比例相对降低，在交通和娱乐方面的花费比例则逐年增加，娱乐和交通支出的增长显示出人们对观光旅游需求的不断增加。随着经济的发展和居民收入的逐年提高，城乡居民在追求物质生活之余，更有经济能力追求精神生活。从整体上说，我国居民的消费已从温饱型升级为小康型，消费的对象与热点已从以解决温饱问题的生存资料为主，演进为以提高生活质量的小康型生活资料为主，观光旅游正成为市场需求的消费热点之一。从需求方面来看，当经济发展到某种程度后，人们不再以要求更多工作来提高所得，而是当所得高到某一程度之后，反而追求较多的观光时间，因为消费与生产一样，都是需要时间的。追求休闲与观光，就如同过去追求工作，休闲观光成为人类社会活动的一种趋势。因需求而产生与发展的观光农业，在未来的观光游憩活动中，将扮演极其重要的角色。

(四) 农业旅游市场旺盛

随着国民经济的快速发展和社会的全面进步，节假日出门旅游已逐渐成为人们生活方式的一部分。据统计，2021年中国国内旅游总人次为32.46亿，同比增长12.8%，但是依然远低于疫情前 2019 年的 59.01 亿，仅恢复至 2019 年的 54.0%。人们旅游消费的观念、消费方式正在逐渐发生变化，人们在旅游活动中更加注重亲身体验和参与，更加注重对环境的要求，更渴望抛开快节奏的都市生活压力，走向大自然，尽情地放松自己。这种需求为广大农村蓬勃兴起的农业旅游项目提供了巨大的市场空间。

(五) 城市发展负面影响的加剧

城市化进程的加快虽然带来了经济的快速发展、就业机会和收入的增加，但同时也带来了人口大量涌入、生活空间减少、生活节奏紧张、竞争激烈、环境污染加剧等问题。人类期望重建与自然的有机和谐关系，摆脱工业化带来的"现代明病"。城市有限的空间已不能满足人们对观光和旅游的身体与心理需求，人们迫切需要到郊外和农村寻求新的观光旅游空间，去欣赏田园风光、体验乡村风情，实现回归大自然、休养健身的愿望。农村优美的自然环境、田园风光、农业景观及新异的农事活动、农业知识、农村民俗风情和城市人不断增长的观光旅游的强烈愿望相结合，形成了观光农业旅游发展的客观背景。

(六) 调整和优化农业产业结构的需要

我国是一个农业大国，但长期以来，农业产业结构单一，部分地区农民收入低，生活贫困。如何调整产业结构，使传统的低效益农业向现代化高效益农业转化，从单一的农业生产模式向综合开发型农业模式转化，一直是各级政府重点关注的问题。农业一直被认为是个弱势产业，在一些发达地区，农业本身的象征意义越来越浓，比较效益低下。市场经济的发展客观上要求农业改变面貌、扩大经营范围，提高附加值就成为一个主要的发展方向。观光农业为这种转变提供了一条有效途径，它强化了农业的旅游功能，扩大了农业经营范围、规模和消费者的直接参与，加强了生产、加工、销售一体化的经营体制，促使农业由第一产业向第三产业跨越，其结构和内容受市场的导向作用更为明显，使农业用较少的资源成本获得了较大的经济效益和社会效益，为农村经济的发展找到了新的增长点。

(七) 传统的观光形式已不能满足现代观光的需要

随着工业化与城市化程度的不断提高，人类赖以生存的地球发生了重大的变化，生产、生活活动与环境的矛盾日益突出，从而导致人们思想观念的转变，崇尚自然、亲近自然、返璞归真已成为人们追求的生活方式。旅游者对"生态"与"个性"需求的多样化，促使现代旅游业的经营触角不断向新的领域延伸。

观光农业的主要客源市场是城镇居民。随着收入的不断增加，城镇居民的消费观念发生了很大改变，加之对长期城市生活的厌倦，周末出游已成为他们更经常、更普遍的选择。出游目的不一定是游览风景名胜，而是回归自然；走得也不一定很远，就在城市周边地区，主要是体验幽静的田园生活，感受乡村宁静的环境、清新的空气和淳朴的民风。

（八）农村经济发展的客观需要

虽然中国经济呈现迅猛发展趋势，但总体来看，农村的经济发展依然不容乐观，城乡发展的差距越来越大。而观光农业的出现，将是实施旅游扶贫、促进农村经济发展、建设社会主义新农村的一种有效方式。由于我国农村具有得天独厚、丰富多彩的农业旅游资源，发展农村旅游业相对发展其他产业具有投资少、见效快等明显优势。而旅游业具有关联度高、带动性强等特点，可以带动农村经济的发展，推动农村经济结构的调整，解决农村剩余劳动力的转移问题，提高农民收入，改善农村生活环境。所以从中央到地方政府都通过政策扶持、资金扶持、市场扶持、管理扶持、技术扶持等全方位的支持，实施以旅游开发带动农村经济发展的政策，使农民早日摆脱贫困。旅游扶贫的意义在于向全社会展示了旅游业强大的综合功能，扩大了旅游业的社会影响，拓宽了"大旅游"的思路，为旅游业持续快速发展找到了新的增长点。

（九）交通运输日趋发达

随着经济的快速发展，城乡道路、民航、火车、汽车等交通运输条件得到了很大改善，私家车的拥有量也在快速增加，为城市居民的乡村游提供了更大的方便。

二、观光农业的发展历程

（一）国外观光农业发展历程

观光农业在欧美很多国家有着悠久的历史。1865 年，意大利成立了农业与旅游全国协会，专门介绍城市居民到农村去体验自然野趣，但那时还没有提出观光农业这个概念。1981 年，日本人首先提出"自然休养村"的概念，即选择一些山清水秀的地方，配合兴建一些硬件设施，提供市民住宿、休憩旅游、团体会议以及农业观光场所。其做法有别于一般风景区、娱乐城等的开发，是在基本保持原有生态和农业结构现状的前提下，尽可能体现一种自然的田园风光。经过十多年的发展，日本政府发现静态的田园风光与生动的农业体验结合起来，对市民有很强的吸引力。因此日本政府开始逐步发展观光农业，开展"绿的体验"等休憩项目。20 世纪 30 年代，欧洲的观光农业有了较大发展，并逐步扩展到美洲、亚洲的部分国家。一般认为，国外观光农业的发展大致经历了以下四个阶段。

1. 萌芽阶段

这一阶段既没有明确的观光农业概念，也没有专门的观光农业区，处于萌芽阶段的观光农业只是旅游业的一个观光项目，主要是城市居民到农村去与农民同吃、同住、同劳作，接待地没有特殊的服务设施、建筑以及辅助娱乐设施。游客在农民家中食宿，或在农民的土地上搭起帐篷野营。这一阶段也没有专门的管理行为，农民只收取客人少量的食宿费。

2. 观光阶段

观光农业的真正发展是在 20 世纪中后期。观光不再只是欣赏农村景色，还出现了具有以观光为职能的观光农园。观光内容也日益丰富，如粮食作物、经济作物、花、草、林、木、果、家禽、家畜等。农园内的活动以观光为主，并结合购、食、游、住等多种方式经营。这时观光农业项目主要以观光农牧场和人造公园为主。例如，日本岩水县小岩井农场，开辟了40公顷的观光农园，以富有诗情画意的田园风光吸引游客参观游览。又如，美国费城白兰地山谷中的长木花园、俄亥俄州辛辛那提的瓜果塑造人物形象等也吸引了大批游客。在日本，观光农园在不同的季节对市民开放。农园内的内容也很丰富，菜、果、花、树等样样都有。不同的农园，风格也不同，有精雕细刻型的，也有粗放自然型的。在观光农园开放期间，市民只要买上一张门票，就可以自由地在农园里观光，看看碧绿新鲜的蔬菜，闻闻芳香四溢的鲜花，采摘和品尝新鲜的水果，尽情地享受大自然赐予人类的恩惠。临走时，市民还可得到一袋自己采摘的新鲜农产品。如果到法国农庄旅游的话，游客还可以目睹葡萄酒的制造过程，别有一番乐趣。

3. 度假阶段

20世纪80年代以来，随着人们旅游需求的转变，观光农园也相应地改变了其单纯观光的性质，观光农园中建有大量可供娱乐、度假的设施，扩展了观光功能，加强了游客的参与性。如日本新潟县大和町的旅游者每天和当地农民一起下田劳动，享受"插秧割稻"旅游之乐；青森县牧场组织旅游者去草场放牧、牛棚挤奶、果园摘果等。在20世纪90年代的美国，已有1800万人前往观光农场度假，各个农场除提供游客自采新鲜瓜果蔬菜的项目外，还推出不少特色项目。在韩国，观光农园一般是几户农民联合经营的一种比较简朴的，集住宿、劳动和文体于一体的观光设施。城市居民来到这里，小住一两日，既可以轻松地观赏乡村的山水野景，享受大自然的宁静，也可参加农民的一些生产活动，如收获瓜果和蔬菜等，从中体会劳动和收获的喜悦。这种观光方式越来越受到城市居民的欢迎，城市居民到观光农园休闲，给经济条件还有待改善的农民带来了十分可观的财富。

4. 租赁阶段

租赁是观光农业领域刚出现的一种新型经营方式。租赁即农场主将一个大农园划分为若干个小块，分块出租给个人、家庭或团体，平时由农场主负责雇人照顾农园，假日则交给承租者享用。这种经营方式，既满足了旅游者亲身体验农趣的需求，也增加了经营者收入。在法国，这种形式比较流行。法国是一个旅游大国，为了继续开发旅游资源，法国积极发展绿色旅游。绿色旅游也就是指游客到农村或者森林等绿意盎然的地方去度假，到农庄去品尝新鲜的农产品。法国居民素有以种植蔬菜为业余活动的习惯，许多城市居民把种菜当作一种爱好。农民也投其所好，开始根据城里人的不同兴趣不断开发新的服务项目。有的农园建立家庭旅馆，推出农庄旅游；有的建起了供人们观赏和供青少年学习的植物园；有的专门向拿退休金的老人出租土地和农具，使他们有机会在田园生活中修身养性。

（二）我国观光农业发展历程

我国观光农业兴起于改革开放以后，起步虽晚，但发展很快。开始是以观光为主的郊游性农业与农村旅游，20世纪90年代以后，开始发展休闲与观光相结合的观光农业旅游。进入21世纪，观光农业有了较快发展。从总体上看，我国观光农业经历了以农业观光旅游为主要形式的早期兴起阶段、以观光农业园为主要形式的快速发展阶段，现在已快速步入以规范化发展、标准化建设为前提，集休闲、观光、娱乐、度假、体验、学习、健康等功能于一体的规范提升阶段。

1. 早期兴起阶段(1980—1990 年)

该阶段处于改革开放初期，靠近城市和景区的少数农村根据当地特有的旅游资源，自发地开展了形式多样的农业观光旅游，举办荔枝节、桃花节、西瓜节等农业节庆活动，吸引城市游客前来观光、采摘，增加农民收入。如北京市大兴区举办了西瓜节，广东省深圳市举办了荔枝节等活动，吸引城里人前来观光采摘，并借此举办招商引资洽谈会，收到了良好的效果。河北省涞水县野三坡景区依托当地特有的自然资源，针对京、津地区游客市场推出"观农家景、吃农家饭、住农家屋"等旅游活动，有力地带动当地农民脱贫致富。

2. 快速发展阶段(1990—2000 年)

该阶段正处在我国由计划经济向市场经济转变的时期，随着我国城市化发展和居民经济收入的提高，消费结构开始改变，在解决温饱之后，城市居民有了休闲、观光、旅游的新要求。在这一时期，观光农业在我国大中城市也迅速兴起。据不完全统计，1996—1997年已动工和计划投资在 1 亿元以上的观光农业项目有 7 个以上。1998 年国家旅游局以"华夏城乡游"作为主题旅游年，使"吃农家饭、住农家屋、做农家活、看农家景"成了农村一景。北京市朝阳区的朝来农艺园成为具有中国特色的观光农业基地。广大农民也表现出极大的热情，主动向有关部门进行咨询，开办家庭观光农业项目。

同时，农村产业结构需要优化调整，扩大农民就业、农民增收已被提上政府工作日程。在这样的背景下，靠近大、中城市郊区的一些农村和农户利用当地特有农业资源环境和特色农副产品，开办了以观光为主的休闲观光农业园，开展采摘、钓鱼、种菜、野餐等多种旅游活动。如北京锦绣大地农业科技观光园、上海孙桥现代农业园、河北北戴河集发生态农业示范观光园、江苏苏州西山国家现代农业示范园、四川成都郫县"农家乐"等休闲观光农业园区，吸引了大批城市居民前来观光旅游，体验农业生产和农家生活，欣赏和感悟大自然，深受市民的欢迎。

3. 规范提升阶段(2001 年至今)

进入 21 世纪，观光农业进一步迅猛发展，休闲观光农业不仅被列入地方发展规划，也被列入国家发展规划，观光农业规范提升阶段随之到来。

在地方层面，相继有《贵州省旅游村寨定点管理暂行办法》(2002)、《成都市农家乐旅游服务质量等级评定实施细则》(2004)、《北京市观光农业示范园评定标准(试行)》(2004)、《绍兴县农庄等级评定实施细则》(2006)、《湖南省休闲农业庄园星级评定办法》(2007)等标准、办法出台。

在国家层面，2006 年 3 月，国家颁布的《国民经济和社会发展第十一个五年规划纲要》第五章"增加农民收入"中，第一次提出"发展休闲观光农业"，虽只有短短一句，但这是我国休闲观光农业规范发展的重要标志。2011 年 3 月，国家颁布的《国民经济和社会发展第十二个五年规划纲要》第六章"拓宽农民增收渠道"中再次强调应"利用农业景观资源发展观光、休闲、旅游等农村服务业"。

2007 年"中央 1 号文件"指出："农业不仅具有食品保障功能，而且具有原料供给、就业增收、生态保护、观光休闲、文化传承等功能。建设现代农业，必须注重开发农业的多种功能，向农业的广度和深度进军。"

《国务院关于加快发展旅游业的意见》(国发〔2009〕41 号)提出，要"开展各具特色的农业观光和体验性旅游活动……规范发展'农家乐'、休闲农庄等旅游产品"。

2010 年"中央 1 号文件"提出要"积极发展休闲农业"，这些都为观光农业规范化发展指明了方向。

2010 年 6 月，中国旅游协会休闲农业与乡村旅游分会推出"全国星级休闲农业与乡村旅游企业(园区)示范创建行动"，这是农业部和国家旅游局签署的共同推进休闲农业与乡村旅游产业发展协议的一项重要内容。重点建立"农旅结合、以农促旅、以旅强农"的推进机制，推动典型示范工程、服务体系建设工程、标准统计体系建设工程、人员培训和宣传推介等五大工程建设，通过示范县和星级企业创建、精品推介、开展全国欢乐乡村游、举办高层论坛和乡村旅游节等系列措施，有效推动休闲农业与乡村旅游产业持续健康发展。

2010 年 7 月，农业部、国家旅游局组织的全国休闲农业与乡村旅游示范县和全国休闲农业示范点创建活动在全国全面展开。全国休闲农业与乡村旅游示范县的基本条件与标准主要包括以下内容：规划编制、扶持政策、工作体系、行业管理、基础条件、产业优势、发展成效等。全国休闲农业示范点基本条件与标准主要有示范带动、经营管理、服务功能、基础设施、从业人员素质、发展成长性等。

这是我国第一次在全国范围内对休闲观光农业进行科学评定。

这一时期，观光农业发展的特征如下。

一是观光农业从单一观光型农业向休闲、教育、体验型农业发展。过去休闲农业多是以农业观光和"农家乐"为主，功能单一，层次较低。现在休闲农业已不满足于以"住农家屋、吃农家饭、干农家活、享'农家乐'"为内容的"农家乐"。各地在发展农业休闲旅游和"农家乐"的同时，还开发乡村的民俗文化、农耕文化、生态文化资源，增加了休闲、体验、娱乐、养生、健身和回归自然的内容，从而使观光农业向高品位、高层次、多功能方向发展。

二是更加注重绿色消费，观光农业项目的开发也逐渐与绿色、环保、健康、科技等主题紧密结合。

三是观光农业从自发发展逐步走向规范化发展。过去，观光农业很多是自发发展的，没有经过规划论证，经营管理不规范。近年来，各地农业部门和旅游部门都重视规范化管理，制定观光休闲农业和民俗旅游的评定标准及发展规划，有的地方对"农家乐"、休闲农业园区制定了星级标准，使观光农业逐步走向规范化和专业化。

四是观光农业由单一农民经营逐步走向社会投资参与。由于观光农业市场前景广阔，社会经济效益显著，吸引了多种投资参加，尤其是民间资本投入增多。一些乡镇企业家、工矿企业主、房地产开发商在掘得第一桶金后，转向投资开发观光农业。同时，以村镇集体为主、农民广泛参与的新模式也正在悄然兴起。观光农业的发展，有效地促进了资本等生产要素从城市向农村流动。

五是由农民自主开发走向国际规划与开发。一些发达城市为合理开发利用农业自然资源，坚持"高水平规划、高水平建设"，开发郊区观光农业资源，通过招投标方式，面向国内外一流规划设计团队，公开征集高水平的沟域经济规划方案，选拔出一批发展定位准确、创意新颖、发展理念先进、功能布局合理、节点设计科学的高水平规划，为提升大城市郊区(山区)观光产业发展奠定了坚实的基础。

综观我国观光农业发展，从总体上说，无论是在大中城市和名胜景区周边、依山傍水逐草自然生态区，还是在少数民族地区和传统特色农区，观光农业发展各有特色。东部沿海省、市、区是发展较早、较快的地区；云南、四川、新疆等省区，由于旅游业或特色农业发达，也间接带动了观光农业的发展。

第四节　观光农业的功能

农业的多功能性是客观存在的，人们对农业多功能的认识有一个过程，因此在对待处理农业诸多功能之间关系的侧重点上也有所不同。在没有解决温饱问题之前，人们比较注重农业的生产功能，忽视农业在保持和改善生态环境、净化空气、涵养水源、调节气候等方面的作用，更难以涉及农业在社区生活环境、人文生活方面调节身心、教化人民、协调人和自然关系的功能。而当基本生存需要得到满足之后，人们在实践中对观光农业的一些功能逐步地加深了认识。

观光农业立足于农业与农村，既具有与农业相同的功能，如满足温饱需求、提供就业机会与增加收入等，又具有传统农业所不具有的拓展功能。总体来看，观光农业具有经济、社会和生态三大功能。

一、观光农业的经济功能

所谓经济功能，主要是指提供优质、卫生、无公害的鲜活产品以满足都市消费需求，通过提供新鲜、卫生、安全的蔬菜、花卉、果品，实现农副产品出口创汇，提高农产品的经济效益，实现农业增产增值，优化产业结构，增加就业机会，提高农民收入，使观光农业通过适应现代消费来创造城乡经济新的增长点。

经济功能主要表现在以下几方面。

(一) 生产功能

观光农业为市场提供更多的名特优、鲜活嫩的农副产品，以满足不同层次的物质消费需要。观光农业的发展就是要以农业生产为本，以种养产业为核心，重视现有设施栽培、生态养殖、立体种养、种养加工一体化和有机农业等高效生态农业模式的功能拓展，通过农业基础设施、基本装备等与观光休闲功能的结合，推进传统农业的升华和农业现代化建设，积极引进适合观光农业发展的特种蔬菜品种、水果、花卉和其他观赏植物，重视引进先进的农业种植模式和栽培技术，提高科技含量。

(二)产业集聚功能

产业集聚作为一种新的产业空间组织形式,不仅存在于工业领域,而且在农业领域同样存在。产业集聚是具有共同社会背景的人们和企业在一定自然地域上形成的社会地域生产综合体。观光农业产业集聚可以实现小农经济与规模经济的结合,通过区域公共资源共享、产业联动、交易成本降低、品牌创新等方式,实现规模经济发展。

观光农业以农业为基础,围绕农业、农村的发展,推进农、游复合经营,促进一、二、三产业融合协调发展,实现农业与农村长期稳定增收及规模集聚效应。

观光农业是一种综合性很强的产业,观光农业将旅游景点、农业产业基地、农村民俗文化紧密结合,构建起农、游产业发展特色村、产业带,延长了观光农业产业链、就业链和价值链,促进了农业的专业化、标准化、规模化和市场化,辐射和带动贮藏、加工、包装、运输、餐饮、娱乐、商业贸易等相关产业的发展。

二、观光农业的社会功能

所谓社会功能,主要是指观光农业为城市居民提供了接触自然、体验农业以及休闲观光的场所与机会,有利于增强现代农业的文化内涵与教育功能,扩大观光农业的示范与辐射作用,从而改善城乡关系,促进城市与人类的可持续发展,达到改善和提高整个社会福利水平的目的。

社会功能主要表现在以下几方面。

(一)就业增收功能

受人均耕地少、劳动集约化程度相对较低等因素的影响,在今后相当长的时期内,我国农业进一步保障农村劳动力就业的能力不会大幅下降,农村广袤的土地仍将是广大农村劳动力的主要就业场所。由于农业容纳隐性失业的能力很强,大量兼业型农户的存在可以缓冲由非农产业发展的波动引发的就业问题。观光农业起着社会劳动力蓄水池和稳定减震器的作用,通过开发利用农业多种资源,发展观光农业及相关产业,挖掘农业生产多领域、多环节的发展潜力,对促进社会的稳定发展、拓宽城乡居民就业渠道、增加农民收入和全面协调发展都有着重要作用。

观光农业除直接促进农业发展之外,还可以带动交通运输、餐饮、邮电、商业以及纪念品生产等相关行业的发展,从而达到带动农村经济振兴和扩大农村剩余劳动力就业、增加农民收入的目的。观光农业扩大了农业经营范围和经营规模,改善了农业生产结构,增加了农民收入。观光农业区将农产品直接销售给消费者,解决了部分农产品运销层次多的问题,降低了运销成本,增加了农民收入。

(二)休闲观光功能

休闲观光功能是指农业能够为社会、公众提供接触自然、体验农作物生长以及休闲观光与游憩的场所与机会,并有利于增强现代农业文化内涵。在现代社会,旅游已逐渐成为人们生活方式的一部分。收入相对较高的城市人久居于高楼大厦之中,对农业与乡村旅游市场的需求旺盛,发展潜力巨大。随着社会经济的发展,人们的旅游观念和消费方式也在发生变化,在旅游活动中人们更加注重亲身的体验和参与,更加注重对环境的要求,到秀美田园和清新自然的环境中陶冶情操、修身养性的愿望越来越强烈,走进自然、亲近自然、享受自然的人越来越多。这种需求为观光农业提供了巨大的市场空间。

观光农业可以为都市居民和国内外游客提供清洁优美的乡村环境以及民俗旅游资源,扩大旅游观光活动空间,增加减轻工作及生活压力的新渠道,帮助游客舒畅身心、强健体魄。观光农业可以通过发展农耕体验、观光采摘等旅游项目,让游客体验农耕和丰收的喜悦、采摘和垂钓的乐趣、品尝无公害食品的快乐,在参观游览体验中得到回归自然的放松,达到休闲的目的。观光农业可以通过各种现代科技进行宣传、推广,向人们展示现代农业的风采,让人们体验现代农业的乐趣。观光农业依托自然优美的乡野风景、舒适怡人的清新气候、环保生态的绿色空间,让游客回归自然,尽享生态自然之美、农家风情之乐。观光农业以绿色、生态、自然的农业产业带为载体,为游客提供观光赏景、采摘游玩等项目,让游客领略到大自然的乐趣。观光农业凭借地域特色和独特资源优势为人们提供垂钓、捕捞、加工等休闲项目,让游客品尝原汁原味的农家菜,体验淳厚的农家风情。

我国历史悠久、幅员辽阔,各地的乡村都有丰富的民风、民俗、民宅等乡村旅游资源。对这些资源进行深入挖掘可以提高人们休闲生活的质量,提高乡村居民的经营收益。

(三)文化传承功能

农耕文化是凝聚着几千年人类智慧的文化遗产,经过市场运作可带来巨大的经济效益。

农业与农村是传统农耕文化的主要载体,乡野大地在生产棉、麻、粮、豆的同时衍生了田园风光,农家的饮食起居演绎着农耕文化。人具有亲近自然环境的本能,也具有寻根溯源的期望。优美的自然环境可以抚慰人的心灵,回故乡寻根溯源可以了却人们长久的期盼。城市的繁华在一定程度上割裂了人们与乡土文化的天然联系。因此,发展观光农业有助于向市民提供与农村、农耕、农民接触的机会,为人们了解自然、了解社会、了解农村传统文化创造条件。人们通过亲自体验农业活动,能够加深对农业中特有的风俗、文明的理解,使农业文明得以传承和发展,促进城乡文化交流,培养人们对大自然及科学的热爱之情,在回归自然的过程中获得一种全新的生活乐趣,这正是农业多功能的良好体现。

以观光农业为载体,可使农村特有的生活文化、产业文化及许多民俗文化等得以发展和继承,并创造出具有特殊风格的农村文化。传统农耕文明和观光娱乐思想以及民俗习惯的凝聚力和我国文化的延续性,使得我国传统的民间娱乐活动具备很强的历史延续性和文化展示性。传统文化融入新农村建设,被赋予了新的含义,使得农业农村优秀文化得到传承和发展。

观光农业的社会学意义在于,它能带动乡村社区建设和改善农民的生活质量。发展观光农业的构想与规划对于加快乡村和谐建设有着不可低估的作用。因为单纯以生产性功能为出发点来考虑农业的发展,往往容易片面追求产量,而忽视对自然环境和人文环境的保护；而从现代农业多种功能的角度来综合考虑农业发展问题，就必然会重视乡村环境的改善与优秀文化的传承。

(四)示范辐射功能

以我国为例，观光农业，尤其是科技园区型农业作为一种特殊形态的新兴产业，大多处在物质资源丰富、人口资源众多、国内外交往频繁、辐射功能强的大城市周边。其凭借自身的经济实力、科技基础和人才优势，在农业设施装备、农业高科技开发应用、农业生产力水平等方面，将率先接近或达到国际先进水平，为推进全国实现农业现代化提供经验，起到示范辐射作用。因此，观光农业具有显著的示范、展示、辐射与带动作用。

在此基础上，发展观光农业有利于缩小城乡差距，促进农村经济社会的协调发展，推进新农村建设，增加农民与城市居民之间的交流与沟通，提高农民的素质和生活品质，为促进农村社会的进步和城乡的共同繁荣与发展起到引领作用。

(五)教育功能

这主要体现在观光农业帮助人们认识农业、了解农村动植物生长过程。体验农村生活，认识农村文化及生态环境，利用农园中所栽植的作物、饲养的动物以及配备的设施，参加农业科技示范、生态农业示范活动，可以让参与者更加珍惜农村的自然生态资源、自然文化资源，激起人们热爱劳动、热爱生活、热爱大自然的兴趣，也进一步增加人们保护自然、保护文化遗产、保护环境的自觉性。

观光农业按照多功能的思想建立和发展农、林、牧、渔、土地综合利用的新的农业模式，强化生产过程的生态性、科学性，通过开发具有观赏价值的作物品种与园地，向游客展示农业最新成果。如引进优质蔬菜、绿色食品、高产瓜果、观赏花卉，组建多姿多趣的农业观光园、农业教育园、农俗园等。这一方面可以使对农业陌生的城市游客了解农业生产，熟悉农耕文化、农村习俗；另一方面也可以使游客进一步融入大自然，从而树立起爱护大自然、爱护我们依存的生态环境的意识。同时，新型的农业观光园、教育园可以为科研、教学单位提供科研实验基地及国际合作研究基地，既有利于及时、准确地把握科技动态和成果的直接转化、运用与推广，又培养了本地人才。此外，其还可面向社会各阶层，开展不同层次、不同形式的农业教育、生态教育、农业史教育以及精神文明教育等。

(六)养生功能

观光农业向人们提供了一个洁净、清新、舒适、健康的观光活动场所，有益于缓解人们的工作与生活压力，陶冶人们的性情，起到舒畅身心的作用。观光农业向人们提供了一个自然的绿色生态环境，人们可以呼吸新鲜空气，享受绿色与天然食品，调理身体，促进身体健康。观光农业为人们提供了良好的旅游和体育运动环境，提高了人们的健康水平。通过观光农业，人们达到了养身、养心、养眼的目的。

(七) 媒介功能

观光农业可以称为农业经济与农村社会事业发展的窗口，可以扩大农业与农村的社会影响，增强政府和社会对农业与农村的关注，带动其他产业发展。

(八) 融资功能

观光农业作为一种新兴产业，具有显著的经济与社会效益，在发展过程中可以吸引各类社会与企业资金注入，同时带来先进的管理理念与方式，实现快速发展与升级换代。

三、观光农业的生态功能

观光农业的生态功能主要是指发挥农业洁、净、美、绿的特色，营造优美宜人的生态景观，改善自然环境，维护生态平衡，提高生活环境质量，充当都市的绿化隔离带，防治城市环境污染以保持清新、宁静的生活环境，并有利于防止城市过度扩张的功能。观光农业在发展中应坚持开发与保护并重的原则，合理开发、利用资源，使生态、生产和市场相融合，使自然景观、人文景观与农业园林景观得以和谐统一，保护好生态环境。

生态功能主要表现在以下几个方面。

(一) 保护生态功能

观光农业通过在农村利用优良的自然与生态资源建设观光景点，建立起人与自然、城市与农村高度统一和谐的生态环境，以葱绿的农田、茂密的山林、净化的水质和空气为观光农业发展前提，为城乡居民创造一个优美的宜居宜游环境，减轻了"水泥丛林"和"柏油沙漠"给城市人带来的烦躁与不安，起到"城市之肺"的作用，为城市吸尘、降温、净气，提高了市民的生活质量。同时，观光农业依据市场规律，倡导自然形态的农林牧副渔综合发展，多种作物轮作，符合循环型经济发展规律。

(二) 景观审美功能

农业景观是人类所创造的面积最大的一种生态文化景观，在当代，农业景观的审美价值已经和它的实用价值取得了几乎同等的地位。观光农业景观的审美价值是多方面的。其一，形式美。不同地域的农业景观形成了不同的地域文化色彩，并且产生了各异的美学体验。观光农业景观最直接的审美感受应该由它的形式美表现出来，如不同种类的农田在不同的季节里形成的色彩、肌理、线条、尺度等。一些农业景观，特别是山地、丘陵的梯田农业景观，放眼看去层次丰富，是人与自然结合的精妙之作，成为观光农业的主要背景与内容。农业景观的形式美，震撼着每一个见到它并欣赏它的人。其二，表现美。观光农业的形式美表现了人们对农业景观最直接的审美感受，而表现美则赋予其功能性、生产性和可持续性。对农业景观的审美体验，在很大程度上基于农业用地的生产性。具有生产能力，是这种土地利用能够使人产生美感的前提。它给人类提供了衣食之源，养育了它的创造者和使用者，使人们对它产生深厚的感情甚至依恋。农业景观审美价值的本质，是通过获取食物而产生的。它的富饶、肥沃带来的可以获得食物的信息是这种生产性审美价值最本原的部分。基于农业的生产性和可持续性共同铸成的特色和氛围，形成了农业景观的地方个性和地理个性。观光农业的景观应体现形式美与表现美的和谐统一，是生产、生活、生态三者有机的结合体。观光农业景观的形式美与表现美的和谐统一应是新农村建设的审美重点。

(三) 保护农业生物多样性

生物多样性是指一定空间范围内各种有机体(植物、动物、微生物)的总和。农业生物多样性有四个层次，即作物品种遗传多样性(种内多样性)、物种多样性(包括半家化栽培种、栽培种和受到管理的野生种)、农业生态系统多样性和农地景观多样性。迄今的研究结果表明，人工生态系统中生物多样性在一定范围内与系统生产力呈正相关关系，"共生"是在资源有限的条件下谋求发展的最佳途径。

高产、稳产、可持续发展是农业生态系统追求的终极目标。依据经济学外部价格内化原则，任何事物的市场价格都应该包括现在和未来对环境造成污染、使环境遭受破坏和对社会造成其他有害影响而产生的损失。观光农业的可持续性依赖生物多样性，这在一定程度上避免了对观光农业的基础——农业、农村的破坏性建设。

观光农业的开发利用保存了具有重要价值的植物种类，形成了具有多物种、多品种的特殊人工生态系统，发挥了农业生物多样性的生态服务功能。通过发展观光农业，农业生产方式的多样性、农民生活方式的多样性、农民传统文化的多样性得以保留，发挥了农业生物多样性的社会服务功能。农业生物多样性也为观光农业的多元化、优质化、个性化发展奠定了基础，增强了人类对自然的了解和利用。

总之，观光农业给人类提供了新的生存与发展空间，同时它的功能还在不断扩展和延伸。在不同的国家、不同的地区、不同的阶段，人们对观光农业的功能有不同的认识和利用，但其本质内容大多是一致的，即追求生态、经济与社会效益的高度统一。

第五节 发展观光农业的意义

一、发展观光农业对农村经济的意义

(一) 改造传统农业和促进新产业的形成

农业旅游项目的开发，能充分利用原有的农业产业资源和农村民俗文化资源，既减少了传统旅游资源开发对生态环境的破坏和资源的消耗，又能充分挖掘和利用当地资源，把农业的生态效益和习俗文化等无形产品转化为合理的经济收入，从而推进农村经济的全面快速发展。

(二) 带动农村相关产业同步发展

观光农业是一个综合性的产业，包括食、住、行、游、购、娱六要素的协调发展。一

个成形的、市场化的旅游产品，必然涉及交通、餐饮、住宿、购物、娱乐等诸多方面。农业旅游的开发，带动了农村道路的建设、运输业的发展、餐饮业的兴起、农副产品和手工艺品的销售，更重要的是，通过旅游业的发展带来的人流、物流、资金流、信息流，为当地相关产业的发展创造了更多的机会，实现了农业和旅游业之间产业链的延伸，从而带动了农村产业结构的调整和优化。

二、发展观光农业对城市发展的意义

(一) 观光农业是城市生态特色的塑造剂

观光农业是城市的绿色屏障，通过它可以提升城市的品位和塑造城市的生态特色。在城市边缘及控制区建成的一些观光农业园区，为城市发展提供了绿色生态缓冲带，使之成为城市的绿色屏障，在空间上保障了城市的生态化建设。由于观光农业园区在城市周边和城市内部间隙地带进行生产和经营，具有放射状相互交织的空间结构，因此使整个城市形成绿色生态网络，促进城市的生态化建设。合理有效地利用广大农村的绿色基质，扩展整个城市的植被面积，可以维持城市绿色景观的稳定和发展，提高城市的综合生态效益。在"自然融入城市"的现代城市建设思想指导下，将观光农业建设与城市绿地建设有机结合，并将其作为城市绿地系统建设的重要内容，是缓解城市人均绿地稀缺的新途径。在目前城市绿地面积有限的情况下，城市的生态环境问题仅靠城市本身是无法解决的，必须依靠城市外围大片绿地所发挥的生态功能才能使城市生态环境得到改善，而观光农业正是城市外围绿地的主要构成部分，对改善城市生态环境的作用巨大。

(二) 观光农业是城市可持续发展的保证

现代城市的功能和空间组织结构具有多样性、综合性的特征，而随着城市化进程的加快，城市人口的集中，身居都市的人们面临着环境污染、交通拥挤、生活紧张、心理压力大等问题，为调节人与自然的平衡，仅靠少量的公园或绿地是远远不够的。因此人们把目光转向城郊，甚至较远的农村地区，这便形成了对城郊和农村观光旅游业的需求。

由此可见，观光农业是从城市与自然协调、人与农业协调两个方面提出的，它能够协调与城市相关的各个环节，实现可持续发展。同时，作为城市经济的一个环节，其所追求的是经济效益、社会效益、生态效益的和谐统一，即可持续发展。因此，观光农业是一种可持续发展的农业经营方式。观光农业协调了城市的发展模式，为实现城市可持续发展提供了可靠的保证。

三、发展观光农业对农村建设的意义

(一) 密切城乡交流和促进城乡一体化

观光农业的主要消费群体是城市居民。观光农业的发展，为城市居民提供了走进农村、接近大自然和体味田园之乐的机会，引导城市居民熟悉农村，促进城乡交流。其结果是使城市居民加深对农村、农业、农民的认识和了解，同时也使农民传统的思想观念得到更新，既提高了农民的物质生活水平，又丰富了农民的精神生活。此外，城市对农村在资金、技术、人才等方面全方位的投入，更有效地保护和发展了农村旅游环境，为城市旅游增添了新的功能和项目，促进了城乡一体化，使之成为资源、环境和生产共享，优势互补、结构稳定、良性循环的旅游系统。

(二) 缓解农村劳动力就业问题和增加农民收入

观光农业项目的开发，扩大了农产品的销售市场，带动了相关产业的发展，间接扩大了农村的就业。另外，很多农民在农忙时种田，农闲时开展多种形式的"农家乐"项目，能有效地缓解广大农村剩余劳动力的就业问题，促进农村的繁荣和稳定。观光农业产品大多在当地生产和销售，无需中间环节，农民能够在最短的时间内获得较多的现金收入；同时充分利用观光农业较为洁净的环境，发展新鲜的、优质的绿色食品和特种作物的生产，满足人们对无公害食品和观赏植物日益增长的需求，可提高农产品的市场竞争力，增加农民收入。

(三) 丰富我国旅游产品的类型和内涵

我国农村聚集了70%的旅游资源，广大农村几千年来形成的农耕文化和民俗文化是我国古老文明的重要组成部分，也是发展观光农业可供利用的最珍贵的资源，更是我国旅游业在国际上极具竞争力的一种旅游产品。观光农业项目的开发，为充分挖掘和利用这些宝贵资源提供了可能。很多旅游项目深入挖掘和利用当地的民俗、文化，开展多种形式的旅游活动，使观光农业产品的类型不断增加，内涵不断丰富。

第六节　观光农业的产业归属与学科领域

一、产业归属

观光农业是一个新兴的产业与学科，包含了第一产业、第二产业和第三产业的经营与研究内容，因此，观光农业涉及多产业、多学科的知识背景与运作技能。与观光农业密切相关的产业有农业、旅游业、交通运输业、园林建筑业、农副产品加工业以及文化业等，观光农业主要的产业基础是农业。

二、学科领域

观光农业所涉及的学科众多——农学、园艺学、园林学、畜牧学、资源学、景观生态学、旅游学、农村社会学、市场营销学、艺术学、民族学、民俗学以及规划设计学等，但观光农业的根基在农业，故很多院校在专业或课程设置方面将其归于农科专业。

因此，就学科领域而言，观光农业隶属于农业学科；就产业归属而言，观光农业同时又是一个超经济(metaeconomic)的产业。

◎ 思考题

1. 现代农业的含义与特征是什么？
2. 比较传统农业与现代农业的异同。
3. 试述观光农业的概念与范畴。
4. 阐述观光农业的多功能性。
5. 观光农业发展的意义有哪些？
6. 联系本地实际，分析农业发展现状，探讨发展观光农业的可行性。

第二章　观光农业理论基础

◎ **本章提要**

　　了解观光农业的基础理论十分重要，是准确理解与把握观光农业发生发展的前提，本章主要介绍以下内容：

- 休闲理论；
- 体验经济理论；
- 都市农业理论；
- 景观农业理论；
- 农业发展阶段论；
- 产业一体化理论；
- 需要层次理论；
- 外部性理论。

◎ **学习目标**

　　通过本章的学习，你应能：

- 了解休闲理论的实质与内容；
- 掌握体验经济对社会经济和农业发展带来的影响；
- 重点掌握都市农业理论的来源与发展；
- 了解景观农业的概念与特征；
- 掌握农业产业一体化的含义；
- 了解观光农业的外部性。

　　观光农业是一个交叉学科，作为现代农业的一种主要形态，它的形成与发展涉及经济学、管理学、社会学、生态学、农学等多学科的知识。从社会学角度看，观光农业作为休闲产业的一个分支，其发展必须遵循休闲理论。观光农业满足了社会发展的客观需求，休闲文化的发展对观光农业具有一定的指导意义。从经济学角度看，体验经济逐渐成为继农业经济、工业经济、服务经济之后的一种新的经济形态，观光农业的发展充分体现了体验经济的特点。观光农业已成为现代农业的重要组成部分。从生态学角度看，观光农业的景观规划与设计必须以景观生态学和景观美学理论为指导。

第一节　休闲理论

休闲与人类的历史一样古老，随着社会经济的发展，"休闲"作为一个新的社会文化现象和现代社会进步的重要标志，越来越受到国际社会与经济界的关注。当今时代，"休闲"被赋予的内涵更为丰富与深厚。

一、关于休闲

何为休闲？可谓仁者见仁，智者见智。瑞典著名哲学家皮普尔说，休闲是一种精神态度，是一种为了使自己沉浸在"整个创造过程中的机会和能力"。美国学者凯利则说，休闲应被理解为一种"成为人"的过程，是一个完成个人与社会发展任务的主要存在空间，是人的一生中一个持久的、重要的发展舞台。休闲是以存在和"成为"为目标的自由——为了自我，也为了社会。美国著名休闲学研究专家杰弗瑞·戈比说，休闲是从文化环境和物质环境的外在压力下解脱出来的一种相对自由的生活，它使个体能够以自己喜爱的、本能地感到有价值的方式，在内心之爱的驱动之下行动，为信仰提供一个基础。

这三个定义都是从社会的角度来看待休闲，将休闲放在宏观的前提下，并在个人与社会的关系中定义休闲所指的状态和体验。古希腊哲人亚里士多德这样谈论休闲：摆脱必然性是终身的事情，它不是远离工作或任何必需性事物的短暂间歇。在他的《政治学》一书中更是提出这样一个命题：休闲才是一切事物环绕的中心。

马克思眼中的休闲则有所不同。他认为休闲一是指"用于娱乐和休息的余暇时间"；二是指"发展智力，在精神上掌握自由的时间"。一般而言，休闲是与工作相对立的时间概念，也是一种与工作相对立的活动。由于休闲是一种日常的活动，从感性层面上，我们可以把握休闲的演化和方式。

在西方，休闲一词意义的异化是基督教文明兴起之后，尤其是近代工业文明兴盛以后的事情。基督教会有关于"礼拜日"的规定，只有在这一天，人们才停止劳作，得以休息和侍奉上帝，由此开始了日常生活与休闲活动的分离。而宗教改革之后，新教伦理强调"工作伦理"，休闲如同"浪费时间"一样成为一个贬义词。而工业革命后出现的"经济崇拜"和"效率崇拜"浪潮，更强调了人们追求效率的念头，以致人们也像利用各种资源一样去利用休闲时间，要么休闲时间成为恢复体力与脑力疲乏，以便更有效地工作的手段；要么人们在休闲时间拼命地追求各种刺激和放纵自己，以致空闲时间的利用也如同劳作一样匆忙和紧张。这里的休闲等同于空闲，而且休闲成为没有意义的名词。现代意义上的休闲完全不同于以往，休闲成为人类精神生活的载体，反映了真正休闲的可能性。

中国休闲传统与休闲理论具有自己的特色。与长期以来形成的西方休闲理论中将休闲与空闲等同起来以及将工作与休闲截然分开的传统不同，中国人的休闲观念其实是一种境界。真正的休闲境界可以说是一种与百物合一，消除了人我分别、内外分别的精神境界。庄子所谓的"逍遥游"和孔子所说的"从心所欲不逾矩"的自由都体现了休闲精神的境界。中国古代的休闲主要是指士大夫等消磨闲暇时间的各种活动，如抚琴、下棋、吟诗、作画、著书、饮酒、放风筝、养花鸟以及游山玩水等。这些活动独具中国休闲的特点，符合中国人一贯的含蓄和中和之道。

在当下社会，从休闲服、休闲鞋、休闲椅，到"休闲一刻"（电台）、"都市闲情"（互联网）、"休闲时光"（电视），再到大大小小报纸杂志的休闲专栏，可谓时时有"休闲"，处处有"休闲"；"休闲"二字成了这个时代最时髦的大众话语。现代科技的飞速发展，为社会经济的多元化提供了基石，日益丰富的生活状态展现在人们面前，构成了现代意义上的休闲。现在有越来越多的人从事脑力劳动，工作时间大大缩短，空闲时间越来越多，休假时间也越来越多，这样休闲就成为人们重要的生活内容，休闲产业经济也随之出现，并呈现越来越迅猛的发展势头。人们长期承受着工作负担和社会竞争的压力，需要在工作之余使身心得到解放。可以使人放松心情、回归自然、暂时忘却烦恼的休闲活动至少是通向理想彼岸的一个途径。看电视、上网、购物、旅游、听音乐……现代社会为人们提供了最先进的休闲场所、休闲条件以及享受欲望。休闲产业呈现一片繁盛的场面，人们纷纷参与其中。

现代休闲的特殊性与现代社会的融合，使休闲成为现代性的新载体。

二、关于休闲文化

休闲的兴起必然带来休闲文化的出现，由于休闲包含的范围广，所以在一定程度上说，休闲文化就是现代社会文化。休闲文化作为现代社会特别是消费社会中特有的生活方式与文化类型，具有特定的历史内涵。

后现代著名的消费文化理论家鲍德里亚认为，在消费社会里，休闲已成为文化记号和被消费的对象，休闲是不可抗拒的责任伦理。人们对自由时间的消费成了尽责伦理的一种，人们追求的是这一符号之下的象征性和理想性。文化不再是为了延续而被生产出来的，而是根据媒介自身、一些规则被"制定"出来的，休闲作为文化消费的一种，渗透了大众传媒的操纵性结果，因而在很大程度上成为伪事件和伪现象。休闲中，大众是休闲活动制造者所面对的解码者，制造者通过对编码及解码程序的控制，向大众传播意识形态。大众传媒总是向个体宣扬和灌输普通个体要获得文化公民资格所必须拥有的一套公共文化，建构个体的文化身份应该消费哪些物品和服务，该如何保养身体和培养气质，一个有身份的、体面的人至少应该到过哪些地方，以什么方式旅游才能体现学识和品位，以什么样的方式休闲和如何休闲。这些都是这个社会的公共文化规定了的。人们之所以去休闲正是力求使自身获得身份象征，唯恐自己的做法落伍，丢失了与自己的地位和身份相匹配的符号性力量。这样的休闲已经脱离了事件本身，人们在休闲之时不过消费着它所代表的符号。人们通过消费、休闲来标志自己的身份，休闲已不再单纯是享受物质和精神的舒适，而是社会与文化进步的表现。

三、休闲经济

(一)休闲经济概述

休闲经济是指建立在休闲的大众化基础之上，由休闲消费需求和休闲产品供给构筑的经济，是人类社会发展到大众普遍拥有大量的闲暇时间和剩余财富的时代而产生的经济现象。休闲经济一方面体现着人们在闲暇时间的休闲消费活动，另一方面体现着休闲产业对于休闲消费品的生产活动。它主要研究的是休闲行为中的投入与产出、休闲行业所创造的价值、休闲经济的运行规律、休闲行为和经济的变量关系等。休闲经济的兴起是人类社会发展的必然，也是人类社会文明进步的标志，它是人类社会经济的高级形态。从本质上讲，休闲经济是由人类改造自身获得全面发展的需求而引起的一种经济现象。

(二)休闲经济的形成条件

(1)高度的物质文明。休闲经济是建立在物质文明基础之上的经济。伴随着生产力的发展，社会剩余产品不断增加，为人们休闲提供了物质基础。没有发达的第一产业、第二产业和第三产业，休闲经济不可能形成。

(2)完善的休闲供给。改善休闲供给条件，提高休闲供给效率，在短期内可以扩大需求，使休闲经济进一步高涨。

(3)充足的制度供给。

(4)休闲时间的增加。休闲时间是实现休闲消费的前提条件。

(5)大众休闲时代的来临。时至今日，休闲经济已经不是少数"有闲阶级"专有的经济，而是大众化的经济。而大众休闲时代的来临正是休闲经济形成的社会基础。

(6)现代休闲消费观念的确立。确立现代休闲消费理念是休闲经济所必备的条件。

现代休闲消费观念要求消费者树立休闲和工作同等重要的理念，变封闭式消费观念为开放式消费观念，释放休闲消费潜能。

经济学产生于一种发展不平衡状态，这种不平衡状态来源于可使用资源的稀缺性与人们需求无限性之间的矛盾。休闲、娱乐及旅游业与所有的经济领域一样，都存在着资源稀缺性的问题。从微观经济学角度看，对于一般性商品，消费者收入增加会促使该商品消费需求增加；社会的进步和科学技术的发展则会增加新的商品供给，同时降低现有产品的价格。由休闲经济理论可知，经济的发展和社会的进步是休闲经济产生及发展的前提条件。若把休闲产品及服务视为一种商品，当人们收入增加到一定程度时，对休闲产品及服务的需求会逐渐增加(当然，人们收入的增加是与闲暇时间的减少存在一定相关性的。但当经济发展到较高阶段时，人们将会以放弃部分收入为机会成本，去换取更多的闲暇时间，即可视为对休闲产品及服务的购买)；而休闲条件的改善、技术的进步又为休闲服务的增加提供了可能。"假日经济"是休闲经济的特殊表现形式，是休闲产业的一个缩影。随着国民经济的发展，越来越多的人将旅游作为一种休闲方式，这在客观上为观光农业的发展提供了巨大的客源市场。农事活动、农村文化、农情民俗等都是观光农业重要的资源，尤其是在北京、上海等大都市，这种休闲资源的稀缺性表现得更加突出。如何有效利用有限的休闲农业资源，提供更多、更好的休闲供给，满足人们对休闲农业日益增长的需求，值得深思。

此外，同其他大多数经济活动一样，休闲产业的发展也会在一定程度上受到政府的干预。在我国部分大城市，观光农业已成为繁荣农村经济的重要力量，各级政府部门也越来越重视观光农业的发展，并在政策、资金、技术、信息等方面给予大力支持，为观光农业的进一步发展创造了良好条件。因此，各地要顺应经济发展规律，抓住观光农业发展的有利时机，以市场的休闲需求为导向，充分发掘资源优势和政策优势，创新休闲产品，打造出各具特色的观光农业产业链条。

第二节　体验经济理论

近年来，随着我国社会经济的发展，居民收入的增加，社会价值观念的多元化，以及人们对个性的追求、对生活质量的更高要求、对个人感受重视程度的日益提高，"体验"一词的使用频率迅速增加，人们的体验正在对社会生活的各个方面产生影响，尤其是对经济生活的影响更为深远。关注体验经济、研究体验经济、发展体验经济正在成为一种潮流。

一、体验经济概念的提出与理论发展

经历了农业经济、工业经济、服务经济等时代后，体验经济将是经济形态最新的发展浪潮。在农业经济时代，土地是最重要的资本；在工业经济时代，产品是企业获得利润的主要来源，服务会使产品卖得更好；在服务经济时代，产品是企业提供服务的平台，服务才是企业获得利润的主要来源；而体验经济则是服务经济的更高层次，是以创造个性化生活及商业体验获得利润的。因此，美国著名未来学家阿尔文·托夫勒于20世纪70年代初在《未来的冲击》一书中指出：体验经济将逐渐成为继农业经济、工业经济、服务经济之后的一种经济形态，企业将靠提供体验服务取胜。这个观点长期以来一直未引起人们的重视，直到20世纪末，当社会经济环境的变化使人类"体验"对经济产生重大影响时，人们才不得不佩服托夫勒的远见卓识。

1998年，美国战略地平线公司的创始人B. 约瑟夫·派恩和詹姆斯·H. 吉尔摩在当年的《哈佛商业评论》上发表《欢迎进入体验经济》一文，指出：经济价值演变过程可分为四个阶段，即商品、货币、服务和体验。随着服务像它以前的货币一样越来越商品化，比如只有价格的长途电话服务，体验将逐渐成为所谓的经济价值的下一步……欢迎来到体验经济时代。1999年4月，他们两人合著的《体验经济》一书由哈佛商学院出版社出版，该书以轻松活泼、通俗易懂的语言，一方面勾画出20世纪西方发达国家(尤其是美国)的商业实践与工商管理理论内涵的演变与发展趋势，另一方面又指出体验经济的内涵与深远意义，并附上大量的事例予以解读。《体验经济》的作者这样描述体验经济的理想特征：在这里，消费是一个过程，消费者是这一过程的"产品"，因为当过程结束的时候，记忆将长久地保存对过程的"体验"。消费者愿意为这类体验付费，因为它美好、难得、非我莫属、不可复制、不可转让、转瞬即逝，它的每一瞬间都是"唯一"。

虽然我们都知道马斯洛的需求层次理论，但是应当说，《体验经济》这本书第一次让我们看到，现实经济的发展已经进入了能够普遍地、大规模地满足马斯洛所说的最高需求层次——"自我实现"的阶段。在体验经济中，企业不再生产"商品"，企业成为"舞台的提

供者"，在它们精心制作的舞台上，消费者开始自己的、唯一的、值得回忆的"表演"。在体验经济中，劳动不再是体力的简单支出，而是成为自我表现和创造体验的机会。例如，许多人在时下风行的陶艺馆制作陶艺时，既能了解和掌握制作陶艺的基本知识和工艺流程，又能充分发挥自己的想象力和艺术探索精神，于是陶艺制作便成了消费者自我表现和创造体验的机会。因此，体验经济是以商品为道具，以服务为舞台，以体验为经济提供品，以满足人们情感需要和自我实现需要为主要目标的一种经济形态。当"体验"在社会经济生活的众多领域中成为"商品"，而人们又愿意为"体验"付费时，体验经济时代便到来了。

二、体验经济的兴起是社会经济发展的必然趋势

体验经济的兴起不是偶然的，而是社会经济环境发生深刻变化所引起的，究其原因，主要表现在以下几个方面。

(一) 社会生产力发展水平提高和人类需求层次升级是体验经济产生的根本动力

任何经济时代的产生和发展，都是生产力发展和人类需求不断升级及其相互作用的结果。在农业经济时代，以农产品作为经济提供品就可以满足人们的生存需要了。在工业经济时代，以工业产品作为主要经济提供品就可以满足人们的需要了。在服务经济时代，社会生产力获得进一步发展，商品经济空前繁荣，人们的收入不断提高，对生活质量和人生价值的追求日益强烈，对服务的需求不断增加，对服务的品质也日益挑剔。各企业开始系统地拓展和强化自己高效有序的服务体系，并把它作为企业核心竞争力的重要组成部分，以吸引和留住顾客。因此，在这个时代，人们的需求层次同以往时代相比有了很大的发展和提高，从社会总体上看已进入了较高的需求层次，对社会地位、友情、自尊、他尊的追求，使得高品质的服务成了满足人们需要的主要经济提供品。

20 世纪末，随着社会生产力水平、人们收入水平的不断提高，人们的需求层次有了进一步的升华，产品和服务作为提供品已不能满足人们享受和发展的需要。从社会总体上看，人们的需求在满足了生理、安全、社交、尊重的需要之后，实现了历史性的跨越，进入了"自我实现"层次。因此，人们需要更加个性化、人性化的消费来实现自我。于是，体验就成了服务经济之后的主要经济提供品，从而将人类带入了体验经济时代。很显然，发达国家是体验经济的先行者。而且在它们看来，社会主要经济提供品的演进过程，也就是人类社会经济价值的演进过程，并且这一演进过程具有明显的自然性，因为它越来越朝着满足人类需要的方向发展。正如人类经济形态在 20 世纪 50 年代从工业经济转向服务经济一样，现在，我们步入了体验经济时代。

(二) 市场经济的不断发展和市场竞争的不断加剧推动了体验经济的产生

市场经济作为一种社会配置资源的方式和经济体制，在世界范围内不断发展和完善，形成了一套被广泛认可的游戏规则，从而构成了一个完整的经济运行机制，保证了资源的优化配置和竞争的自由、公平与公正。现如今，买方市场的进一步发展和深化，使得卖方

之间的竞争日趋激烈，因此，关注人们消费心理和消费行为的变化，把握人们需求层次的发展，充分满足顾客需求，为顾客创造更多的价值，提升顾客的满意度和忠诚度，成为企业的共识。为了应对市场竞争和寻找市场突破口，在提供的商品和服务已不能满足顾客需求的情况下，创造"顾客体验"便成了众多企业的共同追求。可以预见，市场竞争的需要将使企业越来越关心顾客在个性化需求、价值体现、心理感受、情感追求等方面的"体验"，并设法为顾客提供获得"体验"的平台，从而把越来越多的行业带入体验经济时代。

（三）现代信息技术、网络技术的发展和应用是推动体验经济崛起的重要因素

20世纪末，新技术革命催生的新经济时代终于到来，这是以信息技术和网络技术为基础，以创新为核心，以全球化和信息化为特征，以新技术发展为动力而形成的可持续发展的经济。此时，信息技术和网络技术的发展已经开始渗透到社会生活的各个方面。在经济生活中，电子商务和虚拟经济蓬勃发展，数字化生存已经不再是梦想。这一切为人们分享生活中的体验和设计体验的舞台提供了强有力的技术支持。可以说，信息技术和互联网在体验经济中扮演着重要的角色。因此，供应商为了生存，为了使自己的商品和服务有别于他人，就必须在自己提供的商品和服务中融入体验的元素，通过提供顾客需要的体验获得利润。为了创造体验，供应商必须清楚地知道顾客与自己提供的商品和服务是如何互动的，从而必须利用信息技术和网络技术建立顾客关系管理系统，通过对顾客信息的收集、分析、集成、共享，了解顾客的真实需求，满足顾客的特定偏好，为顾客带来快乐的体验。

（四）人们闲暇时间的增多为消费"体验"创造了必要条件

闲暇时间的增多，推动了体验经济时代的到来。现代科学技术的迅猛发展使社会劳动生产率大幅度提高，为劳动者拥有更多闲暇时间创造了条件。

现代企业对企业文化作用的重视和普遍推行的人本管理，给予员工身心健康越来越多的关注，使员工的休假时间增多。以美国为例，时下美国的观光产业已成为位居首位的经济活动。统计显示，美国人一年中有1/3时间用于观光，收入中有2/3用于观光，土地面积中有1/3用于观光。而在观光活动中，体验消费无疑是内涵最丰富、吸引力最强的一种消遣方式。在体验消费中，将会出现包括娱乐消费、情感消费、精神消费、文化消费等满足人们不同需求的消费方式。可见，人们闲暇时间的增多，为体验这种经济提供品带来了广阔的市场前景，推动了体验经济时代的到来。

上述四个方面的变化在经济发达国家和地区表现得十分明显，它们已率先进入体验经济时代。

三、体验经济时代的旅游消费特点

社会经济发展是旅游消费演变的主要动因，社会经济迅速发展必将带来旅游产业发展的深刻变化。随着人类社会的经济形态从服务经济转向体验经济，旅游者的消费观念和消费方式发生了多方面的变化，并使旅游消费者需求的结构、内容、形式发生了显著变化。

体验经济时代的旅游消费具有以下特点。

(一) 从旅游消费者的需求结构看，情感需求的比重增加

旅游消费者在注重产品质量的同时，更加注重情感的需求，旅游消费者更关注旅游产品与自己关系的密切程度，偏好那些能与自我心理需求引起共鸣或者能实现自我价值的感性旅游产品。例如，中国饭店第七届金钥匙年会把晚宴安排在高尔夫球场，草地、篝火、空旷山谷中的强劲迪斯科音乐让每一位来宾情不自禁地翩翩起舞，在偌大的草坪上连成一条跳舞的"长龙"。这就是情感的需要、体验的震撼。

(二) 从旅游消费内容看，个性化产品和服务越来越受欢迎

随着旅游者的消费经验日趋丰富，旅游者对大众旅游产品感到厌倦，开始追求一种彰显自己个性的旅游产品和服务，非从众心理日益增强，使旅游者更加相信自己的感觉。近年来旅游部门的调查表明：目前我国居民旅游也已由单一组团观光旅游向形式多样的度假游、特色旅游项目扩展。这些项目都具有个性化强、参与性强的特点。

(三) 从价值目标看，旅游消费者从注重产品本身转移到注重接受产品时的感受

现代旅游者不仅关注得到怎样的产品，而且更加看重在哪里和如何得到这一产品，他们不再重视结果，而是重视过程。如宁波开元大酒店在某一年的年夜饭经营中，就精心安排了贵州民族歌舞互动表演，还设置了击鼓许愿等项目，让消费者在吃年夜饭的同时，能参与到传统的年文化活动中来，获得一种与众不同的体验。

(四) 从接受旅游产品方式看，旅游消费者由被动变为主动参与产品的设计与制造

从近年来的消费实践看，旅游消费者从被动接受旅游产品发展到对旅游产品提出个性化需求，越来越希望和旅游企业一起，按照自己的生活意识和消费需求开发能与自己产生共鸣的"生活共感型"旅游产品，开拓反映自己新的生活价值观和生活方式的"生活共创型"市场。在这一过程中，旅游消费者将充分发挥自己的想象力和创造力，积极参与旅游产品 (物质产品和精神产品) 的设计、制造和再加工，通过创造性消费来体现自己独特的个性与自身价值，获得更大的成就感、满足感。云南瑞丽推出的淘宝游，能够给旅游消费者带来美好的旅游体验，看到自己亲自淘出的宝石被加工成艺术品，旅游消费者的成就感油然而生。而旅游消费者亲身参与制作旅游纪念品，本身就是旅游经历的一部分，这种纪念品大多融入了旅游消费者的劳动和智慧，具有很高的价值。

(五) 旅游消费者对文化旅游产品的需求上升

长期的旅游实践表明，旅游消费者对文化旅游产品的需求正在迅速增加。由于旅游消费者文化修养的提升，传统的本土文化或异域文化都会影响消费者的旅游消费观念，使得他们自觉接近与文化相关的旅游产品和服务。例如，广东省梅州雁南飞茶田度假村成功打造了茶文化旅游精品。度假村在茶叶包装、旅游纪念品的设计等方面都体现了茶文化的特

色。该度假村通过以茶结缘、以茶传情、以茶赋诗等茶艺、茶诗赋形式，将浓郁的茶文化内涵与客家文化结合起来，充分展示了度假村的创意和对茶文化内涵的追求，由此受到广大旅游消费者的喜爱。

(六)旅游消费者的公益环保意识增强，绿色旅游的呼声越来越高

随着人们物质生活水平的提高，旅游消费者公益意识不断加强，特别是近年来国际旅游市场国内化、国内旅游市场国际化使人们更加意识到旅游业的天然环保性。许多旅游消费者比以往任何时候都珍惜我们生存的环境，重视生活质量，追求永续消费。在旅游消费中，希望通过消费绿色旅游产品来体现自己的生态环保意识，成为绿色旅游消费者。

第三节　都市农业理论

一、都市农业的来源、概念及发展

(一)都市农业演进

都市农业的产生和形成经历了一个渐变的过程。田园城市理论可认为是都市农业的基石。霍华德 1898 年出版的著作《明日：一条通往真正改革的和平之路》(Tomorrow：A Peaceful Path to Real Reform)首次提出了"田园城市理论"。

德国是欧洲较早发展都市农业的国家，其最早发展的是市民农园。市民农园可供市民种植蔬菜，实现自给自足。1919 年，德国制定了《市民农园法》，确立了市民农园的模式。第二次世界大战时，德国遭受空袭，人们在市民农园中躲避度日，靠着这里生产的蔬菜才得以免除饥饿。第二次世界大战后，在食物匮乏的情形下，市民农园曾经发挥过供应蔬菜等农产品的功能。1983 年，德国又对《市民农园法》进行修订，增加了社区发展的概念。按照法律，德国的所有都市都有义务将市民农园提供给市民，目标是达到每 10 户居民中就有 1 户拥有市民农园。近年来，德国市民农园的做法和宗旨，与过去相比已有很大不同，主要是转向农业耕作体验与休闲，而不是以生产经营为发展方向。

(二)都市农业的概念

"都市农业"一词最早见于 1930 年出版的大阪府农会报杂志上。1935 年日本学者青鹿四郎在《农业经济地理》一书中，首次给出了都市农业的定义：分布在都市内的工商业区、住宅区等区域内，或者是分布在都市外围的特殊形态的农业。即在这些区域内的农业组织依附于都市经济，直接受都市经济势力的影响。这些农业组织主要生产经营奶、鱼、观赏植物、蔬菜、果树等，专业化生产程度较高，同时又包括水稻、麦、畜牧、水产等复合经营。1969 年，日本矶村英一教授提出都市第三空间理论。他认为，现代都市除需提供居住(第一空间)及各项产业活动(第三空间)的土地外，必须提供户外观光场所(第三空间)，供市民使用。空地大量开发为居住和产业活动用地的结果，将使个人的生活空间局

限于住宅、车辆和办公大楼内，而与大自然隔绝。因此，现代都市为提高城市居民的生活质量，必须提供足够的第三空间使市民享受阳光和绿地。1974年，日本东京大学教授松尾孝领提出城市环境事业论。他认为在快速都市化地区，农业的目的应由传统的粮食生产，转化为环境安全和提供观光。

20世纪50年代，美国经济学者提出都市农业区域和都市农业生产方式的概念。1977年，美国农业经济学家艾伦·尼斯才明确提出城市农业（urban agriculture）的概念。城市在日语中称都市，我国"都市农业"的提法来自日本。从20世纪80年代起，随着日本、新加坡、荷兰、以色列、韩国等国家和地区城市化的快速发展，这些国家和地区的农业科学家和城市地理学家相继开展了都市农业的研究，并不断完善其内涵，都市农业开始逐渐在世界范围内广泛受到重视。多数学者认为，在都市化地区，良好的生活环境是具有稀缺性的经济物品，其获得必须付出代价。都市农业具有外部性，应视为公共物品，市政当局应参与都市农业建设，并给予适当补助。

"都市农业"这一名词的英文原意为都市圈中的农地作业，但随着城市社会生活的变革，都市农业的内涵不断拓展，都市农业的概念也不断发展。现在我们所谓的都市农业一般是指处在城市化地区及其周边地区，充分利用大城市提供的科技成果及现代化设备进行生产，并紧密服务于城市的现代化农业。从世界上看，都市农业是现代农业发展到一定历史阶段的必然产物。日本学者最早提出都市农业的概念。都市农业作为一种世界性的农业现象出现在第二次世界大战后。都市农业是依托大城市发展起来的，拥有先进的科学技术和现代化设施。都市农业的区位优势、市场优势、人才优势等决定了它与其他地区农业相比，更具有其得天独厚的优越条件。都市农业被认为是当代最具活力的一种现代生产力。

我国都市农业的提出与实践探索始于20世纪90年代初期，其中以地处长江三角洲、珠江三角洲、环渤海地区的上海、深圳、北京等地开展较早。为适应建立国际经济中心城市的要求，1994年，上海市政府就提出依托中心城市的辐射和自身的积累，加快城郊农业向都市农业的转变，建立一个与国际化大都市相配套，具有世界一流水准的现代化都市型农业，并成为我国第一个将都市农业列入"九五"计划和2010年远景目标的城市，现已在设施农业、观光农业、庄园农业的发展方面取得显著成效。1995年上海市和日本大阪府开展都市农业国际合作研究，并于1996年在上海召开了上海市与大阪府都市农业国际研讨会。

1998年，在北京召开了首届全国都市农业研讨会，北京、上海、天津、深圳、厦门等地的代表出席了会议，都市农业在我国沿海发达地区受到广泛重视。北京市明确提出要以现代农业作为都市农业新的增长点，抢占科技制高点和市场制高点，强化其食品供应、生态屏障、科技示范和观光休闲功能，使京郊农业成为我国农业现代化的先导力量。深圳特区建立之初，主要是发展创汇农业，进而发展"三高"农业，以适应建设国际化大都市的需要，发展现代都市农业成为特区再创辉煌的重要战略选择。为此，深圳市就都市农业发展战略进行了深入研究，目前其观光农业、高科技农业建设方兴未艾。中央"十一五"规划建议中强调，"要加快农业科技进步，加强农业设施建设，调整农业生产结构，转变农业增长方式，提高农业综合生产能力"，都市农业的发展处于新的重要发展机遇期。

(三) 我国对都市农业概念的认识

随着世界城市化进程的加快,一些国家的学者相继开展了都市农业的相关研究。迄今为止,关于都市农业的概念和内涵仍无统一界定。如德国的都市农业限定为城市市民的庭院农业;日本学者认为,都市农业指分布在都市范围内的特殊形态的农业,主要经营鲜活农产品;联合国计划开发署对都市农业的定义是在城市经济、社会和生态影响范围内的农业活动。

2006 年 9 月 16 日,在专家的倡议下,我国成立了中国农学会都市农业与休闲农业分会,与会的 200 多位代表深入讨论了都市农业的概念等问题,并最终达成共识:都市农业是社会经济发展到较高水平时,在整个城市区域范围及环城市经济圈形成的,依托并服务于城市、促进城乡和谐发展、功能多样、业态丰富、产业融合的农业综合体系,是城市经济和城市生态系统的重要组成部分,是现代农业在城市的表现形式。

这个概念是站在社会和经济全面、协调、可持续发展的高度上,借鉴国外经验,总结过去认识,广泛征求各位参会代表意见,经过反复研讨,汲取大家智慧而形成的。

二、都市农业的基本内涵

都市农业是一种与城市经济、文化、科学、技术密切相关的农业现象,是都市经济发展到较高水平时,农村与城市、农业与非农业等进一步融合过程中的一种发达的现代农业。都市农业反映了工业化和城市化高度发展后,人类对新时代农业的一种探索,同时表明现代化农业已经成为现代都市文明的内在需求。其基本内涵如下。

(一) 都市农业是新型的农业业态

都市农业是在城市化过程中诞生的一种以满足城市居民更高层次需求的新型农业形态。随着城市的不断扩大和城市经济的发展,城市居民收入逐渐提高,需求层次也不断提高,除基本需求以外,还要求有更大的活动空间和更多的自然享受。为满足这些需求,要求建立一种专门服务于城市的农业。在地域分布上,都市农业不同于城郊农业或郊区农业。都市农业既存在于都市外部,也存在于都市内部,与城市的联系更紧密,是现代都市的有机组成部分。

(二) 都市农业是特殊形态的发达农业

都市农业是在城乡、工农差别逐步消失,传统城乡多元结构逐渐解体过程中产生的一种特殊形态的发达农业。都市农业直接为都市服务,从事都市农业的组织在经济上紧紧依赖于都市经济,受到都市经济的强力支撑。因而都市农业拥有文化水平很高的劳动者,能将现代化的生产设备和先进的生产技术应用于农业,在组织上实行高度专业分工与协作,因而都市农业与城郊农业或郊区农业相比,有更高的农业生产力。在产业特征上,与大田农业相比,都市农业属于劳动密集、技术密集的精细型农业。

(三) 都市农业是多功能的农业

都市农业是在可持续发展理论指导下建立起来的一种经济、社会、生态协调发展的多功能农业。都市农业的多功能性,被有的学者表述为"三生农业",即生产性功能、生活性功能和生态性功能。"三生农业"的提出旨在区分都市农业与传统生产型农业的不同。都市农业的经济功能是为市民提供新鲜、优质、安全、洁净的农副产品;为工业提供各种合格的原材料;为工业和服务业的发展提供空间和劳动力,以此扩大农业就业机会,增加农民收入,壮大农村经济实力。都市农业的社会功能是增进都市居民与农村居民的接触,缩小工农差距、城乡差距,使城市居民了解农情、农俗、农知等传统农村文化,促进城乡文化交流。都市农业的生态功能强调生态屏障功能,强调人与自然的协调发展以及城乡经济的可持续发展,使都市农业成为大都市市容的美容器、水气的过滤器和净化器,以此提高都市居民的生活质量,招徕客商,推动经济发展。与传统农业相比,都市农业不仅为居民提供食品和工业原料等有形农副产品,还为居民提供绿色、阳光和空间等无形农业产品。因此,都市农业特别强调环境保护和观光功能。

(四) 都市农业是现代都市的有机组成部分

都市农业以提供优美的环境等稀缺性经济物品为主,生产这种稀缺性经济物品会产生很高的成本,鉴于都市农业的生态环境建设等功能和产品不能完全从市场交换中获得补偿的特性,政府对公共物品的生产者应给予一定的补助。

三、都市农业的基本特征

(一) 城乡一体化

自古以来,城乡分界可谓泾渭分明。随着世界各地城市化进程的加快,这一传统观念发生了动摇。随着大城市群的出现,相互紧密联系的城市纵横交错,同时,在城区之间保留着不少农田,因而形成了城市渗透农村、农村渗透城市、城市和农村浑然一体的新局面,产生了许多农村中的城镇和工厂,以及都市里的村庄和田野。传统的城乡布局被突破,城乡界线已日益模糊,城乡融合步伐加快,工业化、城镇化的加速发展推动了都市农业的发展,并使其与经济发展紧密结合,都市农业的发展又进一步加快了城乡一体化的进程。

(二) 功能多样化

都市农业分布在城市化地区以及周边延伸地区,而非一般的农业地区,它是一种区域农业。都市农业的生产、流通和经营,农业形态和空间布局,都必须服从大城市的需要,为市民的生产、生活提供服务,在服务中获得经济效益。同时,又由于城市及市民的需要是多方面的,这就决定了都市农业的形态、生产经营形式与功能的多样化。都市农业不仅要充分利用大都市提供的科技成果及现代化设施进行生产,为国外市场提供名、特、优、新农副产品，而且要具有为城市市民提供优美生态环境，绿化、美化市容、市貌，提供旅游观光场所，进行文化传统教育等诸多方面的功能。

(三)高度集约化

与其他地区农业相比，这一区域内的农业资源条件表现为资本、设施、科技和劳动力的高度密集性，同时由于都市农业与城市之间的密切关系，对其农业环境、投放要素、产业技术特性、结构及功能有一定的要求或限制，从而使这一地区的农业同其他地区的传统农业明显不同。随着都市农业区域经济地租的上升，在经济利益的诱导下，都市农业转向资本、科技密集和土地节约型的发展道路，农业生产经营方式高度企业化、规模化、科技化、设施化、市场化，并实现产供销、贸工农一体化，为大城市提供所需的鲜活农副产品。

(四)市场一体化

都市农业依托大城市，可充分利用大城市发达的市场、信息和交通网络，跨越区域界限发展农产品生产和交易。尽管都市农业有较高的地域性，但农产品的生产、加工、销售则以适应大都市市场和国际市场需求为出发点，农产品在市场上实现大流通是都市农业发展的动力和生命。都市农业是一种工业化、市场化农业。其通过市场网络把千万户农民与市内、国内甚至世界市场紧密地连接在一起，快速有效地根据市场需求状况，组织农业生产要素配置，通过市场化带动农业产业化，进而推进农业的专业化、基地化。都市农业是市场经济条件下的发达农业，它以国内外市场需求为导向，在大市场、大流通环境下，经济、合理、有效地配置资源，充分利用都市经济、科技和服务体系，选择重点产业和主导产品，增强农业的服务和辐射能力。

第四节　景观农业理论

一、景观农业的概念及其理论基础

德国著名生物学家和地理学家特罗尔被推举为景观生态学的创始人。他把景观定义为将底圈、生物圈和智能圈的人类建筑和制造物综合在一起、供人类生存的总体空间可见实体，认为景观代表生态系统之上的一种尺度单元，并代表一个区域整体。从景观定义出发，景观农业是草地、耕地、林地、树篱及道路等多种景观斑块①的镶嵌体。从影响因素看，景观农业是人类为其生存通过较完善的生物和技术活动，对土地长期或周期性经营的结果。景观农业的本质是农业生态系统与自然生态系统在一定自然景观上的有机结合。它是按景观生态学原理规划的，具有高稳定性、自我调节能力和实现能量与物质平衡能力的

---

① 斑块是指与周围环境在外貌或性质上不同，并具有一定内部均质性的空间单元。景观尺度上的斑块通常为某一生态系统。

一种新型农业。

景观农业具有以下特征：

(1)保证人类合理地、生态上无危险地开发农业生态系统，最终实现农业高产、稳产和持续发展的目标。

(2)在以农业生态系统为基质的景观中充分发挥自然生态系统斑块、廊道①的高稳定性、自我调节能力，以维持和加强整个农业生态系统的稳定性和正常运转功能。

(3)正确估价地貌类型、要素对农业生产的影响，种植的作物品种、采取的土壤改良措施、耕作方法、土地利用强度、作物布局等要与地貌类型、要素相适宜。

(4)在确定农业景观中能流、物流动态的基础上，尽量扩大利用可再生的生物能源，减少化石能源的投入。能流、物流的有效转化将为农业生产降低成本、增加收入开辟一条途径。

(5)可为人类展现良好的生态系统和优美的景观视野，可作为旅游资源进行开发，从而提高农业生产的经济效益。

(6)农业景观中的自然生态系统可建成微型自然保护区，保护农业生态系统中存留的生物基因、物种、生态系统和景观多样性，为建立人工与自然生态系统和谐统一的环境创立一种新的模式。

景观农业的理论基础来源于景观生态学的基本原理和系统论思想。任一农业景观都是一开放系统，该系统与外界环境，系统中各斑块、廊道间存在着物质与能量流动。而景观格局(斑块、廊道的形状、大小、数量、优势度、均匀性、相互关系等)直接影响与控制物流、能流的大小及流通，并以此与外界保持一定的关系。因此人类干扰活动形成的农业景观格局是景观内部、景观与外界环境间物质和能量迁移、转化和聚集的基础，直接或间接地影响农业生态的稳定性、农作物的收获量及农业生产的效益。

二、景观农业理论在实际生产中的作用

景观农业理论的出现，为农业生产的发展注入了新的活力，随时间的推移日益显露出巨大的影响。

(一)景观农业与生态环境改善

自然生态系统与景观较之人工生态系统与景观具有更强的自我调节能力、高稳定性和维持能量与物质平衡的能力。在农业生产发展的过程中，自然生态系统和景观逐渐向人工生态系统和景观转化，人为因素在农业景观中具有更为重要的意义。但此时人类往往过分夸大自己的作用而忽视自然的作用，以致造成生态环境恶化的严重后果。

在农业生产中，景观农业首先要求优化景观尺度上的土地配置，然后按景观生态学提供的等级理论逐步解决不同尺度上的土地资源利用问题。景观农业的配置将自然生态系统、农业生态系统和人工建筑生态系统融为一体，全面、统一考虑能量和物质流动、自然

---

① 廊道是指景观中不同于周围景观基质的线状或带状的景观单元。

41

生态系统与农业生态系统的相互影响，以实现景观多样性和生态系统多样性的保护。这种先在高水准上优化农业景观配置，进而优化具体的土地结构和配比而形成的土地规划，可为一个地区农业生物群落建立稳定的生态环境，有利于农业生产的持续发展。

(二)农业与旅游业的结合

景观农业在提供物质产品的同时，还为人类提供精神产品。不同的种植方式、耕作制度、作物搭配均是一个地区民族文化、传统习惯、地区风俗等的具体体现，具有很高的观赏价值，对其他地区的游人颇有吸引力，特别是不同颜色的作物，按不同地貌单元配置，可以在空间上形成一幅优美的图画。这种人工形成的景色具有较高的美学价值。它可以陶冶人们的心灵，激发人们热爱大自然的情趣，是建设精神文明的物质基础。景观农业与旅游业的结合，同时也提高了农业生产的经济效益。许多东南亚国家大力倡导农业景观旅游，将多处农业景观辟为旅游观光基地，现已形成农业景观游览产业，为推动当地农业生产和旅游业的发展作出了重要贡献。

(三)景观农业与生物多样性保护

全球地表11%的土地为农地。由于人口的不断增长和对粮食需求的增加，农地面积还在继续扩大。据统计，现代利用的农作物的物种数不超过100种。这意味着除了污染、人工干扰消灭物种外，农田面积的扩大同样会造成自然物种的大幅度消亡。保护生物多样性已成为当代国际社会最为关注的问题之一，景观农业理论为解决农业区生物多样性的保护问题提供了思路。

国外学者研究表明，在高强度的农业用地范围内，至少要有10%的地表面为自然或半自然生态系统所占据。景观农业把对生物多样性的保护列入重要内容来考虑。在景观尺度上，人类干扰形成的农业景观破碎化为生物多样性保护提供了综合解决办法。景观农业要求在景观基质中充分发挥自然廊道、斑块的生态作用，尽可能为更多的生物物种繁衍提供适宜的栖息地，建立微型自然保护区，从景观、栖息地、生态位等不同方面进行野生动物的管理，规划适宜野生动物繁衍与农田共存的景观生态格局，形成"天人合一"的景观农业生态系统。

三、景观农业的发展过程和趋势

中国景观农业的发展通常分为四个阶段，即农业前景观、原始景观农业、传统景观农业和现代景观农业。从根本上讲，农业前景观和原始景观农业是一个自给自足、自我维持的内稳定系统，人地矛盾不突出，人们未意识到合理利用土地的必要性，景观农业规划更无从说起；在传统景观农业时代，几十年的集约化经营方式造成生物栖息地多样性的降低和自然景观的破碎化，土地利用和土地覆盖方式的变化使得景观农业的美学和生态效益遭受严重损害。2007年《中共中央　国务院关于积极发展现代农业扎实推进社会主义新农村建设的若干意见》和2008年《中共中央　国务院关于切实加强农业基础建设进一步促进农业发展农民增收的若干意见》提出，农业发展要走中国特色农业现代化道路。与传统农业相比，现代农业突破了传统农业完全或主要从事初级农产品原料生产的局限性，远离城市或城乡界限明显的局限性，部门分割、管理交叉、服务落后的局限性，封闭低效、自给半自给的局限性。从景观农业的发展过程，我们得出传统景观农业仅仅体现了农村景观资源提供农产品的第一性生产的功能，而现代景观农业的发展除立足于农业生产功能外，更强调保护及维持生态环境平衡的功能，以及作为一种特殊的旅游观光资源的功能。因此，理想的景观农业规划应能体现农业生产、环境保护和旅游开发三个层次的功能。

四、景观农业构建

(一)构建目标

景观农业既具有一般景观的基本特点，又突出地表现为人类和自然共同作用的结果。结合景观农业的特征，景观农业的构建应该追求以下目标：

(1)提高景观内各系统总体生产力。正确估价各项农业要素，合理配置作物品种，规划控制土地利用强度，改良土壤和耕作方式，降低农业生产成本，提高能量与物资投入的效率。

(2)加强生态系统的稳定性。扩大利用可再生的生物能源，控制肥料农药的使用，减少农业污染，实现农业高效、可持续发展。

(3)发挥景观农业的综合价值。保护和促进包括生物多样性在内的景观多样性，并为农业观光旅游开发提供资源保证，实现农业的多元化发展。因此，理想的景观农业应该追求经济价值(经济活力)、生态价值(环境优美)和社会价值(社会期望)三者的统一。

(二)构建原则

1. 提高经济价值

经济产出作为主导功能，要求整个景观农业具有较高的生产率以及容纳更多物质和能量流动的结构。景观农业的构建应该把农业产前、产中、产后相互联系在一起，延伸农业的产业链，调整农业结构，优化农业经济布局，发展和运用高新技术，学习和应用新的概念和模式，如生态农业、观光旅游农业、精细农业、循环农业等，以此来提高经济价值。这具体表现在：(1)加强种养加、产供销、贸工农一体化生产，增强农工商的紧密结合；(2)提倡城乡经济社会一元化发展，城市中有农业、农村中有工业的协调布局，科学合理地进行资源的优势互补；(3)构架一个全方位、权责一致、上下贯通的管理和服务体系；(4)发挥资源优势和区位优势，实现优势农产品区域布局。坚持"多予、少取、放活"和"工业反哺农业，城市支持乡村"的方针，真正实现工农良性互动、城乡共同发展，从而使农村成为中国现代化的稳定器和蓄水池。

2. 维持生态价值

生态平衡功能要求景观农业具备较好的稳定性、较高的物质和能量利用效率、较少的废弃物和多余能量排放，对人类环境具有正面生态贡献，实现自然资源的永续利用、最小的环境负效冲击和较小的非农产品投入。同时，生态保护必须结合经济开发来进行，通过人类生产活动有目的地进行生态建设，比如土壤培肥工程、防护林营造、农业生产结构调整等。因此，生态价值的维持措施可以走"社会—经济—自然复合生态系统"的生态整合道路，按照自然系统是否合理、经济系统是否有利、社会系统是否有效的目标来设计最优的土地利用格局和资源生产方式，规划土地优化利用的满意景观。具体可以执行以下措施：(1)建设高效人工生态系统，实行土地集约经营，保护集中的农田斑块；(2)控制建筑斑块盲目扩张，建设具有宜人景观的人居环境；(3)重建植被斑块，因地制宜地增加绿色廊道和分散的自然斑块，补偿和恢复景观的生态功能；(4)在工程建设区要节约工程用地，重塑环境优美、与自然系统相协调的景观。只有按照景观生态学的原理，在宏观上设计出合理的景观格局，在微观上创造出合适的生态条件，才能促进农业资源的合理利用及农业的持续发展。

3. 提升社会价值

社会持续功能要求景观农业能综合考虑社会习惯、人口就业、景观美学和户外教育价值。国外景观农业的规划设计就充分考虑了人们"重返乡村"和"亲近自然"的情结，建造了一些富有特色的新型农业模式，如有机农业、生态农业、精细农业等。根据景观生态学原理，任何形式的农业活动，包括观光农业都必须落实到具体的地域空间上，构成各类农业景观。近年来，国内涌现出结合中国农村特色的观光农业——"农家乐"观光旅游(以农村自然环境、农业生产活动、农民生活方式为旅游吸引物，以"住农家屋、吃农家饭、干农家活、享农家乐"为核心内容的旅游经营项目)，通过建立和发展观光农业，在提高景观优美度、提升景观农业美学价值和社会价值方面进行了有效尝试。

第五节　农业发展阶段论

一、农业发展的不同阶段

农业发展阶段的划分历来受农业经济学家和发展经济学家关注，不少专家学者对此都进行了广泛而深入的研究，形成了各具特点的农业发展阶段理论。美国著名农业发展经济学家梅勒根据发展中国家农业发展的现实情况和具体特点，于1966年提出"梅勒农业发展阶段论"。该理论把农业发展分为三个阶段：以技术停滞、生产增长主要依靠传统投入为特征的传统农业阶段；以技术的稳定发展和运用、资本使用量较少为特征的低资本技术农业阶段；以技术的高度发展和运用、资本集约使用为特征的高资本技术农业阶段。美国另一位经济学家韦茨根据美国农业发展的经历，于1971年提出了"韦茨农业发展阶段论"。该理论也把农业划分为三个阶段：以自给自足为特征的维持生存农业阶段；以多种经营和增加收入为特征的混合农业阶段；以专业化生产为特征的现代化商品农业阶段。日本著名经济学家速水佑次郎和弗农·拉坦在1985年提出了一个完整的农业发展模型，即在任何一个经济中，农业的发展都要依赖于四个基本要素的相互作用。这四个基本要素包括资源禀赋、文化禀赋、技术和制度。速水佑次郎还根据日本经济发展的实践，于1988年提出了"速水农业发展阶段论"。该理论同样把农业发展分为三个阶段：以增加生产和市场粮食供给为特征的发展阶段，提高农产品产量的政策在该阶段居于主要地位；以着重解决农村贫困为特征的发展阶段，通过农产品价格支持政策提高农民的收入水平是这个阶段农业发展的主要政策；以调整和优化农业结构为特征的发展阶段，农业结构调整是这一阶段农业政策的主要目标。

二、农业发展阶段论对观光农业的启示

尽管上述农业经济学家和发展经济学家对农业发展阶段理论的划分标准、研究角度、历史背景、理论假设条件等有所不同，但是仍然对我们认识中国农业发展阶段性有很多启示。农业功能作用的转变是农业进入发展新阶段的重要特征。在农业社会时期，农业的功能主要是提供衣食住行所需要的农产品和原料；在由农业社会向工业社会转型的进程中，农业的外汇贡献、市场贡献等功能随之凸显；进入现代工业社会，农业的功能进一步拓展，表现在教育、文化传承、环境保护、社会保障、经济缓冲等更广阔的领域。根据农业发展阶段论，观光农业正是社会经济发展进入新阶段的产物，是农业多功能的拓展和延伸，是现代农业的组成部分。

第六节 产业一体化理论

一、横向一体化与纵向一体化

产业一体化理论是产业经济学和农业经济学领域中的一个重要理论，习惯上我们将其分为产业横向一体化和纵向一体化。横向一体化是指为了扩大生产规模、降低成本、巩固企业的市场地位、提高企业竞争优势、增强企业实力而与同行企业进行联合的一种战略；它实质上是资本在同一产业和部门内的集中，目的是扩大规模、降低产品成本、巩固市场地位。纵向一体化通常描述的是上游和下游的关系，它是指企业在现有的业务基础上，向现有业务的上游或下游方向发展，形成供产、产销或供产销一体化，以扩大现有业务的企业经营行为。

二、农业产业一体化

农业产业一体化是对目前我国农业发展中广泛存在的农业生产企业（农户、农场等）与其他关联部门（工业、商业、金融、服务业等）在经济上和组织上结为一体，实现某种协作和联合，以求共同发展的实践所作出的一种理论概括。实际上，从内涵上分析，农业产业一体化的提法与农业经济理论中经常使用的农工商一体化的概念相等同。从这一宏观角度看，农工商一体化经济的出现，说明一个国家的农业同其关联产业部门互相结合、彼此依存的关系日益密切，农业生产力和农业生产社会化已达到了相当高的发展水平；从微观水平上讲，即从农业企业的范围来讲，农工商一体化指的是现代农业中的农业生产企业与其关联部门（工业、商业、金融、服务业等），在专业化和协作的基础上紧密地联系在一起，互相协调发展，在经济上和组织上联结为一体的经营形式。在发达的市场经济条件

下，这种经营形式的出现，意味着工业资本或其他非农资本已经大量渗入农业和农村其他产业。

产业一体化理论中的纵向一体化指将产业的产前、产中、产后结成一个有机的整体。农业作为第一产业，一头联系着第二产业，一头联系着第三产业，对产业链起着至关重要的作用。这是农业的特点，更是农业的潜力和优势。观光农业的发展体现了农村经济中的产业结构调整，以第一产业为主导，联结第二产业，发展第三产业。观光农业发展及壮大是以产业一体化为理论基础的。

第七节　需要层次理论

一、马斯洛的需要层次论

需要是个体对内外环境的客观需求的反映，表现为个体的主观状态和个性倾向性。一个人在出现生理或心理失衡时就会产生需要。这些需要有时表现得十分微弱，不足以激发一个人的行为。但有时，当这种需要不予以满足就影响人的生命或生活时，其就会演变成明显的需要倾向。因而可以说，人类的行为是为了满足这种需要而产生的。很多心理学家和社会学家对这种需要进行了研究，并得出各种各样的结论。其中最常用的是马斯洛的需要层次理论。

马斯洛理论的基本假设如下：第一，人类的需要是按照一定层次排列的，由最低层次上升到最高层次；第二，如果某种需要得到满足，那么这种需要不能再诱发动机；第三，低层次需要得到满足以后就会上升到更高层次的需要。

马斯洛主张人类的需要分五个层次或阶段，按重要性依次是生理需要、安全需要、社交需要、尊重需要和自我实现需要。根据该理论，生理需要是人类维持生命的需要，如饮食、衣服、居住等方面的需要。这些基本需要未得到满足之前，人们的大部分行为只停留在为满足生理需要的阶段，基本上不会受到其他层次需要的刺激。当生理需要得到一定程度的满足以后，人们会产生安全的需要，即保障人身安全的需要，如保险、医疗、保健、防老以及避免失业等需要。依此类推，生理需要和安全需要得到一定程度的满足后，人们会产生社会需要，即爱和归属的需要，表现为生活在社会中的人，重视人与人之间的交往（友谊、忠诚），希望爱和被爱，希望归属一个集团或群体，互相关心、互相照顾等。在社会需要得到一定程度的满足后，则会产生尊重需要，即对自尊、名誉、地位和权力的需要。自我实现需要是尊重需要得到一定程度满足后出现的，主要表现为不断地自我发展、极大地发挥潜力、寻找自我、实现自我等。

根据马斯洛的需要层次理论，当物质生活水平提高，人们的衣、食、住等基本生理需要得到满足后，人们将倾向于追求高层次的精神生活，人类需求将由生存型逐步向发展型、享受型转变。观光农业即是满足城市居民精神需求的一种典型产业。观光农业体验者到野外呼吸新鲜空气、欣赏田园景观、参与农事体验，有利于调整身心，追求身体状态的稳定，满足身体需要；逃离熟悉、单调的都市生活，到农村享受乡野情趣，在"水泥森林"外开拓生活的第三空间，能够满足人们的好奇心和新鲜感，满足冒险需要和变化需要；亲朋好友利用节假日结伴而行，到郊外游玩，有助于建立新的社交范围，巩固原有的社交关系，满足归属需要和社会需要。

二、需要层次论在观光农业中的应用

依据马斯洛所提出的金字塔需求理论，观光农业的需要应由低层次不断向高层次拓展，即满足人们由生理、安全、归属到自我实现的需求（见图 2-1）。

图 2-1　观光农业发展需求图

随着社会进步，人们的需要将会进一步朝着高级化的方向发展，人们对观光农业的消费需求也将发生新的变化。然而，目前我国大部分地区观光农业仍停留在"吃农家饭、干农家活、住农家院"的低级阶段，且存在着项目雷同、低水平重复建设现象，无法满足人们多层次的需要。因此，观光农业未来的发展应适应市场需求的变化趋势，丰富文化内涵，开发出能够满足市民多元化消费需求的特色观光项目。

第八节　外部性理论

一、外部性理论

外部性是市场失灵的一种表现，是环境经济学的一个基本概念。它指的是私人收益与社会收益、私人成本与社会成本不一致的现象。美国经济学家萨缪尔森指出，当在生产和消费的过程中，一个人使他人遭受到的额外成本或额外收益，而且这些强加在他人身上的成本或收益并没有通过当事人以货币的形式得以补偿时，外部性或溢出效应就发生了，即外部性是一个经济机构对他人福利施加的一种未在市场交易中反映出来的影响。外部性是经济活动中的一种溢出效应，对受影响者来说，这种成本或收益不是自愿接受的，而是由对方强加的，并且这种成本或收益并不反映在市场机制的运行过程之中。外部性按其类型可分为正外部性和负外部性，或称为外部经济性和外部不经济性。

二、农业的外部性

农业生产具有明显的外部正效应。农业多功能要求在农业生产过程中，发展观光农业等现代农业，减少农业资源投入及对环境的破坏；农业的发展对社会经济发展具有保障作用；农业的发展需要社会各界的支持。多功能农业的受益者不仅包括农业经营者，还包括整个社会。各级政府在发展观光农业时，要平衡考虑社会效益和个人效益，使综合效益最大化，以实现资源的最佳配置。

◎ 思考题

1. 试述休闲经济的概念与内涵。
2. 阐述体验经济的产生背景与特征。
3. 描述都市农业发展的脉络。
4. 阐释都市农业的概念。
5. 阐述景观农业的基本观点。
6. 联系本地实际，分析农业与农村发展现状，探讨观光农业、景观农业、体验农业在本地发展的可行性。

第三章　观光农业资源

◎ **本章提要**

观光农业资源是观光农业合理开发的物质基础。本章主要介绍以下内容：

· 观光农业资源的概念和特征；

· 观光农业资源的分类；

· 观光农业的农业生物资源；

· 观光农业的自然资源；

· 观光农业的人文资源；

· 观光农业的现代科技资源。

◎ **学习目标**

通过本章的学习，你应能：

· 掌握观光农业资源的概念和特征，了解观光农业资源的分类；

· 重点掌握观光农业生物资源的种类；

· 重点掌握观光农业自然资源的种类；

· 掌握观光农业人文资源的种类；

· 了解观光农业现代科技资源及其运用。

观光农业资源有别于传统旅游资源，农业生产资源、农民生活资源以及农村生态资源是其主要构成部分。观光农业资源呈现出多样性、季节性、地域性、审美性以及综合性的特点，其范围比传统农业资源范围更加广泛。基于资源性质的观光农业资源可分为农业生物资源、自然资源、人文资源和现代科技资源。

观光农业企业的自然资源条件决定了企业的开发类型和方向，按照其表现形式不同，观光农业自然资源分为地理位置、气候、水文、地貌、土壤、植被等。观光农业的人文资源，如传统农具、农耕活动、民俗风情、民间谚语、民间歌舞等经过包装打造，可以成为观光农业企业吸引游客的亮点。应用于观光农业的现代科学技术有很多，观光农业也因此成为农业科技成果的展示平台。

第一节　观光农业资源概述

一、观光农业资源的概念

所谓资源，是一切可被人类开发和利用的客观存在。《辞海》对资源的解释是"资财的来源，一般指天然的财源"。联合国环境规划署对资源的定义是："所谓资源，特别是自然资源是指在一定时期、地点条件下能够产生经济价值，以提高人类当前和将来福利的自然因素和条件。"

观光农业资源，是指在一定时期、地点条件下能够产生经济、社会和文化价值，能为观光农业旅游开发和经营所利用，为开展观光农业旅游活动提供基础来源的各种物质和文化吸引物的总称。观光农业资源是观光农业赖以发展的基础，只有掌握和理解观光农业资源的特征、分类，才能对观光农业资源进行合理的开发。

二、观光农业资源的特征

观光农业是融农业和旅游业于一体的新型产业。观光农业资源与传统旅游资源的区别在于，农业生产资源、农民生活资源以及农村生态资源是观光农业资源的主要构成部分。与旅游资源相比，观光农业资源具有以下特点。

（一）多样性

观光农业资源的组成既有自然环境，又有人文景观；既有农田、果园、林带等不同农业景观，又有各地区丰富多彩的民族风情；既有露天传统农业，又有现代设施农业。多样化的农业生产类型立体分布，从热带农业、亚热带农业、暖温带农业、温带农业到寒温带农业，形成了不同类型的农业景观，堪称农业形态博物馆，对游客具有很大的吸引力。农业的技术、生产工具、农民生活状态和风土人情，使各地形成各具特色的农业景观和乡村文化，极大地丰富了观光农业资源的内涵。

（二）季节性

观光农业资源的季节性表现在农业生产活动受自然气候影响较大，因而使观光农业资源呈现出季节性的特点。观光农业消费者可以在不同的季节观赏不同的农业景观，参与不同的农事活动。现在，随着农业科技的进步，很多观光农业企业利用先进的农业生产技术调节作物的生长期，延长观赏期或创造反季节景观，更加强化了观光农业资源季节性的特点。

（三）地域性

观光农业资源分布具有一定的地域范围，存在地域差异。由于地域分异因素的影响，自然环境因素如气候、地貌、水文、动植物等出现地域分异，从而导致观光农业资源具有地域性。例如，不同气候带形成了相应的农业带，而由政治、宗教、民族、文化、人口、经济、历史等要素组成的社会环境的差异性又往往形成不同的乡村民俗文化，如民族服饰、信仰、礼仪、节日庆典等。

（四）审美性

观光农业资源以乡村景观和人文景观为依托，不仅资源本身具有可观赏性，而且农业生产过程、农业设施设备的使用、民间工艺品的制作等对于消费者来说，都是一种有别于城市的审美活动，是一种体验欣赏农村自然美、生态美、生活美的过程。乡村景观包括地形、水体、天象、野生动物等自然景观，稻田、果园、菜园、花圃、茶园、林地、牧场、鱼塘等产业景观，乡村聚落、农舍、庙宇、牌坊、灌溉沟渠、道路等设施空间景观，其形态、构造、色彩均具有极高的审美价值。此外，农民的传统服饰、家具设备用品、民俗艺术品，亦有极佳的审美价值。

（五）综合性

观光农业资源是由地形、地貌、水文、气候、动植物及当地居民等要素相互联系、相互影响和相互制约所形成的一个综合体。观光农业资源并不是单一的，而是以整个生态系统为背景，作为一个统一的整体展现在人们眼前。观光农业资源的综合性还表现在观光农业资源的开发上，在实践中，人们常把不同类型的观光农业资源结合在一起开发，以形成优势互补。

三、观光农业资源的分类

（一）基于传统农业的观光农业资源分类

观光农业资源不限于生产活动，如农村环境、生活形态等均可作为观光农业资源，因此，其范围比传统农业资源范围更加广泛。我国台湾学者叶美秀教授对此进行了详细的阐述和分类，简略归纳如下。

1. 农业生产资源

（1）农作物。主要分为粮食作物（如谷类作物、豆类作物、薯芋类作物等）、特用作物（如纤维作物、油料与糖料作物、嗜好作物等）、园艺作物（如果树、蔬菜、花卉等）、饲料与绿肥作物、药用作物（如药草、香草等）。

（2）农耕活动。主要有水田耕种、旱田耕种、果园耕种、蔬菜花卉耕种、茶园耕种等。

（3）农具。主要有耕作工具、运输工具、贮存工具、装盛工具、防雨防晒工具等。

（4）家禽家畜。如猪、羊、牛、马、驴、鸡、鸭、鹅等。

2. 农民生活资源

（1）农民本身。如当地语言、宗教信仰、个性特质、人文历史等。

（2）日常生活特色。如饮食、衣物、建筑物、开放空间、交通方式等。

（3）农村文化及庆典活动。如工艺、表演艺术、民俗小吃、宗教活动等。

3. 农村生态资源

（1）农村气象。如节气、天象等。

（2）农村地理。如地形、土壤、水文等。

（3）农村生物。如乡间植物、动物、昆虫等。

（4）农村景观。如当地乡村整体风貌、稻田、果园、巷道、林间等。以上分类如图 3-1 所示。

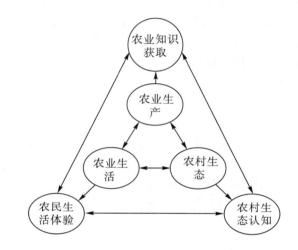

图 3-1　农业资源分类构想图

（资料来源：叶美秀：《休闲活动设计与规划——农业资源的应用》，北京：中国建筑工业出版社，2009 年，第 18 页。）

（二）基于资源性质的观光农业资源分类

1. 观光农业的农业生物资源

观光农业发展的基础是农业，凡是用于或有助于农业生产的生物资源都属农业生物资源范畴。农业生物资源是观光农业发展的基础，也是现代农业通过观光的形式转变经济增长方式的前提与资源。

2. 观光农业的自然资源

观光农业的自然资源包括大自然中典型的、具有吸引功能的自然资源，如地质地貌、水域风光、生物资源和气象资源等。观光农业自然资源是观光农业的基础资源。

3. 观光农业的人文资源

观光农业的人文资源主要指农耕文化，包括传统农具、农耕活动、民俗风情、民间谚语和民间歌舞等。这是彰显观光农业旅游特色的很重要的因素。

4. 观光农业的现代科技资源

现代科技资源指以现代农业科技文化为吸引力本源的旅游资源。这些科技文化资源不仅具有独特的外在表现形式，而且富有先进的技术内涵。

第二节　观光农业的农业生物资源

我国地域辽阔，气候类型、地貌类型复杂多样，形成了景观各异的农业生态空间，适宜多种作物的种植和从事多种方式的生产活动。我国生物资源丰富，野生生物种类繁多，种子植物达 30000 多种，脊椎动物近 2000 种，栽培作物约有 600 种。充分利用这些作物资源，培育区域特色农业，使之转化为旅游资源，并针对我国各地不同的景观特点和农业生产方式，设计出形式和内容多样的观光农业，可使我国观光农业有更大的发展。

农业生物资源是指可用于或有助于农业生产的生物资源。农业生物资源主要包括农作物资源、林木资源、畜禽品种资源、水产生物资源、蚕业资源、野生动植物资源、微生物资源等。

一、农作物资源

农作物主要有粮、油、糖、烟、薯、菜、果、药、杂，可归纳为粮食作物、油料作物、经济作物、园艺作物、其他作物五类。

(一)粮食作物

粮食作物亦可称食用作物。其产品含有淀粉、蛋白质、脂肪及维生素等。栽培粮食作物不仅为人类提供粮食和某些副食品，以维持生命的需要，而且为食品工业提供原料，为畜牧业提供精饲料和大部分粗饲料。粮食生产是多数国家农业的基础。

粮食作物主要有以下三类：

1. 谷类作物

谷类作物包括稻谷、小麦、大麦、燕麦、玉米、谷子、高粱、青稞、糜子等。

2. 薯类作物

薯类作物包括甘薯、马铃薯、木薯等。

3. 豆类作物

豆类作物包括大豆、蚕豆、豌豆、绿豆等。

(二)油料作物

油料作物是以榨取油脂为主要用途的一类作物。这类作物主要有大豆、花生、芝麻、向日葵、油菜、棉籽、菌麻、苏子、油用亚麻和大麻等。

(三)经济作物

经济作物又称技术作物、工业原料作物，指具有某种特定经济用途的农作物。经济作物通常具有地域性强、经济价值高、技术要求高、商品率高等特点，对自然条件要求较严格，宜于集中进行专门化生产。

其按用途可分为：

1. 纤维作物

纤维作物包括棉花、麻类、蚕桑等。

2. 糖料作物

糖料作物包括甜菜、甘蔗等。

3. 饮料作物

饮料作物包括茶叶、咖啡、可可等。

4. 嗜好作物

嗜好作物指的是收获物中含有一定量刺激性成分，对人体有兴奋作用，能够满足人类某种嗜好的一类作物，如烟叶、槟榔等。

5. 药用作物

药用作物包括人参、贝母等。

6. 热带作物

热带作物包括橡胶、椰子、油棕、剑麻等。

(四)园艺作物

园艺作物包含果树、蔬菜、花卉三大类经济作物群。

1. 果树

果树包括苹果、梨、葡萄、山楂、桃、李、柿、杏、樱桃、草莓、香蕉、杭果、荔枝、椰子、桂圆、菠萝、甘蔗等。

2. 蔬菜

蔬菜包括根菜类(大萝卜、水萝卜、胡萝卜、苤蓝和根用芥菜等)、白菜类(白菜、甘蓝、叶用芥菜和菜花等)、绿叶蔬菜类(菠菜、芹菜、茼蒿、香菜、茴香、油菜等)、葱蒜类(圆葱、大葱、韭菜、大蒜等)、茄果类(茄子、番茄及辣椒等)、瓜果类(黄瓜、南瓜、角瓜、冬瓜、丝瓜、蛇瓜等)、豆类(菜豆、豇豆、豌豆等)、薯芋类(马铃薯、甘薯、木薯等)等。

3. 花卉

花卉有广义和狭义两种意义。狭义的花卉是指有观赏价值的草本植物，如凤仙、菊花、一串红、鸡冠花等。广义的花卉除有观赏价值的草本植物外，还包括草本或木本的地被植物、花灌木、开花乔木以及盆景等，如麦冬类、景天类、丛生福禄考等地被植物；梅花、桃花、月季、山茶等乔木及花灌木等。另外，分布于南方地区的高大乔木和灌木，移至北方寒冷地区，只能作温室盆栽观赏，如白兰、印度橡皮树以及棕榈植物等也被列入广义花卉范围。

(五) 其他作物

1. 绿肥

绿肥是用作肥料的绿色植物体。绿肥是一种养分完全的生物肥源。种绿肥不仅是增辟肥源的有效方法，而且对改良土壤有很大作用，同时也是观光农业的景观资源。

绿肥按其来源分为栽培绿肥和野生绿肥；按植物学特性分为豆科绿肥和非豆科绿肥；按种植季节分为冬季绿肥、夏季绿肥和多年生绿肥；按利用方式分为稻田绿肥、麦田绿肥、棉田绿肥、覆盖绿肥、肥菜兼用绿肥、肥饲兼用绿肥、肥粮兼用绿肥等；按生长环境分为旱地绿肥和水生绿肥。

2. 牧草

牧草一般指供饲养的牲畜食用的青草或其他草本植物。牧草再生力强，一年可收割多次，富含各种微量元素和维生素，因此成为饲养家畜的首选。

广义的牧草包括青饲料和作物。牧草生长旺盛，草质柔嫩，单位面积产量高，再生力强，一年内能收割多次，对家畜适口性好，含有丰富的优质蛋白和骨骼生长所必需的适量的磷、钙及丰富的维生素等。从这一点来看，豆科植物较宜作为牧草。其收割后可作为鲜草、干草、青贮饲料使用或不收割直接放牧。禾本科牧草有梯牧草、六月禾、羊茅、棕叶、狗尾草等。豆科牧草有紫苜蓿、三叶草、三叶豆、巢菜(救荒野豌豆)、鸡眼草等。

二、林木资源

我国的林木资源主要分为公益林和商品林。

(一) 公益林

公益林是指生态区位重要或生态状况脆弱，对国土生态安全、生物多样性保护和经济社会可持续发展具有重要作用，以提供森林生态和社会服务产品为主要经营目的的防护林和特种用途林，包括水源涵养林、水土保持林、防风固沙林和护岸林、自然保护区的森林和国防林等。简言之，公益林就是以发挥生态效益为主的防护林、特种用途林。

(二) 商品林

商品林包括人工培育的用材林、薪炭林和经济林。人工用材林是指人工培育的以生产木材为主要目的的森林和树木，包括人工播种(含飞机播种和人工播种)、植苗、扦插造林形成的森林、林木，以及森林和林木采伐后萌生形成的森林和林木。

三、畜禽品种资源

近年来，我国畜牧业取得长足发展，肉类、禽蛋产量连续多年稳居世界第一，畜牧业产值约占农业总产值的36%。畜牧业发展对保障畜产品有效供给、促进农民增收作出了重要贡献。

肉用畜禽种类及品种如下：

1. 猪

猪主要有脂肪型（这类猪能生产较多的脂肪，一般脂肪占酮体的 45%～47%，瘦肉占 35%～37%，目前我国大多数地方品种属于脂肪型）、肉用型（这类猪以生产瘦肉为主，瘦肉占酮体的 55%～60%，肥肉占 20%，典型的品种有长白猪等）、肉脂兼用型（肉脂兼用型猪介于前两者之间，酮体中瘦肉占 50% 左右，我国大部分品种，如哈白猪、新金猪、内江猪以及小型约克夏猪均属这种类型）。

2. 牛

根据经济用途，牛可分为役用牛、肉用牛、乳用牛、毛用牛。我国现在养殖的品种有西门塔尔牛、秦川牛、南阳牛、三河牛、中国黑白花奶牛、晋南牛、鲁西牛、利木赞牛、牦牛等。

3. 兔

兔有肉用兔、皮用兔、皮肉兼用兔和毛用兔之分。全世界有兔 60 余种，其中多为 20 世纪育成品种。我国现有家兔约 20 种，目前饲养比较普遍的肉用型、兼用型和皮用型兔品种有中国家兔、喜马拉雅兔、青紫蓝兔、大白兔、巨型兔、獭兔等。

4. 羊

羊比较知名的品种有崂山奶山羊、马头羊、鲁西小尾寒羊、南江黄羊、成都麻羊、黄淮山羊、萨福克羊、科尔沁细毛羊、雷州山羊、波尔山羊、贵州白山羊、夏洛来羊、无角陶赛特羊、杜泊羊、滩羊、新疆细毛羊、美利奴细毛羊、辽宁绒山羊等。

5. 家禽类

家禽除常见的鸡、鸭、鹅外，还包括火鸡、鹌鹑、鸽、珠鸡和雉鸡等。

四、水产生物资源

(一)海洋水产生物

我国海洋生物资源丰富，海洋水域有记录的海洋生物种类多达 20278 种，其中水产生物包括：鱼类 3032 种、蟹类 734 种、虾类 546 种以及各种软体动物 2557 种（含贝类 2456 种、头足类 101 种）。此外，我国还有各种大型经济海藻 790 种、各种海产哺乳动物 29 种。如此众多的生物种类说明了我国海洋水产生物资源的丰富和多样。

(二)淡水水产生物

我国内陆水域总面积约 27 万平方千米，占国土面积的 2.8%。根据水产部门的资料，我国内陆水域共有鱼类 795 种（及亚种，不包括河口区的淡咸水鱼类），它们分隶于 15 目、43 科、228 属。东部地区的水系种类较多，如珠江水系有鱼类 381 种，长江水系约有 370 种（其中纯淡水鱼类 294 种、洄游性鱼类 9 种），黄河水系有 191 种，东北黑龙江水系有 175 种。西部地区鱼类稀少，如新疆仅有 50 余种，西藏有 44 种。在内陆水域中，其他水生生物，如贝、蟹、虾等软体动物和甲壳动物的物种丰富度也较高，其中包含大量有经济价值、被广泛利用的种类。另外，我国还有许多珍稀特有种类，如白鳖豚、中华鲟、白鲟、胭脂鱼、赤魟、勃氏哲罗鱼、大理裂腹鱼、中华绒螯蟹等。淡水植物有漂浮植物，如青萍、槐叶萍等。

五、蚕业资源

蚕业是农业的一个组成部分。其经营范围包括桑树栽培、蚕种繁育、养蚕、蚕茧干燥和贮藏以及蚕茧、蚕种销售等。作为我国传统农村家庭手工业的蚕业一般还兼行缫丝、织绸。

蚕业一般以桑蚕为主要饲养对象，另外还放养柞蚕，生产柞蚕茧丝。其他具有一定经济价值的吐丝昆虫还有蓖麻蚕和天蚕、樟蚕、樗蚕等。我国的蚕茧、蚕丝产量均位居世界首位。

六、野生动植物资源

野生动植物资源是指一切对人类的生产和生活有用的野生动植物（野生动物加野生植物）的总和，包括食用性资源、工业性资源、生态保护性资源、种植性资源等。野生动植物资源具有很高的价值，它不仅为人类提供许多生产和生活资料，提供科学研究的依据和培育新品种的种源，而且还是维持生态平衡的重要组成部分。

（一）野生动物

野生动物是指生存于自然状态下，非人工驯养的各种哺乳动物、鸟类、爬行动物、两栖动物、鱼类、软体动物、昆虫及其他动物。它分为濒危野生动物、有益野生动物、经济野生动物和有害野生动物四种。

1. 濒危野生动物

濒危野生动物指由于物种自身原因或受到人类活动或自然灾害的影响而有灭绝危险的野生动物物种，如大熊猫、白虎等。

2. 有益野生动物

有益野生动物指那些有益于农、林、牧业及卫生、保健事业的野生动物，如肉食鸟类、蛙类、益虫等。

3. 经济野生动物

经济野生动物指那些经济价值较高，可作为渔业、狩猎业的动物。

4. 有害野生动物

有害野生动物指对人类有害的各种野生动物，如害鼠及各种带菌动物等。

全世界有794种野生动物由于缺少应有的栖息环境而濒临灭绝。每种野生动物都有它们天然的栖息环境，保证着它们的生息繁衍。如果这种栖息环境遭到破坏，动物的自然存续就会面临危机，即使没有人捕食，它们也难以生存。保护野生动物，归根结底还是要保护它们的栖息地。

(二) 野生植物

野生植物是指原生地天然生长的植物。我国野生植物种类非常丰富，拥有高等植物 3 万多种，位居世界第三位。其中，特有植物种类繁多，约 17000 种项，如银杉、琪桐、银杏、百山祖冷杉、香果树等均为我国特有的珍稀濒危野生植物。我国有药用植物 11000 余种，又拥有大量的作物野生种群及其近缘种，是世界上栽培作物的重要起源中心之一，也是世界上著名的花卉之母。野生植物是重要的自然资源和环境要素，对于维持生态平衡和发展经济具有重要作用。

七、微生物资源

微生物作为一种宝贵的资源，与农业可持续发展的关系十分密切。它在土壤肥力的提高与保持、营养元素的转化、环境净化与生态系统的平衡等方面起着极其重要的作用。以微生物肥料、微生物农药、微生物食品等为核心的所谓"白色农业"将成为未来农业可持续发展的重要方向之一。同时，微生物资源对观光农业的发展也起着基础性和保障性作用。

微生物是一种"看不见、摸不着"的生物类群，几乎无处不在。土壤、大气、水体、动植物和人体等都是微生物生活的良好载体，其上生活着极其丰富的微生物。随着动植物资源的不断开发、破坏乃至耗竭，以及环境污染的日益加重，微生物资源的开发利用将为农业的可持续发展开辟一条新的途径。

(一) 微生物肥料

微生物肥料是将某些有益微生物经人工大量培养制成的生物肥料，又称菌肥。其原理是利用微生物的生命活动来增加土壤中氮素或有效磷、钾的含量，或将土壤中一些作物不能直接利用的物质，转换成可被吸收利用的营养物质，或提供作物的生长刺激物质，或抑制植物病原菌的活动，从而提高土壤肥力，改善作物的营养条件，提高作物产量。

微生物肥料根据功用大致可分为以下几类：增加土壤氮素和作物氮素营养的菌肥，如根瘤菌肥、固氮菌肥、固氮蓝藻等；分解土壤有机质的菌肥，如有机磷细菌肥料、综合性菌肥；分解土壤难溶性矿物质的菌肥，如钾细菌肥料、无机磷细菌肥料；刺激植物生长的菌肥，如抗生菌肥料；增加作物根吸收营养能力的菌肥，如菌根菌肥料等。微生物肥料的广泛使用，可有效保障绿色农业和有机农业的发展。

(二) 微生物农药

由于化学农药对环境和人畜的危害巨大，开发无公害、无污染和无残留的生物农药已是解决当前农业生态环境问题的重要突破口之一。微生物农药是利用微生物本身或其代谢产物作为防治植物病虫害的制剂。微生物农药与化学农药相比，具有以下几个特点：微生物农药不污染环境，具有较强的选择性，只对植物病虫害有作用，对人畜无毒害。某些微生物农药如农用抗菌素有内吸作用，能在植物体内传导，因而不受雨水冲刷的影响，具有很好的治疗病害的效果。微生物杀虫剂不易使昆虫产生抗药性，而且有些微生物还能在自然条件下繁殖，成为控制害虫发生的生物因素，具有长期预防效果。培植微生物农药，原料来源广，许多农副产品甚至工业废水都可作为生产原料，而且制造简便，容易推广。微生物农药主要包括微生物杀虫剂、农用抗生素、微生物除莠剂三大类。微生物杀虫剂均为有害昆虫的致病微生物，通过人工生产和施用这些微生物农药，使害虫感染疾病而死亡，以达到消灭害虫的目的。

(三)微生物饲料和微生物食品

微生物饲料包括微生物发酵饲料、微生物活菌制剂和饲料用酶制剂等几类。发酵饲料的加工原理是利用人工接种微生物或饲料本身存在的微生物，将青饲料、粗饲料以及少量的精饲料或其他废弃物质，在一定温度、湿度和通气条件下，通过微生物的作用，使饲料中不易消化吸收的成分，转化为容易消化并适合家畜口味的营养料。例如，人们常利用植物秸秆、壳类、木屑、糠渣、畜禽粪便等发酵成饲料。

微生物食品是利用有益微生物加工和生产出来的一类无害化营养保健类食品。利用微生物发酵酿酒、制醋、制酱等在我国已有很久的历史。利用野生真菌的某些特性和种类，来驯化或人工栽培可供人类食用的菌类食品就是一类很好的农业实践。食用真菌可分为野生的食用真菌及栽培的食用真菌两大类。我国的野生食用菌类资源十分丰富，共200多种。在我国栽培食用的真菌有利用稻草培植的草菇、利用牛马粪生产的蘑菇以及在山间阔叶林木上人工栽培的香菇等。

(四)环境污染的生物修复

生物修复是指利用微生物及其他生物，将土壤、地下水或海洋中的危险性污染物现场降解成二氧化碳和水或转化成为无害物质的工程技术系统。用作生物修复的微生物可分为三大类：土著微生物、外来微生物和基因工程菌。生物修复技术的出现和发展反映了污染治理工作已从耗氧有机污染物深入到影响更为深远的有毒、有害、有机污染物，并且从地表水扩展到土壤、山体、地下水和海洋。生物修复技术是一种对污染物进行原位修复的新兴技术，具有费用省、环境影响小，并能最大限度地降低污染物浓度的特点。而且生物修复技术能适应其他技术难以应用的场地，并可同时处理受污染的土壤和地下水。

(五)工农业废弃物的资源化及建立清洁生产工艺的环境微生物工程

微生物在人畜粪便处理、城市污泥和生活垃圾堆肥、沼气发酵等方面应用较广。该方面成功的例子很多，如利用有机废物生产甲烷，利用废纤维素生产燃料乙醇，利用木材废弃物所含半纤维素生产木糖及木糖醇等。这些已成为废弃物能源化与资源化的有效途径。

第三节　观光农业的自然资源

观光农业园的开发必须建立在优越的自然条件基础上，所处区域的自然资源条件在一定程度上确立了观光农业企业的开发类型和方向。观光农业企业可利用本地特有的自然资源进行资源开发，从而吸引游客。观光农业自然资源按照其表现形式，一般分为地理位置、气候、水文、地貌、土壤、植被等。

一、地理位置

地理位置是用来界定地理事物间的各种时间空间关系的地理专业术语。我们一般根据需要从不同方面对其进行描述。按照地理位置的相对性和绝对性，地理位置一般分为绝对地理位置和相对地理位置。相对地理位置以其参考点的周围事物进行确定。绝对地理位置以整个地球为参考系，以经纬度为度量标准。地球上每一个地方都有其自身唯一的经纬度值。按照地理位置的功能性质来分，地理位置可划分为自然地理位置和人文地理位置等不同的功能性位置。

（一）相对地理位置和绝对地理位置

相对地理位置是相对自然地理位置的简称。它一般是对地理事物的时空关系的定性描述。它的价值主要在于揭示地理事物天然的比较优势及特点。例如，确定一个地理事物的海陆位置优越状况，用其相对自然地理位置进行刻画就更直接。我国优越的海陆位置可以这样来描述：中国是一个海陆兼备的大国。中国位于亚洲的东部（揭示了陆上交通的巨大发展空间）、太平洋的西北岸（明示了发展海洋运输事业的天然条件）。

绝对地理位置是绝对自然地理位置的简称。绝对地理位置一般是对地理事物的特殊性或者唯一性进行定量刻画。它以整个地球表面为坐标系，用经纬度为度量标准，具体刻画每一个地理事物的经纬度值。其纬度刻画是以赤道为 0°纬线，相当于坐标系中的横坐标轴，由此各向北、向南方向计量到南北极点 90°。这样，全球每一个地方都能找到自身的纬度值。同时，其经度刻画是以通过英国伦敦格林尼治天文台旧址的经线作为 0°经线，相当于坐标系中的纵坐标轴，由此各向东、向西方向计量到 180°。这样，全球每一个地方都会有自身唯一的经度位置值。以此来看，由经线和纬线组成的经纬网，就能像确定坐标系当中的点一样，很容易确定每一个地理事物的地理位置坐标。例如，全球定位导航系统就是基于这种知识的具体应用。

（二）自然地理位置和人文地理位置

自然地理位置是指地理事物在地球表面本来就存在的时空关系，是原本的自然存在状态，与人们的各种内在需要没有内在性关联，是客观存在的、不以人的意志为转移的地理位置。这种地理位置可以从定性和定量角度进行刻画。

人文地理位置是用来表达人文需要的地理位置。例如，一个国家的首都所在位置，就表明了一个国家的政治中心所在之处。一个地方之所以形成经济中心，也与本地的经济地理位置相关。

对于观光农业企业来讲，自然地理位置非常重要，它能很好地向人们展示企业所在地区的独特要素。

比如，北京的自然地理位置如下：北京位于北纬 39°56′、东经 116°20′，地处华北大平原的北部，东面与天津市毗连，其余均与河北省相邻。北以燕山山地与内蒙古高原接壤，西以太行山与山西高原毗连，东北与松辽大平原相通，东南距渤海约 150 千米，往南与黄淮海平原连片。

二、气候

气候因素包括气温、降水等条件，它所影响的生物类型和分布，在一定程度上决定了观光农业的景观及其季节更替。

气象要素(温度、降水、风等)的各种统计量(均值、极值、概率等)是表述气候的基本依据。太阳辐射在地球表面分布的差异，以及海洋、陆地、山脉、森林等不同性质的下垫面在到达地表的太阳辐射的作用下所产生的物理过程不同，使气候除具有温度大致按纬度分布的特征外，还具有明显的地域性特征。

按水平尺度大小，气候可分为大气候、中气候与小气候。大气候是指全球性和大区域的气候，如热带雨林气候、地中海型气候、极地气候、高原气候等；中气候是指较小自然区域的气候，如森林气候、城市气候、山地气候以及湖泊气候等；小气候是指更小范围的气候，如贴地气层和小范围特殊地形下的气候(如一个山头或一个谷地的气候)。

在纬度位置、海陆分布、大气环流、地形、洋流等因素的影响下，世界气候大致分为以下几种类型。

(1)热带雨林气候：全年高温多雨。

(2)热带草原气候：全年高温，分干湿两季。

(3)热带沙漠气候：全年高温少雨。

(4)热带季风气候：全年高温，有旱季和雨季之分。

(5)亚热带季风气候和季风湿润性气候：夏季高温多雨、冬季低温少雨。

(6)地中海气候：冬季温和多雨，夏季炎热少雨。

(7)温带海洋性气候：冬暖夏凉，年温差小，年降水量季节分布均匀。

(8)温带大陆性气候：降水较少，冬季严寒，夏季酷热，年温差大。

(9)温带季风气候：夏季高温多雨，冬季寒冷干燥。

(10)山地气候：从山麓到山顶垂直变化。

(11)极地苔原气候：冬长而冷，夏短而凉。

(12)极地冰原气候：全年严寒。

对于观光农业企业来讲，其所在区域的气候条件直接对它的农业资源产生影响。比如，北京的气候条件如下：北京的气候为典型的暖温带半湿润大陆性季风气候，夏季炎热多雨，冬季寒冷干燥。年平均气温 10℃～12℃，西部山区较短，年平均降雨量 600 多毫米。降水季节分配很不均匀，全年降水的 75% 集中在夏季，7 月、8 月常有暴雨。北京四季分明，春秋短促，冬夏较长，全年日照时数春季最多、冬季最少。

三、水文

水文因素对观光农业园的影响表现在两个方面：一方面它影响开发地生物的生长和分布，另一方面它决定了园区生活用水的质量和数量。外流河的水文特征一般包括河流的水位、流量、汛期、含沙量、有无结冰期等方面，具体如下。

（1）水位、流量大小及其季节变化：由降水决定。夏季降水丰沛，河流流量大增，水位上升；冬季降水少，河流水量减小，水位下降。降水的季节变化大，河流流量季节变化也大。

（2）汛期长短：雨季开始早，结束晚，河流汛期长。雨季开始晚，结束早，河流汛期短。

（3）含沙量大小：由植被覆盖情况和土质状况决定。植被覆盖差，土质疏松，河流含沙量大；反之，含沙量小。

（4）有无结冰期：由流域内最低气温决定。月均温在 0℃ 以下河流结冰，0℃ 以上无结冰期。

（5）河水流速大小：由地形决定。落差大，流速大；地形平坦，水流缓慢。

比如，北京的水文特征如下：北京地表水系均属海河流域，主要包括大清河、永定河、潮白河、北运河和蓟运河五大水系，这些水系最后一般都流向东南，形成了反映地势倾斜的似扇状水系。这种地势轮廓给水利工程和灌溉提供了较为理想的地貌条件，在西部和北部，可以利用山高谷深、水源较丰沛的特点，修筑大中小型水库(如密云水库、官厅水库、白河堡水库等)或按自然坡度挖渠(如京密引水渠、永定河引水渠、潮河总干渠等)，为平原区提供灌溉和城市用水水源。

四、地貌

地貌因素决定了观光农业园地表形态，从而影响观光农业园的可进入性、项目的立地条件和景观的丰富程度。

地貌即地球表面各种形态的总称，也叫地形。地表形态是多种多样的，成因也不尽相同，是内、外力地质作用对地壳综合作用的结果。内营力地质作用造成了地表的起伏，控制了海陆分布的轮廓及山地、高原、盆地和平原的地域配置，决定了地貌的构造格架。而外营力(流水、风力、太阳辐射能、大气和生物的生长和活动)地质作用，通过多种方式对地壳表层物质不断进行风化、剥蚀、搬运和堆积，从而形成了现代地面的各种形态。地表面高低起伏的状态，按其自然形态可分为高原、山地、丘陵、平原、盆地等。

在特定的地质基础与新构造运动等内力因素以及复杂多变的气候、水文、生物等外力因素的作用下，我国地貌轮廓具有以下基本特征：地势西高东低，呈三级阶梯状下降；地形多种多样，山区面积广大，山脉纵横，呈定向排列并交织成网格状。

比如，北京的地貌特征如下：北京地貌是由西北山地和东南平原两大地貌单元组成的。古地质构造、新构造运动和外营力的长期影响和作用，决定了北京地貌的基本轮廓。其特征如下：总的地势是西北高、东南低。西北部山脉绵延，山峰林立，有四个山峰的高度接近或超过 2000 米，它们分别是百花山、白草畔、东灵山和海坨山。平原海拔一般不超过 100 米，绝大部分为 30 米~50 米，地势由西北向东南倾斜。全市最高点与最低点的相对高差为 2295 米。

五、土壤

土壤的状况一方面影响生物的生长，另一方面为观光农业园的种类设施提供立地条件。

土壤是由一层层厚度各异的矿物质组成的大自然主体。土壤是由固体、液体和气体三类物质组成的。固体物质包括土壤矿物质、有机质和微生物等。液体物质主要指土壤水分。气体是存在于土壤孔隙中的空气。土壤中这三类物质构成了一个矛盾的统一体。它们互相联系、互相制约，为作物提供必需的生活条件，是土壤肥力的物质基础。土壤可以分为砂质土、黏质土、壤土三类。其中，砂质土含沙量多，颗粒粗糙，渗水速度快，保水性能差，通气性能好。黏质土含沙量少，颗粒细腻，渗水速度慢，保水性能好，通气性能差。壤土含沙量一般，颗粒一般，渗水速度一般，保水性能一般，通气性能一般。

中国土壤资源丰富，类型繁多，世界罕见。中国主要土壤发生类型可概括为红壤、棕壤、褐土、黑土、栗钙土、漠土、潮土（包括砂姜黑土）、灌淤土、水稻土、湿土（草甸、沼泽土）、盐碱土、岩性土和高山土等系列。

中国土壤的水平地带性分布，在东部湿润、半湿润区域，表现为自南向北随气温带而变化的规律，热带为砖红壤，南亚热带为赤红壤，中亚热带为红壤和黄壤，北亚热带为黄棕壤，暖温带为棕壤和褐土，温带为暗棕壤，寒温带为漂灰土。其分布与纬度基本一致，故又称纬度水平地带性。

中国的土壤由南到北、由东向西虽然具有水平地带性分布规律，但北方的土壤类型在南方山地往往也会出现。

比如，北京的土壤特征如下：北京地区成土因素复杂，形成了多种多样的土壤类型。全市土壤可划分为 9 个土类、20 个亚类、64 个土属。其空间分布特点如下：全市土壤随海拔由高到低表现出明显的垂直分布规律，各土壤亚类之间反映了较明显的过渡性。其分布规律如下：山地草甸土—山地棕壤（间有山地粗骨棕壤）—山地淋溶褐土（间有山地粗骨褐土）—山地普通褐土（间有山地粗骨褐土、山地碳酸盐褐土）—普通褐土、碳酸盐褐土—潮褐土—褐潮土—砂姜潮土—潮土—盐潮土—湿潮土—草甸沼泽土。由于不同地区的成土因素的差异，土壤分布有明显的地域分布规律。

六、植被

植被就是覆盖地表的植物群落的总称。它是一个植物学、生态学、农学或地球科学的名词。植被可以按生长环境的不同进行分类，比如高山植被、草原植被、海岛植被等。环境因素如光照、温度和雨量等会影响植物的生长和分布，因此形成了不同的植被。

陆地表面分布着由许多植物组成的各种植物群落，如森林、草原、灌丛、荒漠、草甸、沼泽等，总称为该地区的植被。它分为自然植被和人工（栽培）植被。所以植被对植物个体来说，是一个整体、全面的概念。

植被在土壤形成方面有重要作用。在不同的气候条件下，各种植被类型与土壤类型也呈现出密切的关系。植物是能进行光合作用、将无机物转化为有机物、独立生活的一类自养型生物。在自然界中，已为人们所知的植物大约有40万种，它们遍布于地球的各个角落，以各种奇特的方式自己养活自己。绝大多数植物可以进行光合作用，合成有机物贮存能量并释放出氧气。

比如，北京的植被特征如下：北京地区的地带性植被是温带落叶阔叶林，并兼有温性针叶林的分布。北京的植被最突出的特点是种类繁多。据《北京植物志》记述，北京地区共有维管植物2056种（包括栽培植物），分属133科、869属。其中，蕨类植物有20科、30属、75种；裸子植物有9科、18属、37种；被子植物有104科、821属、1944种。植被复杂多样也是北京的植被特点：在平原地区有欧亚大陆草原成分，如蒺藜、猪毛菜、柽柳、碱蓬等；在深山区保留有欧洲西伯利亚成分，如华北落叶松、云杉、圆叶鹿蹄草、舞鹤草等；同时，有热带亲缘关系的种类在低山平原也普遍存在，如臭椿、酸枣、荆条、黄草、白羊草等。

第四节　观光农业的人文资源

人们在观光农业园中游玩时，不仅是为了体验农业生产活动，而且希望能够体验当地的人文环境和风俗习惯。在进行观光农业园区景观开发和活动设计时，相关管理人员应当充分挖掘当地的人文资源并进行包装打造，使其成为观光农业园区吸引游客的亮点。

一、传统农具

农具是进行农业生产所使用的工具。农具的演进过程是劳动人民经验的累积过程。传统农具主要种类如下。

（1）耕耘类。使用畜力的有犁、耙、耱、耖等，使用人力的有铁耙、锄头、镐头、耥耙等。

（2）播种类。如耧车、秧马等。

（3）中耕除草类。如铁锄、耘耥等。

（4）灌溉类。如辘轳、人力翻车、通车、水车，人力水车居多，亦有用牛力的。人力水车分脚踏和手摇两种。

（5）收获类。如掐刀（收割稻穗的农具）、镰刀、短镢、簸箕、木扬锨、围帘、谷箩、谷筛、簟皮、风车等。

（6）采伐类。如柴刀、打竹刀、斧、锯、刮刀、铲刀等。

（7）农副产品加工类。粮食加工有木碧、石臼、石磨、杵臼、踏碓、碾等。

（8）棉花加工类。如棉搅车、纺车、弹弓、棉织机等。

（9）运输类。如扁担、筐、驮具、架子车、牛车等。

二、农耕活动

耕作是与植物生理、气候环境、经验法则等相配合的一系列周期性、技巧性的行为。不同的农作物，耕种活动有不同的重点，但大致来说，传统的农耕活动包括春耕、夏耘、秋收、冬藏等。操作要点如下。

1. 春耕

耕即为挖地、翻土。春天使用的农具要尖锐、锋利，具有一定的穿透力和挖掘力。使用农具的人也要把浑身的劲使出来，用力的方向往往是直指土地。垂直下挖，并伴以脚踏力的是铁锹；双臂抡圆，弧形下刨的是镢头；前边牛拉或驴拉，后边扶犁而耕的是犁。同样是挖地翻土，锹、镢、犁各有其用，地窄、坡陡，用犁用镢；地阔、坡平，用犁用铮。土地耕松翻疏方可下耧，耧地无须过分用力，而是要掌稳扶直，且伴之以均匀的摇动，摇动之中，种子撒地。然后用辘砘轧过去，种子就不深不浅地埋到了地下。地耕了，种播了，再用耢轻轻地耢过，这样土地就平整了。

2. 夏耘

耘即为松土、除草。夏天使用的主要农具是锄，锄要轻、要巧，锄刃要利但不宜过锋。较之于使用春天农具时的垂直用力，使用夏天农具时往往是前后平行用力；春天的农具用力要猛、要狠，夏天的农具用力却要轻、要准，做到轻巧松土，准确除草。夏天也用镰刀，但只是小规模使用，主要用于收割夏麦，豌豆也是夏收作物，收割时多用锄刨或手拔。

3. 秋收

收即为收割。秋天使用的农具要锋利，用锄时需前后平行用力；用镰刀、砍镰时则需左右弧形用力，且用力要大、要猛。在一片镰刀和砍镰的唰唰声中，一片片庄稼割倒了，起垄了，上场了。庄稼上了场，连枷、石碌和木锨就派上了用场。谷子、糜子等粮食作物用石碌碾轧脱粒，豆类作物则用连枷反复捶打脱粒。脱粒后用杈将草秆挑起、垛堆，留下的颗粒用木锨乘风扬场，以把粮食和薏苡剔开。

4. 冬藏

藏即为收藏。从性质上说，冬天的农具多有粉碎、收拢、容纳之功用，以便为人畜的食用做准备。粉碎的工具有铡刀、碾子、石磨等。收拢的工具有耙子、扫帚、簸箕等。容纳的工具有筐箩、口袋、背篓等。如果说，春天的农具给人们带来的是泥土的芬芳，夏秋的农具给人们带来的是花草的芳香，那么冬天的农具带给人们的就是粮食的醇香。石磨隆隆，面如雪花；石碾悠悠，米似珍珠；铡刀瑟瑟，草末纷飞。继而盛之以筐箩、口袋或背篓，置之于仓库，堆之于草窑。

三、民俗风情

(一)节令食俗

1. 春节食俗

春节的时候，汉族用最好的肉、菜、果品、点心宴请宾客。少数民族过年也很有特色，如彝族吃"坨坨肉"，喝"转转酒"，并赠送客人以示慷慨大方。

2. 元宵食俗

元宵的食、饮大多以"团圆"为旨，有圆子、汤圆等。由于各地风俗不同，食俗会有一些差异，如东北在元宵节爱吃冻鱼肉；广东在元宵节喜欢"偷"摘生菜，拌以糕饼煮食以求吉祥。

3. 清明食俗

公历 4 月 5 日前后的清明节，主题为"寒食"与扫墓。清明吃寒食，不动烟火，吃冷菜、冷粥。

4. 中元节食俗

每年农历七月十五日为中元节，是佛、道两教祭祀亡灵的节日。中元节期间，各地都有一些特异的食俗。如五台山一带，家家都捏"面人"宴客。

5. 中秋节食俗

中秋节不仅吃月饼，还吃藕品、香芋、柚子、花生、螃蟹等。

6. 重阳节食俗

重阳节的食物大多以奉献老人为主，如吃花生糕、螃蟹，有些地方还吃羊肉和狗肉。

7. 冬至节食俗

冬至节的食俗一般是喝米酒、吃长生面和饺子。

8. 腊八节食俗

腊八节的食俗一般是吃腊八粥。

9. 灶王节食俗

在灶王节，北方一般包饺子；南方准备打年糕，备置年货。

10. 除夕食俗

过除夕，北方必有饺子，有古语"年年饺子年年顺"。

(二)待客食俗

待客食俗在我国乡村有很多丰富的花样，如在北方农村，有"留碗底"之俗，即客人餐毕碗中若留有剩余食物，则表示对主人的大不敬；在湖南湘西一带，有"泡炒米茶"之俗，即接待客人时首先要上一碗炒米茶，以示为客人接风洗尘。从这些待客食俗中，观光农业开发者都可以发现商机。

(三)礼仪食俗

礼仪食俗是指在很多乡村,在置办红白喜事或其他仪式时有一些特定的饮食习惯。比如,有的地方在小孩周岁的"抓周"仪式中,让小孩吃鸡蛋、面条,预兆未来健康顺利。在浙江泰顺等地,酒宴有"退筵吃"之俗,即一餐分两段吃,先吃饱,暂散席,复席后再慢慢饮酒。

(四)传统宴会食俗

传统宴会中的许多食俗都有浓厚的民俗文化色彩,如宴会中的"待吃"和"不吃"是指吃太平燕和全头鱼时的礼数。太平燕是宴中大菜,吃之前要放鞭炮、等主人敬酒,故谓"待吃";全头鱼是压轴菜,须有头有尾象征"有余",故不吃。菜肴中"宜"与"不宜"是说婚宴和添丁的"弥月"不能上鲳鱼,因与"娼"谐音;丧宴必有一碗羊肉,因羊羔跪而受乳,懂哺乳之恩,故以羊表孝心。

(五)猎获与采集民俗

猎获即狩猎与捕捞。采集包括采草药、采野果、采野菜、采茶桑等。由于各地的自然条件不同,猎俗也因之有别。如东北鄂伦春族等少数民族保留着"上山赶肉,见者有份"的猎物分配的狩猎风俗。捕捞风俗各地更是千姿百态。比如,东海渔民出海日逢双不逢单;新船出海要烧一锅开水,泡上银元,俗称"银汤",用以浇淋船眼睛,俗称"开船目",然后淋船头、舷、舵、橹,以求吉利。

(六)生活民俗

我国有独具特色的饮食民俗,如彝族有吃"转转酒"的风俗,饮酒者席地围成圆圈端酒杯,依次轮饮。赫哲族妇女穿鱼皮制成的服装,衣服边上并排缝上海贝、铜钱。我国还有不同类型的民居民俗,如"蒙古包""连家船""窑洞""吊脚楼"等。房屋装饰也反映着当地人的信仰,如陕西山阳县民居房顶刻着"龙凤"圈等,以求吉祥。

(七)娱乐民俗

娱乐民俗指民间传统的各种游艺竞技文化娱乐活动,大致可分为:
(1)民间游乐,包括游方面的活动(如春游、踏青、赏桂、观潮)和群众性的歌舞(如龙舞、秧歌、抬阁等);
(2)民间游戏,包括活动性游戏(如捉迷藏、老鹰抓小鸡等)和智力性游戏(如猜谜、绕口令等);
(3)民间竞斗(如斗牛、斗蟋蟀、斗鸡、斗鹌鹑等);
(4)百戏杂耍(如看社戏、看傩戏、演傀儡戏、演皮影戏等)。

(八)意识民俗

它涉及的范围相当广泛,有原始信仰方面的,包括对天地、日月、云雾、风雨、雷电、山石、水火等的崇拜,对狐、熊、鹿、貂、鸟、蛇等的崇拜;也有宗教信仰方面的,如对道教、佛教、天主教、基督教等宗教的信仰。

四、民间谚语

(一)农事谚语

1. 耕作

农事谚语有培苗壮秧的"秧好半年稻";有关插秧时辰的"燕子来齐插秧,燕子去稻花香","立春做秧畈,小满满田青,芒种秧成苗"等;有关插秧技术要求的"早稻水上漂,晚稻插齐腰"等;有关施肥技术要求的"早稻泥下送,晚稻三遍壅"等;有强调深耕重要性的"耕田深又早,作物百样好,要想丰收年,冬天深耕田"等;有关轮种的"稻、麦、草子轮流种,九成变成十成收","芒种芒种,样样要种"等。

2. 田间管理

关于田间管理的谚语有"小暑补棵一斗米,大暑补棵一升米","只种不管,打破饭碗,田里多管,仓里谷满","种田不除草,肚子吃不饱,除草要除芽,莫等草成爷","立秋不拔草,处暑不长稻"等。

3. 收获

关于收获的谚语有"麦子一熟不等人,耽误收割减收成","一滴汗水一颗粮,汗水换得稻谷香","精收细打,颗粒归仓"等。

(二)节气谚语

二十四节气是中国古代订立的一种用来指导农事的补充历法,是在春秋战国时期形成的。中国农历是一种"阴阳合历",是根据太阳和月亮的运行规律制定的,因此不能完全反映太阳的运行周期,但中国又是一个农业社会,需要严格了解太阳的运行情况,因为农事完全根据太阳运行周期进行,所以在历法中又加入了单独反映太阳运行周期的"二十四节气",用作确定闰月的标准。根据太阳在黄道上的位置,我国划分了反映我国一定地区(以黄河中下游地区为代表)一年中自然现象与农事季节特征的二十四个节气,即立春、雨水、惊蛰、春分、清明、谷雨、立夏、小满、芒种、夏至、小暑、大暑、立秋、处暑、白露、秋分、寒露、霜降、立冬、小雪、大雪、冬至、小寒、大寒,其含义如下。

1. 立春、立夏、立秋、立冬

立春、立夏、立秋、立冬亦合称"四立",分别表示四季的开始。"立"即开始的意思。公历上一般在每年的2月4日、5月5日、8月7日和11月7日前后。"四立"表示的是天文季节的开始,从气候上说,一般还在上一季节,如立春时黄河流域仍在隆冬。

2. 夏至、冬至

夏至、冬至合称"二至"，表示天文上夏天、冬天的极致。"至"意为极、最。夏至日、冬至日一般在每年公历的 6 月 21 日和 12 月 22 日。夏至雨连连，冬至雪纷纷。

3. 春分、秋分

春分、秋分合称"二分"，表示昼夜长短相等。"分"即平分的意思。这两个节气一般在每年公历的 3 月 20 日和 9 月 23 日左右。

4. 雨水

雨水表示降水开始，雨量逐步增多。每年公历的 2 月 18 日前后为雨水。

5. 惊蛰

惊蛰表示春雷乍动，惊醒了蛰伏在土壤中冬眠的动物。这时气温回升较快，渐有春雷萌动。每年公历的 3 月 5 日左右为惊蛰。

6. 清明

清明含有天气晴朗、空气清新明洁、逐渐转暖、草木繁茂之意，另有清淡明智之意。每年公历的 4 月 5 日为清明。

7. 谷雨

雨水增多，大大有利于谷类作物的生长。每年公历的 4 月 20 日前后为谷雨。

8. 小满

小满的含义是夏熟作物的籽粒开始灌浆饱满，但还未成熟，只是小满，还未大满。大约每年公历的 5 月 21 日为小满。

9. 芒种

芒种意为麦类等有芒作物成熟，夏种开始。每年公历的 6 月 5 日左右为芒种。

10. 小暑、大暑、处暑

暑是炎热的意思。小暑还未达最热，大暑才是最热时节，处暑是暑天即将结束的日子。它们分别处在每年公历的 7 月 7 日、7 月 23 日和 8 月 23 日左右。

11. 白露

气温开始下降，天气转凉，早晨草木上有了露水。每年公历的 9 月 7 日前后是白露。

12. 寒露

气温更低，空气已结露水，渐有寒意。这一天一般在每年公历的 10 月 8 日。

13. 霜降

天气渐冷，开始有霜。霜降一般是在每年公历的 10 月 23 日。

14. 小雪、大雪

小雪、大雪意为开始降雪，小和大表示降雪的程度。小雪在每年公历 11 月 22 日左右，大雪则在 12 月 7 日左右。

15. 小寒、大寒

小寒、大寒意为天气进一步变冷，小寒还未达最冷，大寒为一年中最冷的时候。小寒在每年公历的 1 月 5 日左右，大寒则在 1 月 20 日左右。

二十四节气反映了太阳的运行规律，所以节气在现行公历中的日期基本固定，上半年在 6 日、21 日，下半年在 8 日、23 日，前后相差不超过 1~2 天。

五、民间歌舞

(一) 采茶舞

该舞源于茶乡的劳动生活，具体情境是一群姑娘身穿彩衣，腰系绣花围裙，手持茶篮，口唱《十二月采茶歌》。该舞描述了采茶姑娘一路上山坡，走小路，穿茶丛，双手采茶、拣茶和在茶叶丰收归途中追蝴蝶的形象。

(二) 舞龙灯

俗谚云：正月龙灯二月鸢。龙灯是以竹篾扎成龙头、龙身和龙尾，一般从三节到几十节不等，多为单数。动作有"龙摆尾""龙蟠柱"等。一般在除夕或元宵，人们高举用稻草、苇、竹、树枝等扎成的龙灯，在锣鼓声中，奔走于田岸，流星舞火，甚是壮观。

(三) 舞狮

舞狮是我国优秀的民间艺术。每逢元宵佳节或集会庆典，民间都以舞狮助兴。这一习俗起源于三国时期，南北朝时开始流行。表演者在锣鼓声中，装扮成狮子的样子，做出狮子的各种形态动作。中国传统民俗认为舞狮可以驱邪辟鬼。故此每逢喜庆节日，如庆典、迎春赛会等，人们都喜欢敲锣打鼓，舞狮助兴。

(四) 扭秧歌

秧歌舞具有自己的风格和特色，一般由十多人至百人组成舞队，扮成历史故事、神话传说和现实生活中的人物，边舞边走，随着鼓声变换队形，再加上舞姿丰富多彩，因而深受人们的喜爱。秧歌舞表演起来生动活泼，形式多样，规模宏大，气氛热烈。另外，邻村之间还会扭起秧歌互相拜访，比歌赛舞。

(五) 民歌

我国民间歌谣极其丰富。汉族的民歌除了民谣、儿歌、四句头山歌和各种劳动号子之外，还有"信天游""四季歌""五更调"。此外，像藏族的"鲁""协"、壮族的"欢"、白族的"白曲"、回族的"花儿"、苗族的"飞歌"、侗族的"大歌"等，都各具特色。民歌内容丰富，种类繁多，按体裁可分为三大类：号子、山歌、小调。

我国山歌的流传分布主要集中在内蒙古高原、西北黄土高原、青海、新疆、云贵高原、秦岭大巴山、大别山区、武夷山区、西藏一带。除了以上介绍的山歌种类外，还有内蒙古的"爬山调"、湖北的"赶五句"、四川的"晨歌"等较为有名。

第五节　观光农业的现代科技资源

从消费者的角度来讲，其进行观光农业旅游不但是为了获得身体的放松和休闲，而且是为了在游玩中学到一定的农业科技知识，开阔视野。从经营者角度来讲，现代科技是观光农业的有力支撑，也是农业新品种、新技术、新成果的展示平台。

一、现代农业新技术

现代农业新技术可分为两大类。

（一）探索研究型技术

探索研究型技术主要是生物技术、信息技术等。生物技术指人们以现代生命科学为基础，结合其他基础科学的原理，采用先进的科学技术手段，按照预先的设计改造生物体或加工生物原料，为人类生产出所需产品或达到某种目的的技术。生物技术是一门新兴的、综合性的学科。

现代生物技术越来越多地运用于农业中，使农业生产达到高产、高质、高效的目的。利用动植物中的特定基因，可以实现用更少的土地种植更多的作物，同时减少农药的使用。利用生物技术，可以在恶劣的气候环境下生产作物，还可以改善食品的营养和口感等。

用生物技术育种是一种快捷、有效的方法。例如，科学家在西红柿中植入抗成熟的基因，可以延长西红柿的货架期；在植物中引入对人体无害的抗虫基因，可以防止病虫害，减少农药的使用；在水稻中植入产生维生素 A 的基因，可以提高稻米的营养价值。克隆技术用于动物，可以保留高品质动物的高产性能。

生物技术在农业中的另一个可能的应用是生产食用疫苗，如利用水果、蔬菜生产抗肝炎、霍乱等传染病的疫苗。

（二）应用型技术

应用型技术主要指为适应农业发展方式需要所采用的技术集成，如发展生态循环农业采用的农业废弃物无害化处理、资源化利用技术、立体种养技术、发展节本高效农业采用的省工免耕技术等。

这里主要介绍以下四种技术。

1. 无土栽培技术

无土栽培是指不用天然土壤栽培作物，而将作物栽培在营养液中，这种营养液可以代替天然土壤向作物提供水分、养分、氧气、温度，使作物能够正常生长并完成其整个生命周期。传统农业中作物的生长离不开土壤，如粮食、棉花、油料、蔬菜、果树、茶叶、花卉、烟草等都必须利用土壤栽培。农业与土壤是密切相关的。而自 1929 年格里克教授试种一株无土栽培番茄成功以来，作物栽培终于摆脱了自然土壤的束缚。由于无土栽培不用一般的有机肥和无机肥，而是依靠提供营养液来代替传统的农业肥料，所以无土栽培又被称为营养液栽培，简称水培、水耕栽培。

无土栽培由于不用土壤，故在技术上是一项重大突破。同时，由于技术的不断完善及先进设施和新型基质材料的应用，无土栽培已完全可以根据不同作物的生长发育需要进行温、水、光、肥、气等的自动调节与控制,实现工厂化生产。无土栽培技术是当今现代化农业的高新技术,在现代农业园区中已经得到广泛应用。

2. 现代灌溉技术

这里主要讲节水灌溉工程技术。节水灌溉工程技术主要包括渠道防渗技术、管道输水技术、喷灌技术、微灌技术、改进地面灌溉技术等。其直接目的是减少输配水过程的跑漏损失和田间灌水过程的深层渗漏损失,提高灌溉效率。

(1)渠道防渗技术:采用混凝土护面、浆砌石衬砌、塑料薄膜等多种方法进行防渗处理。与土渠相比,渠道防渗可减少渗漏损失60%~90%,并提高了输水速度。

(2)管道输水技术:用塑料或混凝土等管道输水代替土渠输水,可大大减少输水过程中的渗漏和蒸发损失,输配水的利用率可达到95%。另外,该技术还能有效提高输水速度,减少渠道占地面积。

(3)喷灌技术:喷灌是一种机械化高效节水灌溉技术,具有节水、省劳、节地、增产、适应性强等特点,被世界各国广泛采用。喷灌几乎适用于除水稻外的所有大田作物,以及蔬菜、果树等,对地形、土壤等条件适应性强。与地面灌溉相比,大田作物喷灌一般可节水30%~50%,增产10%~30%。

(4)微灌技术:包括微喷和滴灌,是一种现代化、精细高效的节水灌溉技术,具有省水、节能、适应性强等特点,灌水同时可兼施肥,灌溉效率能够达到90%以上。

(5)改进地面灌溉技术:地面灌溉并非"大水漫灌",只要在土地平整的基础上,采用合理的灌溉技术并加强管理,其田间水利用率可以达到70%以上。

3. 数字水墙技术

数字水墙在中国又称为数字水帘,是由美国麻省理工学院的科学家设计的集音控、程控于一体的高科技产品。数字水墙可生成形态各异的水帘。同时,在计算机精确操控下,水帘可显示出多种图案和文字信息样式。数字水墙不仅给来到观光农业园区游览的游客耳目一新的感觉,而且会给人们的生活带来许多便利。

4. 虚拟体验技术

虚拟体验技术是利用三维仿真技术、多媒体技术、人工智能技术和数字娱乐形式构建虚拟的空间和虚拟体验活动,扩展观光园区的内容和形式的集成技术。该技术可提升农业观光园的科普展示和休闲娱乐能力,既展现了优美的田园景观,又包含了丰富的科技与文化内涵,适应了现代都市人追求休闲性、参与性、绿色性旅游的热潮,可吸引城市居民前来观光、休闲、求知、体验乡村生活,大大提高观光园的整体竞争力。其主要功能如下。

(1)农业虚拟景观设计与观赏。

(2)农业科技示范与农民科技培训。以动画讲解和三维互动游戏的方式进行农业知识传播和农民科技培训,集中展示和介绍新技术、新方法和新产品装备,生产标准和技术规程,病虫害防治知识等内容。

(3)农业数字科普与休闲娱乐。将科学知识以数字娱乐的形式,即动画和游戏的形式展现出来,寓教于乐。

(4)观光园产品推介与产业链延伸。集中展示和介绍观光园区的产品,能够吸引人、留住人，从而形成果品采摘—休闲娱乐—餐饮—品牌产品(礼品与特产)推销的产业链条。

二、农业新品种

品种是来自同一祖先，经自然或人工选择形成的，具有某种经济性状，基本遗传性能稳定一致，并可以用普通的繁殖方法保持其恒久性的生物群体。自从有了人类有意识的种植、养殖活动，便有了品种。

(一)品种的分类

品种按培育程度一般分为以下两类。

1. 原始品种

原始品种又称地方品种或土种，是在粗放条件下经长期选育而成的，高度适应当地生态条件，但生产力一般较差，如蒙古羊、小粒红玉米等。

2. 育成品种

育成品种或称培育品种，是在集约条件下通过水平较高的育种措施培育而成的，生产效益好，但要求较高的饲养、栽培条件，如大白猪、北农系列小麦等。此外，在家畜中还有所谓过渡品种，即介于以上两者之间的中间类型品种。

(二)育种发展趋势

开发新品种就是为了克服老品种的缺点和不足或者顺应市场新的需求，使作物或者牲畜的产量、品质、抗性等得到改善，从而获得更高的生产力和更好的经济效益。

人们常说，一粒种子可以改变世界。种子是最基本的农业生产资料，是人类赖以生存和发展的基础。社会文明程度越高，对种子的要求也就越高。品种的水平，体现了人类文明的程度，也是人类文明的象征。就我国而言，20世纪80年代前，农业生产的核心是解决人民的温饱问题，对品种的首要要求是高产。进入20世纪80年代后，人民的温饱问题得到了根本解决，选育的品种开始向高产优质方向发展。20世纪90年代末，随着市场经济机制的导入品种的优质被提到了首位，品质好的品种，名、特、优品种，开始在市场走俏。进入21世纪，尤其是我国加入世界贸易组织后，日趋激烈的市场竞争，对农产品提出了更高的要求，农业开始向外向型、兼用型方向发展。具体举措如下。

一是通过名、特、优、新品种满足多样化的市场需求。主产品满足大需求，小产品也能做出大市场。在抓好粮、棉、油、畜、禽等主要品种更新的同时，还要注意抓好特色果、粮、菜、瓜、畜、禽等经济产业的开发利用，以适应城乡人民生活的多种需求。

二是品种布局区域化，形成规模经济。形不成规模，即形不成市场，有了一定的规模，才能形成稳定的客户群，才能形成产、供、销一体化的生产格局。

三是用途多样化，形成特色产业经济。由于市场需求的多样化，育种目标相应地也需由市场引导，因而品种也应多样化或专用化。例如，碟形瓜学名玉黄西葫芦，是菜瓜的一个新品种，果皮、果肉均为黄色，因其外形似月牙形花边的碟子，故得名碟形瓜。碟形瓜既可食用，又可观赏，其抗性强，品质优良，口感脆嫩，主要供应观光园区种植和高档宾馆饭店消费，深受消费者的喜爱。

◎ **思考题**

1. 什么是观光农业资源？其特征有哪些？
2. 简述可用于观光农业的农业生物资源。
3. 简述观光农业自然资源的含义，并举例说明。
4. 简述观光农业人文资源的含义，并举例说明。
5. 举例说明观光农业企业中现代科技资源的利用有哪些？

第四章 观光农业类型与产品

◎ **本章提要**

　　随着观光农业企业的不断涌现，很多独具特色的观光农业类型逐渐成形，观光农业产品的种类也逐渐增多。本章主要介绍以下内容：
- 观光农业的分类依据；
- 观光农业的类型；
- 观光农业整体产品的构成；
- 观光农业产品的类型；
- 观光农业产品的特点和设计原则。

◎ **学习目标**

　　通过本章的学习，你应能：
- 掌握观光农业的分类依据；
- 掌握我国观光农业的 7 种模式 29 种类型；
- 掌握观光农业产品的概念，理解观光农业整体产品的构成要素；
- 掌握观光农业产品的类型，理解观光农业产品的特点和设计原则。

　　进行观光农业类型的划分可以使人们更加清晰地认识观光农业，把握其本质和特色，为观光农业企业的发展提供决策依据。我国观光农业可归纳为 7 种模式 29 种类型。

　　观光农业产品是整体旅游产品，由四个基本要素构成，即旅游吸引物、旅游设施设备、旅游服务、旅游可进入性。按照不同的标准，我们可以将观光农业产品划分为不同类型。观光农业产品按旅游者的消费需求内容来划分，可分为观光农业饮食产品、观光农业住宿产品、观光农业交通产品、观光农业游览产品、观光农业购物产品、观光农业娱乐产品等；按属性来划分，可分为观光农业核心产品、观光农业保障产品、观光农业附加产品。

　　此外，观光农业产品设计应遵循特异性、参与性、协调性、科技性、文化性等原则，以吸引更多的游客。

第一节 观光农业的分类依据

由于各国和各地区的社会经济、自然条件各不相同，因此国内外关于观光农业的分类各不相同。国内常见的分类有如下几种。

(1)按旅游者的活动方式分类，分为旅游农场、自助式农场、休闲式农场等。

(2)按开发模式分类，分为公园经营型、景点游览型、商业服务型、教育实践型等。

(3)按农业结构分类，分为观光种植业、观光林业、观光畜牧业、观光渔业、观光副业、观光生态农业等。

(4)按功能分类，分为观光型、度假休闲型、体验型、教育型、节庆型、综合型等。

(5)按主题定位分类，分为观光采摘园、教育农园、高科技农业示范园、"农家乐"、生态农业园、市民农园、森林公园、休闲农庄、民俗观光村等。

(6)按地理区位分类，分为景区边缘地区型，城市近郊地区型，少数民族地区型，山区、草原与滨水地区型，传统农业产区型等。

第二节 观光农业的类型

对于我国观光农业的分类，本书采用农业农村部乡镇企业局最新公布的资料，将我国观光农业归纳为 7 种模式 29 种类型，具体分析如下。

一、田园农业休闲模式

田园农业休闲模式是指以农村田园景观、农业生产活动和特色农产品为休闲吸引物，开发农业游、林果游、花卉游、渔业游、牧业游等不同特色的主题休闲活动，满足游客体验农业、回归自然的心理需求。主要类型有田园农业游、园林观光游、农业科技游、务农体验游，如江西婺源的乡村美景游，内蒙古、新疆等的草原度假游，云南罗平县的油菜花海游等。

二、民俗风情休闲模式

民俗风情休闲模式是指以农村风土人情、民俗文化为休闲吸引物，充分突出农耕文化、乡土文化和民俗文化特色，开发农耕展示、民间技艺、时令民俗、节日庆典、民间歌舞等休闲活动，增加农林休闲的文化内涵。主要类型有农耕文化游、民俗文化游、乡土文化游、民族文化游，如贵州村寨游、北京大兴西瓜节、浙江杨梅节等。

三、"农家乐"休闲模式

"农家乐"休闲模式是指农民利用自家庭院、自己生产的农产品及周围的田园风光、自然景点，吸引游客前来吃、住、玩、游、娱、购等。主要类型有农业观光"农家乐"、民俗文化"农家乐"、民居型"农家乐"、休闲娱乐"农家乐"、食宿接待"农家乐"、农事参与"农家乐"，如四川农科村的"农家乐"、上海崇明岛前卫村的"农家乐"、浙江杭州梅家坞茶文化村的"农家乐"等。

四、村落乡镇旅游模式

村落乡镇旅游模式是指以古村镇宅院建筑和新农村格局为休闲吸引物，开发观光休闲。主要类型有古民居和古宅院游、古镇建筑游、新村风貌游，如浙江周庄与乌镇游、安徽棠樾牌坊村游、江苏华西村游等。

五、休闲度假模式

休闲度假模式是指依托自然优美的乡野风景、舒适怡人的清新气候等，结合周围的田园景观和民俗文化，兴建一些休闲、娱乐设施，为游客提供休憩、度假、餐饮、健身等服务。主要类型有休闲度假村、休闲农庄、乡村酒店，如北京蟹岛度假村、"那里"山吧、湖南的各类休闲农庄等。

六、科普教育模式

科普教育模式是指利用农业观光园、农业科技生态园、农业产品展览馆、农业博览园或博物馆，为游客提供了解农业历史、学习农业技术、增长农业知识的旅游活动。主要类型有农业科技教育基地、观光休闲教育农业园、少儿教育农业基地、农业博览园，如北京小汤山特菜大观园、北戴河集发生态农业示范观光园、陕西杨凌农业高新技术产业示范区等。

七、回归自然休闲模式

回归自然休闲模式是指利用农村优美的自然景观，如奇异的山水、绿色的森林、静谧的湖水，发展观山、赏景、登山、森林浴、滑雪、滑水等旅游活动，让游客感悟大自然、回归大自然。主要类型有森林公园、湿地公园、水上乐园、露宿营地、自然保护区，如浙江临安太湖源景区、辽宁庄河的歇马山庄等。

近年来，随着我国经济和产业结构的不断调整，新的观光农业类型还在不断涌现，如围绕特色产业发展而出现的特色产业型"农家乐"、浙江安吉以接待上海老人到农家异地养老为主的养老休闲型"农家乐"等。

第三节　观光农业产品

一、观光农业产品的概念

(一)产品和旅游产品

产品从经济学的角度而言，是指可以提供给市场的任何一种东西。它能够引起注意，被得到、使用或消费，以满足某种需要。

旅游产品是指旅游经营者为了满足旅游者在旅游活动中的各种需求，向旅游市场提供的各种物品和服务的总称。

现代的旅游活动是以商品交换为特征的旅游经济活动。作为旅游经营者，其所提供的任何能使旅游者的需要得到满足的产品都属于旅游产品。因此，旅游产品包括有形产品，也包括无形产品；包括实物性产品，也包括精神性产品。从旅游者的角度看，旅游者花费了时间、精力和费用外出旅游，其目的是获得旅游活动带来的体验和感受。这种短暂经历所需的一切，即食、住、行、游、购、娱等，都是保障旅游者实现旅游目的的必需因素。因此，旅游产品应是一系列产品。从整体来看，旅游产品由旅游吸引物、旅游设施、旅游服务和旅游购物品等多种要素构成。因此，旅游产品是一种组合型的产品。旅游者可以购买整体产品，也可以购买某一单项旅游产品。

(二) 观光农业整体产品的概念

观光农业产品是整体旅游产品，是通过市场交换以满足观光农业旅游者某种需求和利益的有形实物和无形服务的综合。从旅游供给的角度看，观光农业产品主要包括初级农产品、农作物加工品以及具有旅游产品性质的农业景观和为游客提供的各项服务等，是实物和服务的总和。观光农业整体产品的生产，要求住宿、餐饮、交通、游览、娱乐、购物等企业的协调配合，这样才能最大限度地满足旅游者的物质需求和精神需求。

二、观光农业整体产品的构成要素

一个整体的观光农业产品由四个基本要素构成，即旅游吸引物、旅游设施设备、旅游服务、旅游可进入性，缺少其中任何一个，都不可能成为一个整体观光农业产品。

(一) 旅游吸引物

旅游吸引物是指一切能够吸引旅游者前往旅游的客体。它是一个地区观光农业发展的基础，也是旅游者选择旅游目的地的决定性因素。旅游吸引物的存在形式，可以是一种物质实体，如乡村民居、乡村饮食等；也可以是一项事件，如龙舟赛等。

(二) 旅游设施设备

旅游设施设备是完成观光农业旅游活动所必须具备的各种设施、设备和相关物质条件的总称，是旅游经营者向旅游者提供旅游服务的各种物质载体的总和。旅游设施设备不是旅游者选择旅游地的决定性因素，但是其完善程度必然会影响旅游者对旅游地的选择。旅游地的旅游设施一般包括专门设施和辅助设施。

1. 专门设施

专门设施是旅游经营者为旅游者提供服务的凭借物，通常包括交通设施、餐饮设施、住宿设施、游览设施等。交通设施包括各种通往观光农业企业的交通工具和运输道路；餐饮设施指为旅游者提供餐饮服务的场所和设备，包括餐馆、冷饮店等；住宿设施主要指不同类型和风格的宾馆；游览设施主要指为旅游者提供的登临、游览、休息以及保证安全的各种设施设备。

2. 辅助设施

辅助设施是指旅游地建造的，不仅满足旅游者观光旅游需求，而且满足当地居民日常生产生活需求的设施。辅助设施不仅主要包括道路、桥梁、供电、供水、供热、排水、排污、消防、通信、路灯、路标、停车场等，还包括旅游地的环境绿化和美化以及环境卫生等。一个旅游地如果没有良好的辅助设施，要实现观光休闲旅游的长期发展就无从谈起。

(三) 旅游服务

旅游服务是旅游经营者向旅游者提供服务的过程。没有旅游服务，便没有现代旅游的发展。旅游者在旅游过程中的消费主要以劳务产品的形式实现。任何服务都要借助一定的物质条件。尽管旅游吸引物和旅游设施设备本身不是服务，但它们是旅游服务不可缺少的条件。如有了旅游吸引物，导游服务才有讲解的内容；有了酒店、饭馆，才有了餐饮服务等。

从旅游活动全过程来看，旅游服务分为售前服务、售中服务和售后服务。售前服务是指为旅游者在出行前提供的各种准备性服务，如提供各种咨询等。售中服务是指在旅游过程中向旅游者提供的各种服务，即向旅游者提供的食、住、行、游、购、娱等方面的服务。售后服务是指在旅游者结束旅游活动后提供的服务，如处理旅游过程中的服务质量问题等。

(四) 旅游可进入性

旅游可进入性是指旅游者进入旅游地的难易程度和时效性。旅游活动具有消费异地性的特点，旅游者只有亲自前往观光农业旅游地才能进行观光休闲消费。因此，旅游者是否能够按时顺利到达旅游地是实现旅游消费的前提。旅游可进入性的内容主要有以下三方面。

1. 通达的交通条件

交通工具的不断发展，是现代旅游业发展的基本条件之一。因此，良好的交通条件是旅游者进入观光农业旅游地的基本保证。消费者不仅要求能够抵达旅游地，而且要求能够安全、舒适、快速到达，即"旅速游缓"的要求。

2. 便捷的通信条件

随着现代科技水平的进步，出门在外时保持通畅的联络已经成为基本的生活需求。旅游者在到达旅游地之前，需要便捷的通信条件与旅游经营者进行沟通，以保证旅游活动顺利进行。

3. 旅游地的社会条件

旅游地的社会条件对旅游者进入的难易程度有很大影响。这要求观光农业旅游地与当地居民、当地政府、当地其他企业处理好关系，努力创造良好的观光旅游的周边环境。

三、观光农业产品的类型

观光农业产品从整体上来看，是提供给旅游者的系列组合产品。旅游者可以根据自己的需要，购买各种组合中不同的单项产品。因此，要搞好观光农业产品的供应，满足旅游者的不同需求，就必须对观光农业产品进行类别划分。

(一)按旅游者的消费需求内容来划分

1. 观光农业饮食产品

旅游者购买饮食产品，首先是为了满足基本的生理需要。除此之外，其需求还包含体验和感受不同地区、民族的饮食文化。我国是一个饮食大国，饮食文化博大精深。人们离开喧闹的城市进入乡村，除了欣赏田园风光之外，还要品尝风味独特的乡村佳肴。现代人追求饮食健康，崇尚绿色自然，这就为观光农业企业推出餐饮产品提供了明确的定位。观光农业餐饮不同于都市餐饮，其特点主要体现在以下几点。

(1)制作原料具有绿色、无公害的特点。

(2)烹饪方法具有乡村特色，原汁原味。

(3)就餐环境体现田园风光，生态、自然。

(4)服务人员身着农家服饰，淳朴、亲切。

2. 观光农业住宿产品

旅游者购买旅游住宿产品，主要是为了休息，满足恢复体力等基本生理需要。但在现代旅游活动中，一些旅游饭店不只局限于满足旅游者的基本生理需要，还设有购物、康体、娱乐等服务项目，以满足旅游者多方面的需要。观光农业的住宿注重轻松、休闲、回归自然，能够充分体现"旅速游缓"的特点。此外，不同人群对观光农业住宿产品的要求不尽相同，如团队、家庭游客、老年游客喜欢客房旅馆或自助式村舍，商务团队、会议旅游者喜欢度假村，青年团队则喜欢自驾车营地、露营地等。总之，观光农业住宿产品一定要与产品整体设计相适应，结构和档次应当依托自身条件和客源特点来定位，可以简单低调，也可以高档奢华。

3. 观光农业交通产品

观光农业交通产品是指伴随观光农业旅游全过程的交通线路、交通工具、交通服务以及相关服务的总和。交通运输工具和运输设施的现代化，使往日游客难以到达的地方，变成了游客如云的旅游热点。观光农业交通主要包括三个方面：一是客源地和旅游目的地之间的交通；二是旅游目的地景区之间的交通；三是观光农业园区内的交通。目前，国内外到达观光农业园区的主要交通工具是汽车。观光农业园区内的交通工具多种多样，如多人自行车、自驾电瓶车、公共电瓶车、贵宾专用车、马车、牛车、羊车、游船等。其共同的特点是方便、低碳。

4. 观光农业游览产品

旅游游览产品，是旅游核心产品。一个地区旅游业兴旺与否，一方面取决于客观上拥有旅游资源的丰富程度和质量，另一方面取决于主观上对旅游资源开发的能力。旅游者的兴趣爱好多种多样，旅游动机各不相同，因此，对于同类、同质的旅游资源，开发建成的旅游产品越有特色，越是多样，就越能吸引更多的游客前来游玩。目前，我国观光农业园区的景区性质有生态型、科普型、休闲型、观光型、度假型、体验型等类型。

5. 观光农业购物产品

旅游购物产品是指旅游经营者为游客提供的各种旅游商品。旅游者到达观光农业园区后都要购买一些旅游纪念品、工艺美术品、土特产品以及生活必需品，留作自己纪念、欣赏，或作为馈赠亲友的礼品。从某种意义上说，旅游购物产品是旅游活动的延伸。观光农业购物产品的种类多种多样，按照不同的标准分类如下。

(1) 按商品功能可分为：①特色农产品。特色农产品具有地方特色，生态环保，易于存储与携带，包装精巧。②民间工艺品。民间工艺品富有地方特色，具有创新的设计理念，将传统文化、民间工艺与现代审美有机结合。③农村生产生活用品。农村生产生活用品是为现代都市人所接受、喜爱和使用的，源于农村的生产、生活用品。

(2) 按目标市场可分为：①适合于国内旅游者需求的乡村旅游商品，主要为中低档商品、特色农产品。②适合于外国旅游者需求的乡村旅游商品，主要为中高档商品，以具有地方特色与乡村特色、富有纪念意义及观赏性的工艺品及农村生产生活用品为主。

(3) 按主题可分为：①乡村景区(景点)主题类商品。例如，北京延庆区以长城为主题的各色纪念品，平谷区以桃为主题的各色纪念品等。②乡村民俗生产生活主题类商品。③民间传说、传统故事等主题类商品。

6. 观光农业娱乐产品

随着现代旅游的发展，娱乐活动已成为大多数旅游者的一种基本需要。观光农业娱乐是指人们在旅游过程中通过观赏、参与、体验等多种形式而获得的轻松愉快的精神感受。从旅游产品的发展来看，体验是旅游产品的一种趋势。在观光农业体验中，经营者为消费者提供劳作工具，示范劳作方式，手把手教给旅游者从事农业生产的技巧，与消费者进行城乡生活文化方面的直接沟通交流。在这种互动实践中，消费者自身心理和生理状态的某种匮乏可以在体验活动中得到一定程度的补偿。而一些依据农事活动设计的竞技比赛更是给消费者带来直接的快乐。体验经济的娱乐价值在观光农业中得到了充分的体现。

(二) 按观光农业产品的属性来划分

观光农业整体产品不仅具有有形的物质实体，还具有实质的核心价值。按照观光农业产品的属性，观光农业产品可分为三个层次。

1. 观光农业核心产品

观光农业核心产品是指可以提供给旅游者并使旅游者的愿望得以满足的产品。它是旅游需求的核心。观光农业核心产品主要通过上述食、住、行、游、购、娱产品的整体融合来集中体现。

2. 观光农业保障产品

观光农业保障产品是指能够保障满足旅游者在旅游过程中的基本生理需要和旅游活动顺利实现的产品。旅游者只有借助这些产品，才能使旅游活动得以实现。

3. 观光农业附加产品

观光农业附加产品是指观光农业企业提供给旅游者的各种附加利益或附加服务。这是观光农业企业向旅游者提供的超出基本服务之外的各种额外服务和利益。它对观光农业整体产品起到了补充和完善作用，如旅游咨询、安全保卫等。

四、观光农业产品的特点

(一)农业性

观光农业是在农业生产的基础上开发旅游功能的，因此，观光农业产品应以农为本，以农业、农村、农民资源为物质载体，其本质具有明显的农业性质。离开了农业主题，观光农业产品就失去了核心价值。久居都市的现代人，也正是倾心于富有浓郁乡土气息的田园风光才前来观光农业园区进行放松、休闲的。如果没有明显迥异于现代都市的农业元素，观光农业产品的吸引力就会大大降低。

(二)生产和消费的同步性

观光农业产品是有形实物和无形服务(劳务)的统一体，其中劳务具有生产和消费同步性的特点。只有旅游者到达旅游目的地，进行实际的消费，经营者提供的服务才能成为现实，生产才成为现实的生产。没有消费过程，生产过程就无法进行；没有生产过程，消费过程中的需求也无法得到满足。

(三)不可转移性

首先，观光农业产品中的核心产品在空间上具有不可移动性。无论观光农业园区的景色多美，住宿设施多有特色，旅游者都不可能将其搬走。此外，观光农业产品对旅游者而言，只具有使用权，而不具有所有权。消费者在观光农业园区消费和休闲，只是对园区内的设施和设备具有短暂的使用权，而这些设施设备的所有权仍然属于观光农业园区。

(四)综合性

旅游者对农业观光休闲需求的综合性决定了观光农业产品的综合性。观光农业产品从构成上包括旅游吸引物、旅游设施设备、旅游服务、旅游可进入性等，缺一不可；从旅游者的需求来看，既有物质需求，又有精神需求；从产品涉及的领域来看，包括农业、商业、建筑业、金融业、运输业、餐饮业、娱乐业等。因此，观光农业产品涉及行业之多、部门之多，是其他类型产品不可比拟的。

五、观光农业产品设计的原则

(一)特异性原则

进行观光农业产品设计应力求独特，要给游客耳目一新的感觉。乡村休闲是有别于都市消费者日常生活的另类体验，只有那些城里人平日无法切身感受的活动才具有吸引力。此外，产品的设计可以同创意农业结合起来，通过共享创意农业的成果，将其合理地引用到观光农业产品设计当中，促进创意农业的成果转换，提升其市场价值。只有进行观光农业产品的不断创新，才能满足游客的新鲜感，带来更多的回头客。

(二) 参与性原则

观光农业产品设计的趋势之一是让游客积极参与。尤其是在观光农业体验活动中一定要让顾客主动参与进来。因此，观光农业产品设计应为游客参与提供必要的机会，如在节庆活动中留出游客参与的角色。此外，各种动植物认养活动也是参与性原则的具体体现。再如，在观光农业规划时开辟出小块土地让游客种植农产品，观光农业经营者收取适当的管理费，并帮助进行日常管理，在收获季节让游客来品尝或处理自己种植的农产品。动物认养亦是如此，游客可不定期照料自己认养的动物，与之交流互动。

(三) 协调性原则

观光农业产品设计的主题必须与当地农村自然环境或人文环境相协调。如进行乡村休闲空间分割设计时，就可采用篱笆墙而不是用石板墙。又如我国南北乡村文化差异较大，南方纤巧精致的小园意境如果生硬地照搬到北方，显然与北方粗犷豪放的格调不相符合。此外，观光农业产品设计确立的主题，应与园区特色农业资源相一致，否则会给人突兀的感觉，甚至不伦不类。

(四) 科技性原则

这是指将最新的农业技术成果与观光农业相结合，设计多种类型、风格的观光农业产品，以满足不同游客的需求。例如，展示无土栽培繁殖的农作物、嫁接的农作物，以增加游客的感性认识；通过开发设计软件，将现代农业科技知识融入电脑游戏之中，让游客进行人机互动等。除此之外，还可以利用科技手段在产品设计中加入感官的刺激(视觉、听觉、味觉、嗅觉、触觉)，使游客增加真实感，并适时进行产品更新和换代。此外，利用技术手段保证产品在消费过程中的卫生、环保等也特别重要。

(五) 文化性原则

我国农业生产历史悠久，民族众多，各个地区的农业生产方式和习俗有着明显的差异，因此在进行观光农业产品设计时要充分挖掘当地的文化资源，包括文化遗存、自然生态、文化底蕴等，对其进行整理、包装，设计出游客可以亲身感受的产品。在观光农业产品设计中融入文化元素，一方面可以提升乡村休闲的档次，另一方面也是对农耕文化的保护和传承。

◎ **思考题**

1. 简述我国观光农业的 7 种模式 29 种类型。
2. 简述观光农业整体产品的概念。
3. 简述观光农业整体产品的构成要素。
4. 试述旅游可进入性主要包括哪些内容。
5. 简述观光农业产品的类型。
6. 简述观光农业产品的特点。
7. 举例说明观光农业产品设计的原则。

第五章　观光农业的体验

◎ **本章提要**

　　体验经济是当今社会的高端服务形态，因此要了解体验经济的产生与发展及其对观光农业发展的意义。本章主要介绍以下内容：

- ·　体验与体验经济的产生；
- ·　体验经济的价值；
- ·　体验经济的特征；
- ·　观光农业的体验方式；
- ·　观光农业体验活动的设计；
- ·　观光农业体验活动的种类。

◎ **学习目标**

　　通过本章的学习，你应能：

- ·　了解体验经济的概念与内涵；
- ·　掌握体验经济的特征；
- ·　了解农业体验活动的设计原理；
- ·　重点掌握农业体验活动的种类。

　　体验是体验者亲身参与，通过自己的感觉器官对人、物或事情进行了解和感受的全过程。而体验经济内生于服务经济，是服务经济发展到相对成熟阶段的产物，是社会经济发展和人类需求升华的必然结果。其具有终端性、差异性、感官性、知识性、延伸性、参与性、补偿性、经济性、记忆性、关系性等基本特征。就农业观光体验的方式来说，它不仅具有体验经济所具有的审美体验、消遣娱乐体验、遁世体验、教育体验四种方式，而且具有农业观光体验特有的补偿体验方式。通过这些方式，观光农业的顾客价值、品牌价值、消费价值等一一呈现，并且得到良好的拓展。本章在介绍体验和体验经济的基础上，全面介绍农业观光体验的方式及其拓展，继而得出农业观光体验的价值及其价值拓展。

第一节　体验与体验经济

一、体验

体验也叫体会，是通过自己的感觉器官来了解和感受人、物或事情，是用自己的生命来验证事实、感悟生命、留下印象。体验到的东西使我们感到真实，并在记忆中留下深刻印象；使得我们可以随时回想起曾经亲身感受过的生命历程，也因此对未来有所预感。

在生命过程中，我们都能体验到大自然的存在、家人的情感、生活的滋味、自己的成长经历、每时每刻的思想与变化、自己讲过的话、亲自参与的事件、亲自做过的工作、对一个时代的记忆等。随着时光流逝，我们亲身体验到的生活内容越来越丰富。这自然包括对外界的印象和自己内心的变化。它们一起构成我们全部的生活经历。尽管一个人的生命历程是短暂的，但是其在人生历程中所能体验到的一切是十分丰富的。

二、体验经济

(一)体验经济的产生

传统的产业划分是农业—工业—服务业，而西方经济学家托夫勒在 30 年前作出"制造业—服务业—体验业"这种独特的产业演进划分，并将体验业提高到一个重要产业的地位。农业经济、工业经济和服务经济到体验经济之间的演进过程，就像母亲为小孩过生日、准备生日蛋糕的过程。在农业经济时代，母亲是拿自家农场的面粉、鸡蛋等材料，亲手做蛋糕，从头忙到尾，成本不到 1 美元。到了工业经济时代，母亲到商店里花几美元买混合好的盒装粉回家自己烘烤。进入服务经济时代，母亲向西点店或超市订购做好的蛋糕，花费十几美元。到了今天，母亲不但不烘烤蛋糕，甚至不用费事自己办生日晚会，而是花 100 美元，将生日活动外包给一些公司，请其为小孩筹办一个难忘的生日晚会。因此，体验经济诞生。所以，体验已经逐渐成为继农业经济、工业经济和服务经济之后的一种经济形态。越来越多的消费者渴望得到体验，越来越多的企业精心设计、销售体验。各行各业的顶尖企业都将发现，未来的竞争就在于体验。

从价值链的角度而言，制造业、服务业和体验业这三种经济形态的价值链是有很大区别的。价值链理论认为企业的产品生产、物流过程等生产经营活动都是创造价值的过程，它们相互联系构成了一个特有的价值链。因为在不同的经济形态中实现价值的组织流程是有区别的，所以不同的经济形态就形成了不同特征的价值链。其价值链的比较见表 5-1。从表 5-1 可以看出，体验价值链的起点是体验者的个性需要，价值载体是体验过程，价值核心是顾客的自我实现。价值创造与实现的过程是期望—定制—改变。体验价值链比产品价值链和服务价值链更具有针对性，更人性化，是比产品价值链和服务价值链更加完善的价值链形式。其发展阶段可以分为体验前、体验中和体验后。体验前是整个价值链的设计阶段，它是针对顾客的个人价值与体验期望来设计体验"剧本"，从而形成体验活动与价值创造的主题线索；体验中是价值的生成阶段，是整合企业核心资源，有效控制体验现场，创造独特的顾客体验感受，实现具有强烈冲击的体验感知价值；体验后是价值维持阶段，超越顾客期望，实现顾客全面满意（态度—行为—认知三个维度），建立企业的顾客忠诚，维持企业的长期价值链。

表 5-1　三种经济形态的价值链比较

价值链类型	价值链起点	价值载体	价值的核心	价值创造与实现
产品价值链	物质需要	物质产品	特定效用的产品	需要—生产—使用
服务价值链	服务需要	服务商品	令人满意的员工	需求—提供—满意
体验价值链	个性需要	体验过程	自我实现的顾客	期望—定制—改变

体验经济是社会经济发展和人类需求升华的必然结果。首先，体验经济是社会经济发展的必然结果。在整个社会以产品生产为核心的工业经济时代，人们常常过多地关注新产品的研究开发和产品质量、技术含量的提升。然而，随着经济的发展，技术的频繁更新，加上任何新产品的研究开发都有一定的周期，少则两三年，多则五至十年，寄希望于频繁推出新产品以维持其竞争力的企业就感到疲于应付，且难以为继。为此，各企业纷纷开始系统地拓展与产品捆绑在一起的服务，希望通过建立高效有序的服务体系来弥补消费者心中的不满，服务经济便取代了工业经济。这一时期，由于完善的服务体系必须借助于分销商来建立，从而使产销体系第一次构成互动的闭合体系。其实，对任何时代的任何消费者而言，他们都追求精良的产品和优质的服务，只是在条件不允许的时候，才会有所取舍。当社会发展到科技成果转化为现实生产力的水平不断提高，满足人们日益变化的服务需求的能力不断提高时，产品和服务有机结合的体验经济时代又将代替单纯凭借服务来维持竞争力的服务经济时代。需要说明的是，此时的"服务"是以消费者为价值创造主体，关注于满足消费者的心理需求，它不同于以往的以生产者为价值创造主体，消费者只是被动地接受产品或服务的"服务"。其次，从马斯洛的需要层次论来分析，体验经济也是人类需要层次升华的必然趋势。在人均国内生产总值较低的时代，人们疲于追求基本生存需要——温饱，自然无暇体会消费感觉，只有当物质生活水平达到一定程度后，即低层次的、基本的需要得到满足后，体验才可能成为人们追求的商品，才可能出现体验经济。

体验经济是经济形态发展的必然趋势，是生产力不断向前发展的产物。如今，美国和欧洲正以服务经济为基础，紧跟"计算机信息"时代，逐步甚至大规模开展体验经济。体验经济已经成为继农业经济阶段、工业经济阶段和服务经济阶段之后的第四个人类的经济生活发展阶段，或称为服务经济的延伸阶段。可以预言，体验经济将是 21 世纪全世界的一个经济热点。

(二) 体验经济的基本特征

1. 终端性

渠道是现代营销学的关键问题，即如何将产品送到消费者手中。一般来说，在生产环节中，制造单元的供求关系形成了"供应链"，商业的买卖关系形成了"价值链"。而体验经济明确指出，最终消费者是作为自然人的顾客和用户。体验经济强调竞争的方向在于争夺消费者。体验经济聚焦于消费者的感受和最焦点、最前沿的问题。

2. 差异性

农业经济时代，经济提供物——产品的需求要素是特点；工业经济时代，经济提供物——商品的需求要素是特色；服务经济时代，经济提供物——服务的需求要素是服务；体验经济时代，经济提供物——体验的需求要素是突出感受。这种感受是个性化的，在人与人之间、体验与体验之间有着本质的区别，因为没有两个人能够得到完全相同的体验经历。

3. 感官性

体验是一个人的情绪、体力、精神处于某一特定状态时，意识中产生的一种美好感觉，主要的媒介就是自身的各个感官，因此体验具有感官性。而体验本身不是一种经济产出，不能完全以清点的方式来量化，因而也不能像其他工作那样创造出可以触摸的物品，因而感官性也蕴涵着非生产性。

4. 知识性

消费者不仅要用身体的各个器官感知，更要用心领会，体验经济重视产品与服务的文化内涵，使消费者能增加知识、增长才干。现在，银行已经将取款、存款、转账等业务交给自动存取款机去做了。在银行窗口，工作人员主要是为客户提供家庭理财咨询。

5. 延伸性

现代营销的一个基本理念是"为客户的客户增加价值"，即认为企业所提供的产品与服务不仅仅是顾客需要的某种手段，还必须向"手段—目的"链条的纵深扩展。因此人们的精神体验还来自企业的延伸服务，这些服务包括相关的服务、附加的服务、对用户的服务等。

6. 参与性

农业经济、工业经济和服务经济是卖方经济，它们所有的经济产出都停留在顾客之外，不与顾客发生关系；而体验经济则不然，因为任何一种体验都是某个人身心体智状态与那些筹划事件之间互动作用的结果，顾客全程参与其中。消费者参与的典型是自助式消费，如自助餐、自助导游、自己制作饮料、农场果园采摘、点歌互动等。体验经济让消费者参与到供给的各个环节之中。

7. 补偿性

企业提供的产品与服务难免有令消费者不满意的地方，甚至会给消费者造成伤害或损失。这就需要很好的补偿机制。比如，许多企业通过免费热线电话回答顾客的问题和抱怨、接受投诉和征求意见；有的商场准备了专项基金用于对消费者损失的快速赔偿等。消费者的权益和意见是否得到了尊重，他们自己的体验最为深刻，因而体验还具有补偿性。

8. 经济性

消费者都是理性的，他们在消费时往往会做到趋利避害，而体验正是完成这一过程的渠道。例如，消费者会通过网络搜寻并比较相关产品的费用，通过亲身体验来比较购买价格、付款条件、使用中的消耗与维修费用等。当然体验经济也有负面性，这主要表现为商家不合理的营销手段，如有的商家卖手机时说顾客买 1 台可以赠送 90 元购物券，实际上是 3 张 30 元的券，用该券只能购买规定的几个品种。这样只能给人们带来负面的体验。消费者在经历过这样一次负面的体验之后，会避免同类事情再次发生。

9. 记忆性

上述特性都可能会导致一个共同的结果——消费者留下深刻的记忆。留下深刻的记忆是体验经济的结果性特征，这些记忆可以是几天、几个月、几年，甚至是终生。一次航海远行、一次极地探险、一次峡谷漂流、一次乘筏冲浪、一次高空蹦极、一次洗头按摩、一次"农家乐"，所有这些都会让体验者对体验的回忆超越体验本身。

10. 关系性

以上主要涉及的是一次性消费的情况。从长期的角度看，企业也要努力通过多次反复的交易使双方关系得到巩固和发展。如同人们需要朋友的友情一样，企业与消费者也需要建立朋友关系，以实现长期的双赢。体验经济正是这种长期关系建立的媒介，正是通过体验，使消费者更好地了解企业，企业也才能更好地服务于消费者。

上述体验经济的各项特征并不是完全孤立的，而是相互联系、相互结合的。

第二节　观光农业体验的方式

一、观光农业的体验方式

按照 B. 约瑟夫·派恩和詹姆斯·H. 吉尔摩的分类，体验的方式大体上可以分为审美体验、消遣娱乐体验、遁世体验、教育体验四大类。这些体验都是人们生活中的内在需求，农业观光体验作为体验的一种，本身已经具备了这四个方面的体验特质，能够很好地满足人们的这些体验需求。除此以外，农业观光体验还具有其他体验活动无法具备的特质——补偿体验，包括关系补偿体验、机能补偿体验、环境补偿体验和情感补偿体验。

观光农业的体验方式可以用图 5-1 直接表示。图 5-1 中横坐标表示"人的参与程度"。"被动参与"表示体验者并不直接影响事情的进展。"积极参与"表示体验者能影响这件事，从而影响体验的展示效果。纵坐标表示"联系的类型"或"环境的相关性"，它使体验者和事件成为一个整体。"吸取"是指通过使人了解体验的方式来吸引人的注意力。"沉浸"是指体验者成为切身经历的一部分。这个四分图将体验分成了四个部分——娱乐、教育、审美和遁世，它们相互兼容，形成独特的个人经历。而观光农业的独特体验方式——补偿，贯穿于这四种体验之中，使得体验经济的四分图更加完善。

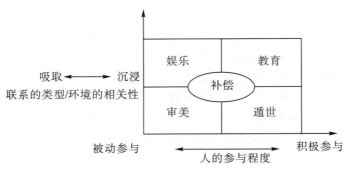

图 5-1 观光农业的体验方式图

(一) 观光农业景观的审美体验

审美体验是观光农业体验最直观、最重要的方式之一。人都有爱美的天性。人不仅喜爱人类创造的人文美，更偏爱大自然赠与的山水田园美。自然之美是生命的基因，人文之美是生命的实现，两者在不同的时段与不同的地区分别但却同等有效地满足与丰富人的身体与心灵，更为人类的身心发展带来新的契机。观光农业的景观就吸取了大自然和人文景观的精华，将两者很好地加以综合利用。审美体验往往是一种非功利性的整体感受过程，不同于那种更多的来自欲念的、世俗的感官体验，优美的田园风光、淳朴的乡风民俗、原始的田间劳作体现着自然美、人文美、人与自然和谐美，观光者沉醉其中，获得各种美的享受。这是一种独特的超功利的审美体验。

观光农业景观的审美性，如形、色、声、味，或动与静的特点，或时空变幻与主体的意识，通过西方人所说的"异质同构""移情"，或中国古人所说的"比拟""比喻"，或现代人所说的"联想""想象"，达到同一或者近似，从而启发审美主体的深层思考。此外，在观光农业体验过程中，还有诸多普通审美活动所无法企及的心理体验，即普通的审美所无法给予的"心路历程"。观光农业的体验者在动身赴目的地的路上，甚至在还没有动身只是决定动身的时候，就可能已经有了诸多美好的审美方面的期待，如对田园风光的期待、对采摘的期待、对务农的期待、对垂钓的期待，这种期待本身已经足以让人激动不已。就像谢彦君先生所言，"在出行之前，往往已经培育了浓厚的期待情怀，在心理上几乎早早地就给自己佩戴上了一副'迷己'有色眼镜，寄望于这副充满情感的有色眼镜看待一路风光"。不仅如此，有时候审美的体验可能会在此后相当长的时期内甚至终生影响一个人的情感体验，成为影响个人情感和趣味取向的本底性或积淀性因素，甚至一生中每有触动，这种情感便会再度萌发，具有普遍性、持久性和强烈性的特点。

(二) 观光农业的消遣娱乐体验

消遣娱乐体验，也称为愉悦体验，是观光农业体验者通过感受和参与已经设计好的情境活动而引发的一种体验。消遣娱乐体验与审美体验都是农业观光体验的重要方式，两者之间并没有高下之分、雅俗之别。具体而言，审美体验是一种较高层次的体验，审美效果受个人审美能力的影响，它需要体验者有相应的"解码能力"。而对于一般的观光者而言，它更多的还是一种身心放松的娱乐观光体验。体验者在观光农业中可以获得丰富多彩的愉悦体验，比如与家人在郊区或者乡村聚会，与情人在田间牵手散步，吃住在农家，甚至自己动手做农家饭、养鸡、喂鹅，获得世俗但不流俗的快乐体验。另外，都市居民还可以通过观察农事、体验农事，如采摘瓜果、水塘垂钓、玩乡村游戏等，获得在城市生活中无法获得的愉悦体验。

(三) 观光农业的遁世体验

遁世体验，也称逃避现实的体验。它不是一种消极的遁世，而是游客积极沉浸在一种特定的氛围内，短暂地逃离单调、忙碌的生活。当代都市人在现实生活中承受着太多的工作紧张和竞争压力，他们迫切希望能够回归自然，在享受田园风光的同时，短暂地忘却城市里的紧张生活，完全沉浸在体验农业生活、农事生产的乐趣之中。全身心的投入使他们获得一种解脱感。

在观光农业的体验过程中，可以说城市现代人进入了某种"虚拟公园"，各地的自然条件不同，文化基础不一，不同的游客有不同的兴趣爱好，但是总体而言，体验者在进入观光农业园区之后，都有着相似的生活，都是相对抛开了原先的文化身份，扮演起了观光农业体验者的角色，其面对的是大自然、农耕文化、乡村生活氛围和乡村生活景观环境。在这短暂的世俗逃遁中，可以放下面具来生活。不仅如此，在体验的视角下，观光农业还为人们创造了另一种生活的可能，那就是人们可以换一种自己想"成为"的角色，尽可能无拘无束地表达自己，想唱就唱，想跳就跳，一般不需要有什么顾忌，可以全方位地释放自己。

(四) 观光农业的教育体验

大自然是最好的学习资源之一。走出教室、走出办公室、走进大自然是一种有别于传统教学的有效的学习方法之一。人们在观光农业活动中，可以通过亲身观察、参与、体验，认识到生物生长的喜悦。尤其是在大城市中成长的孩子，应多到郊区和乡村中去，印证在书本中学到的知识，学习很多在书本中无法学到的知识，创造性地发挥自己的聪明才智，如制作玩具、构建鸡舍、牧场放牧等。许多发达国家观光农业的实践证明，这种教育体验对于儿童和成年人都是十分可贵的。孩子在与大自然的接触中，认识到大自然的奥秘与伟大，如亲眼见到小鸡孵化出来的过程，感受生命来源的神奇；看花粉的授粉现象与植物的生长过程，了解自然界万物之间的互动关系，认识人与自然和谐的必要性。对于长期生活在大城市中的成年人来说，这种体验也是很有必要的。在这里，他们能了解到不同于城市的事物和知识，加深对于人和自然和谐相处、生物多样性、环境保护、生态建设等方面的认识，增强社会责任感。当然，观光农业除了可以提供这种接触大自然的生态教育体验以外，还能够为广大民众提供更深层次的文化教育体验。比如，我国很多郊区农村为纪念历史人物设立了纪念性场所和一些民俗文化。纪念性人物是忠义、勇敢等的化身和代表，而民俗文化是历史传统农耕文化的重要组成部分，它们都可以对孩子和成年人起到一种潜移默化的教育作用。这种教育作用比课堂教育更加深刻和直观。

（五）观光农业的补偿体验

所谓补偿体验，就是游客自身心理和生理状态的某种匮乏可以在乡村观光中得到一定程度的补偿，从而实现人体、人格和人性的平衡。补偿理论认为，人们会选择与其日常生活完全不同的活动来平衡每天例行的单调活动，以作为心理的补偿与发泄。补偿体验包括关系补偿体验、机能补偿体验、环境补偿体验和情感补偿体验。在关系补偿方面，现代社会的"现代性"已经使得人类的社会关系日益疏离。而观光农业是一种转换空间的游憩活动，在观光农业的氛围中，人们日常生活的无趣、异化、压力和疏离感，将在农业观光中得到缓解和削减，在农业中观光也是一种真实生活的拉力。机能补偿主要体现在文化方面，如现代城市文化与古代农耕文明之间的差异导致了现代城市人对访古溯源有一定的偏好，人们总是对自己不很熟悉但又与自己有某种联系的事物怀有好奇心，这种情况在远古表现为远方崇拜、图腾崇拜，在现代表现为对过去的凭吊、对往事的缅怀。从环境补偿体验方面来看，现代都市居民基于主观的环境缺失感受，有一种潜在的需求拉动其到另一个能够使之获得补偿的地方去求得环境的平衡。而在景色优美的郊区或者乡村，城里人能够在农业观光中获得一定的景观环境和人文环境补偿。与人渴了想喝水、饿了想吃饭这些有某种明确物理方面平衡的体验有所不同的是，这种环境补偿体验不是基于客观、物理方面的缺失，而是一种主观、心理方面的缺失与补偿。在情感补偿体验方面，随着城市现代化进程的加快，自然景观与人文景观发生了历史性的变化，人们回归自然的愿望日益强烈。人们在观光农业中能够获得这种情感上的生态补偿，尽管这种补偿只能是暂时性的，甚至只能是绿色视野中一种赏心悦目的感觉，但是人们在观光农业中的这种体验依然是令人难以忘怀的。

二、观光农业体验方式的拓展

使观光农业体验者获得满意体验的关键就是要以体验者的体验为中心，采取有效的措施全面拓展体验者的体验方式，从不同的层面来满足体验者的体验要求，从而提高其满意度。

（一）优化环境与改善设施，加深感觉体验

观光农业企业已经成为观光农业的主体，要做好观光农业，终极目标就是要满足体验者的要求，最起码要满足顾客的感觉体验。感觉体验的诉求目标是创造知觉体验的感觉，它经由视觉、听觉、触觉、味觉和嗅觉发挥作用。感觉体验是顾客认识事物的最原始、最直接的方式，也是顾客最能有"感觉"地接受外界事物的方式。根据感觉体验的内容，观光农业企业应从景点布局、基础设施、环境保护、饮居条件等方面对观光农业产品加以设计或改造，以加深体验者的感觉体验。

首先，景点布局要讲究景点之间的协调性，尽量保持自然景观的特点，重视植物造景，发挥生态作用，将自然景观与人文景观完美地融合在一起，创造科学性、艺术性相结合的景观效果。景点布局还要考虑不同年龄段的消费者，创造弹性而多层次的体验空间，尽量让顾客在游览时感到舒适、自然。其次，基础公共设施应完备，设备的安装以及基本安全维护设施等要能最大限度地满足游客的舒适感。再次，环境保护方面要防止观光农业生态环境系统外部污染物质的侵入，实现生态环境系统本身的内在平衡和可持续发展，防止在观光农业生产过程中因人为因素造成的生态破坏或者环境污染，防止不合理活动对人类发展造成的不利影响。调整人与自然环境的利益关系，尽可能地降低对环境资源的掠取，让顾客体验到人与自然的和谐相处。最后，饮居条件方面要提供具有地方特色的餐饮，安全、舒适、卫生的住宿环境，带给顾客"宾至如归"的感觉。吃好、住好是玩好的前提条件，饮居设施的好坏将给顾客造成味觉、触觉、视觉和嗅觉等方面的深刻体验。

(二)重视员工培训与顾客信息利用，加强情感体验

情感体验是对感官体验的升华，这一层次的体验要让顾客感到满足，觉得物有所值，不虚此行。情感体验追求的是顾客内在的感情与情绪，其范围可以从一个温和的正面心情到欢乐、自豪甚至是强烈的激动情绪。情感体验营销需要真正了解什么刺激可以引起某种情绪，以及能使顾客自然地受到感染并融入这种情境。观光农业要加强体验者的情感体验，重视员工培训，利用好顾客信息。

首先，在员工培训方面，要对从事观光农业的人员进行一系列的培训，培养一批高素质的员工，使员工举止得体，能察言观色，既不过分热情又不过于冷漠，能与顾客保持良好的沟通。高素质的员工能使观光农业的消费过程变得富于情趣，甚至可以在一定程度上弥补其他要素的不足。其次，在顾客信息利用方面，观光农业同样要研究市场，进行市场调查，认真分析顾客的来源、构成与消费取向，建立专门的顾客信息系统，对顾客的信息进行有序的收集与分析。观光农业还应建立顾客的意见反馈系统，对顾客的意见进行分类整理。其目的就是根据顾客的消费需求，开发适销对路的项目和产品，根据顾客的合理化建议与意见来改进服务与设施，突出自己的特色，树立自己的品牌。只有以顾客为中心，开发适销对路的项目，提供个性化的体验，才会真正提升顾客的体验价值。

(三)引入乡土文化与农业科技知识，引导思维体验

思维体验与情感体验属于同一个层次，也是感官体验之后的高级层次。思维体验诉求的是智力，以创意的方式引起顾客的惊奇、兴趣及对问题集中或分散的思考，为顾客创造认知和解决问题的体验。观光农业企业首先应该提供让顾客思考的农业方面的科技知识。农业科技知识是与农业相关的科学知识，涉及农作物的栽培、施肥、病虫害的预防，还有新品种的培育、动植物的标本、水利灌溉等知识。许多农业科学知识是城市居民没有接触过的，而这些知识是他们较感兴趣的，因此可以安排一些比较专业的工作人员向顾客解说有关生态环保知识、农业科学技术知识等。通过解说，引导顾客去认识、思考、理解、获取相关知识。其次，要将区域性的乡土文化尽可能地呈现在顾客眼前。乡土文化是指乡村特有的风俗习惯、传统的节日文化、独特的建筑风格等。乡土文化的展示能满足游客对异域他乡文化的猎奇心理。一些乡土文化是漫长历史的积淀产物，带有较强的文化底蕴，能引导消费者进行创新认知，既开阔了消费者的眼界，又使消费者获得了新的知识体验。最后，提供具有解说价值的环境元素，创造寓教于乐的环境，引导顾客进行思维体验。

(四)增加项目的互动性与个性化设计，增强行为体验

行为体验是以感官体验为基础，在情感体验和思维体验这一层次体验之上的又一层次的体验。这一层次的体验要让顾客感到物超所值，即体验感受超过了其预期的效果。行为体验是指影响身体的有形体验、企业与顾客的互动体验等。观光农业企业应该引导顾客去行动，体验个性的自由和过程的快乐。行为体验比前面的感觉体验、情感体验和思维体验更能让顾客印象深刻。观光农业企业应针对消费市场的新特点，增强互动参与性，创造性地开发出更加个性化的体验式产品，以满足体验经济时代的顾客要求。

首先，项目设计更具有互动性。项目互动性设计是指观光农业企业为顾客设计一些项目让顾客之间以及顾客与企业之间能够产生互动。自娱自乐很难达到娱乐的效果，相识的或不相识的顾客通过共同参与一些项目活动才可能把自己的快乐传递给他人或分享他人的快乐，使快乐成倍增长。其次，项目设计更加个性化。项目个性化设计要求观光农业企业能针对不同年龄、不同性别、不同性格爱好的人设计出相应的、个性化的活动项目。不同类别的人偏好不同的活动项目，如有的喜欢刺激性强的体验，有的喜欢趣味性强的体验，有的喜欢高难度的体验。顾客只有选择自己偏好的活动项目，才会有更深的、更满意的体验。随着人们度假需求的增长，观光农业由以观光为主逐渐向以度假休闲体验为主的方向发展。因此，观光农业产品应尽量进行体验化的设计，以吸引顾客参与和获取体验的高经济附加值，并提高顾客的重复消费频率。观光农业产品体验化设计的根本原则就是应体现人与自然、文化与环境的和谐共生，其具体设计导向就是让顾客在差异化观光农业体验和活动参与中追求身心享受，获得难以忘怀的经历和回忆。

(五)建立企业品牌与打造企业文化，促进关联体验

关联体验是在行为体验之上的又一个层次的体验。这一层次的体验要使顾客获得意想不到的效果，感到非常满意。这一体验最能使顾客在心中树立品牌，增加重游率。关联体验是在感觉体验、情感体验、思维体验与行为体验的基础上产生的，是体验的最高层次。观光农业企业应该让顾客的认知超越产品本身而去体验与企业相关联的品牌、文化和价值等。观光农业企业应尽量创造感性的、生态的环境，让人们回归自然，感受农村特有的精神和心理享受，打造企业文化，建立企业品牌。

具体而言，在企业文化方面，企业文化带给顾客的体验是长远的和深层次的。如果企业是以生态保护，乡村文化的继承、发扬，农业科技知识的传播、发展，人们的健康成长作为出发点来经营企业，而不是唯利是图，以破坏自然环境为代价换取企业的利润，那么，这种企业文化就是积极向上的，这种企业文化体验会激励人们积极向上、健康发展。在企业品牌方面，企业品牌反映了企业经营的综合实力，是企业文化、经营水平、经营理

念、经营实力等方面的整体表现。好的企业品牌能满足顾客自我实现的心理需求，能为顾客挣面子，使顾客自身的价值、身份、地位得到体现。因此，观光农业企业也要注重品牌的建立。

第三节　观光农业体验的价值

一、观光农业的体验价值

(一)观光农业的体验提升经济价值

经济价值的提升，是观光农业体验的首要价值，是观光农业完成了传统农业改善价值、延伸价值的阶段之后的一次飞跃。经济学通常假定人们都是理性消费者，但不断演进的消费实践表明，消费者往往并不是完全理性的。当代都市居民的消费越来越多地受到消费体验的影响，而非对产品特点和价值的理性认知。另外，从理论上说，人们消费商品和服务愿意支付的价格越来越取决于对商品和服务的价值判断。人们衡量价值的标准既有客观的，也有主观的。客观价值的形成基于其核心产品(包括服务)的供求关系、规模数量、制造时间等，是可见和可以度量的，产品的效能和对消费者成本的节约也是可以参照衡量的。但主观价值则不然，它是难以度量的。对于产品客观价值和主观价值的综合判断，并且提升产品的经济价值是观光农业体验的一个突出特点。

让我们来看一种真实的产品：普通绿茶。通常茶农在收获绿茶时的价格是 10.60~20 元/千克，加上加工费 0.38 元/千克，差旅费 0.10 元/千克，杂费分摊 0.05 元/千克，制作成成品茶叶的价格是 11.13~20.53 元/千克，0.5 千克茶叶可以泡 70~100 泡，大致可以换算成 0.22~0.59 元/杯(定价取决于品种)。[①] 当绿茶成为一种商品，被加上包装、品牌在商店里出售时，消费者购买绿茶，自己冲泡，其价格就会变成 1~10 元/杯。然而当绿茶这种商品与更多服务相结合时，如在街头茶吧或者某个商务会所、五星级酒店，一杯绿茶的价格就会上升至 100~200 元。当服务上升为体验的时候，如到观光农庄去亲手采摘、烘焙、泡制绿茶，体验绿茶成为饮用茶的全过程，一杯茶的价格就可能变成 300~600 元。因为在观光农业的体验中，融入了一种更高的格调和放松的心情，使消费者感受到大自然的氛围，因此，绿茶具体价格取决于绿茶在何处或者何种行业出售。绿茶可以是四种经济提供物的任何一种——产品、商品、服务、体验。不同的提供物，顾客为之付出截然不同的价格，并且价格是逐渐递增的(见图 5-2)。这就说明观光农业的体验使得一种普通产品上升到第四个层次，即旨在为体验者提供不同的体验，而不是单纯地销售绿茶，通过使最初产品提高层次，增加价值，从而提高其价格。

---

① 吕永康、李光涛：《云南思茅烘青毛茶茶坯加工中经济成本核算》，《茶业通报》2007 年第 29 期，第 75~76 页。

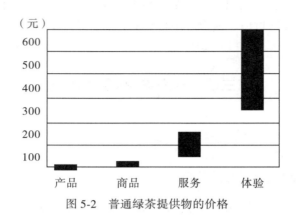

图 5-2 普通绿茶提供物的价格

(二)观光农业的体验全面体现顾客价值

在微观经济运行中，人们认定的顾客价值表现为顾客效用与顾客成本的比较。顾客购买商品和劳务的效用(使用效用、精神效用、满意效用和记忆效用)越高，支付的成本(货币成本、时间成本、体力成本和精力成本)越低，顾客所获得的价值越高，顾客的满意度也就越高。在非体验经济的环境中，顾客价值的获取是具有统一性、模式性的。这时企业所考虑的是总体的顾客价值，而对于具体的顾客 A 或顾客 B 所获得的个别价值的多少，企业不做研究。因此，这里的顾客价值仍然是从规模经济的角度进行思考的。

观光农业体验的顾客价值不仅体现在规模经济方面，而且是针对目标市场中每一类别顾客的个别价值提出的。它要求在企业的经济运行中，使每一类顾客都能获得满意的价值，因此观光农业产品是按照特定顾客的具体需求和特征量身定制的。量身定制可以保证每一类顾客的满意度和个别价值的最大化。因为量身定制是特定的，具有个别的适应性，它带给特定顾客自豪的、难忘的感受，具有表现力和珍藏价值，所以这种定制不能用生产和服务成本进行衡量，只能以顾客感受进行衡量。这种量身定制的最大特点就是差别化，并且差别化也是今后体验经济运行的趋势。例如，观光农业企业可以根据顾客的年龄将顾客分为青少年、成年、老年三个类别，在寓教于乐、观光放松的前提下，有针对性地建设儿童乐园、市民农园、老人农园等有特色的主题园区，让不同年龄段的观光体验者有机会在田园空间中展示才华，让某些创意变成现实。这与事先安排好活动，只是机械地让体验者参加不同，因为这个参加创意的过程可以让体验者参与设计、满足需求、实现消费目标、形成美好记忆。顾客购买行为的目标是效用极大化，由此顾客的满意度就会随之提高。只有观光农业体验经济才能产生这样的效果。

(三)观光农业的体验全面提升企业的品牌价值

企业品牌价值是一种超越企业实体、产品与服务，能在企业的市场运行中予以收回的价值。它通过企业定位水准和定位理念得以提升，通过顾客满意度和顾客效用的提升得以获得回报。其运行思路如下：首先针对市场需求设计产品与服务；其次通过产品创新而创造需求，再通过需求与销售的转换巩固品牌的市场优势，继而通过顾客满意度的提升实现品牌价值；最后通过品牌战略的确定提升品牌形象与地位。这一运行思路在规模经济条件下无疑促进了企业品牌的发展和品牌价值的提升，但它不适应于体验经济条件下农业观光企业品牌价值的展示与实现。

体验经济条件下的观光农业企业品牌价值，从内涵上看与一般认定的品牌价值相同，问题在于如何寻求品牌价值运行的切入点，如何实现品牌价值的选择路径以及品牌价值的实现程度。相比之下，体验经济视角下的观光农业的品牌价值也更具有针对性、参与性与促进性。

首先，观光农业体验提升品牌价值更具有针对性。这是因为其与一般意义上的品牌价值在起点方面不同。一般意义上的品牌价值的实现起始于针对市场需求的产品设计与服务，一开始就切入企业的实体运行。而观光农业体验经济条件下的品牌价值的实现起始于从策划者的思想宝库中挖掘出的思路，即通过市场调查之后，针对目标市场的特征与要求而设计的农业体验运行思路、程序和方法，因而更具有针对性。

其次，观光农业体验提升品牌价值更具有参与性。这是就运行过程的差异而言的。一般意义上的品牌运行，其运行主体是企业，企业为自己品牌的培育、品牌价值的提升、品牌信誉度及美誉度的建立等实施各种手段，包括管理手段、营销手段、公关手段等，其间的顾客参与度是有限的。而观光农业体验经济条件下的品牌运行，其运行过程始终以农业体验的顾客为中心，顾客是品牌价值运行的主体。品牌运行的整个过程，包括阶段性的品牌升级与对品牌运行走势的把握，均以顾客参与度达到极大化为标准。顾客对品牌运行的参与度越高，品牌的价值实现程度才会越大。

最后，观光农业体验提升品牌价值更具有促进性。这是就运行结果的差异而言的。一般意义上的品牌运行，以品牌的市场价值实现程度为目标，市场占有率越高，市场现金流越充足，品牌价值的实现程度就越大。这样运行的品牌价值实现作为短期效益可能会很理想，但对于永久品牌的市场支撑力就很难判定和把握。而观光农业体验经济条件下的品牌运行，不仅要以品牌的市场价值实现为目标，保证市场占有率的提高和市场现金流的充足，更主要的目标还在于使顾客在参与企业品牌的市场运行中通过"体验"创造、"体验"运行与"体验"消费获取值得珍藏的美好记忆，这种美好的记忆对于企业的品牌延伸、品牌升级、品牌价值的稳定提高和永久发展起到积极的促进作用。因此，体验在企业品牌价值实现程度和长久发展中占据着不可替代的地位，拥有着非凡的价值。

(四) 观光农业的体验全面实现消费价值

消费价值是消费者付出的费用所带来的效用。观光农业的消费价值体现为能够满足体验者的精神性特征、参与性特征、难忘性特征，而这些特征的满足正是通过观光农业经营者的情感化、人性化、长久化的设计来实现的。

首先，观光农业强调情感化设计，突出精神性特征。随着人类社会进入文化消费与精神消费时代，最高层面上的互动还是来源于人与产品的情感交流。在体验经济的理念下，观光农业强调突出具有抒情价值、能引起种种诗意反应的产品和服务。其以农业为依托设计的主题，将人们已有的对农业的经验与新知识衔接、贯通，并帮助主体完成认识升华的过程，引导主体从物境到情境，从情境再到意境的变迁，并感悟人的情感消费体验。

其次，观光农业强调人性化设计，突出参与性特征。体验经济本身是一种开放性、互动性的经济，体验设计的终极目标之一便是人的自主性。差异性、人性化成为人们选购产品的价值取向，现代设计主义者也提出了"以人为本"的基本理念，只有在体验经济下，人们的需求才是高度人性化的。观光农业的体验者就是根据自己的个性需要组合选取合适的体验，观光农业的经营者也是按照体验者的这些需求进行有针对性的设计和组合，甚至有的体验可以让体验者全程参与其中，使其身心体智与筹划事件之间进行互动。

最后，观光农业强调长久化设计，突出难忘性特征。观光农业体验经济的消费周期很短，可能以天为单位，有的可能以小时为单位。但任何一次短暂的体验都会给体验者留下深刻的烙印，如几个月、几年的回忆，或是终生的回味与评价，而且体验者对体验的回忆将超越体验本身，并让所体验到的内容深深地、长久地留在体验者的脑海里。并且体验者会积极传播那些美好事物和经历，形成良好口碑，产生放大效应，从而会使观光农业原有的价值不断提升。

二、观光农业体验价值拓展

（一）重视提供观光服务的同时更多地关心游客体验

在我国，尽管各地或多或少地出现了体验观光农业的项目，但总体而言，乡村观光项目目前普遍停留在吃、玩、住等较低层次的观光娱乐阶段，停留在普通观光的基本层面和满足物质需求的采摘层面上，不太注意丰富和提高观光的活动层次。许多乡村景区的经营者依然把来此消费的游客视为传统的乡村观光、走马观花式的游客。在观光农业经营区（点）开发中，经营者关注的多是景点的建设。其实，在体验经济的视角下，传统的游玩吸引物的地位将大大削弱，整体的乡村景观环境、特定的服务和设施质量、共同营造的独特的情境氛围将更为重要。都市居民到乡下，特别渴望能参与某些令人心动的活动，积极体验和参与的意识明显在强化。所以，观光产品供给方应尽可能地安排丰富多彩的可参与性活动，这既是一种娱乐，又可延长乡村观光者的停留时间，从而提高乡村观光农业的经济效益。

（二）努力保护乡村体验资源和农耕文化特质

乡土情结是人们进行农业观光的根本动机。但目前各地还存在盲目地引入与当地传统文化不和谐的"异质文化"现象，如在传统村落甚至是古村落中修建星级宾馆，将有特色的传统民居拆迁整修成洋房，这无疑是"自杀"行为。一些本来很有优势的村落，包括自然条件优势、村落文化资源优势、交通条件优势，却没有在发挥优势上做文章，而是按自己不科学的认知，盲目地迎合他们理解的都市居民的"胃口"。以住宿为例，多数都市居民周末到农村观光居住，并不是为了住高级宾馆，只要安全、卫生，多数都市居民还是愿意住在传统民宅和农家院里。以此观之，部分农民有意把民宅装修得像城市宾馆，就是一种不可持续发展的行为。一些地方的观光农业在规划设计、设施设备、管理服务各方面盲目追求城市化接待标准，甚至不珍惜宝贵的自然资源和乡村特色，大兴土木，将乡村观光点建设成为一个个小城镇，从而大大损害和降低了观光农业原生的高经济附加体验价值，扭曲了观光农业的本质。有的地方以村委会的名义甚至地方乡镇政府名义，把一些本来很有乡土味的民宅和民俗资源改造得面目全非，从而失去了乡村性和农耕性。一些古村落为了都市居民的私家汽车进入方便，把村里本有的青石板羊肠小道废掉，代之以宽广的水泥路，也同样极大地破坏了整体环境的"乡村性"。还有一些小规模的由都市居民投资的所谓的观光农业景点景区，并不是真正的乡村和农业景观。这些景点景区只有面积很小的稻田，数量很少的禽畜，人为地隔离和远离了一望无际的田野，远离了村头河边戏水的鸭子，看不到大片的蔬菜果树，游客在此没有真正的乡村体验，更缺乏千百年积淀的"农耕文化"。这种短视和不科学的做法，将导致乡土气息的浓郁性和真实性受到极大的破坏，因而也就从根本上破坏了乡村的体验资源。

在当代，我国的发展遵循的是民族特色道路，因为只有民族的才是世界的。同理，要建设观光农业，必须努力保护乡村体验资源和农耕文化特质，只有符合农业原来面貌和本质的东西才是体验者真正想要的，也只有充分挖掘农业资源内部的文化和资源，建设具有观光农业特色的观光场所和项目，才能拓展观光农业的内在价值。

（三）彰显体验要素，不断丰富乡村观光的体验内涵

同质观光产品过剩，企业形象定位模糊，是目前观光农业产业中存在的普遍现象。一些地方同质化项目高密度聚集，也不能和相邻区域的观光产品区别开来，景点雷同，无法在观光者心中产生背景替代效应，从而严重影响了区域差异化的形成。体验要素的凸显将导致观光资源和观光空间的"诱致性蔓生"，为观光产业的发展带来一种"诱致性的资源变迁"。体验需求大大拓展了乡村观光空间，也就是大大促进了乡村观光产业的发展。基于对体验经济价值的认知，乡村观光产业创新发展的战略选择应是丰富体验产品和创新体验产品。乡村观光项目经营和开发必须坚持保护"三乡三土"特色和农耕文化的"守旧创新"原则。所谓"三乡"是指乡野环境、乡风民俗、乡村生活。这是乡村对大都市人最具吸引力的地方，也是乡村观光产品最大的卖点，是观光农业的立本之源、发展之基。与此同时，乡村观光项目的经营和开发还要坚守"三土"原则，即本土资源、本土体验和本土特色。我国一些地方"引进"了某些洋乡村景致，如搭建"荷兰风车木屋""爱斯基摩冰屋""印第安人部落景观"等，尽管从观光的角度看不失为重要的乡村性体验资源，但与本土环境不协调，缺乏空间大环境的支持，体验的真实性大打折扣，不宜提倡。而农耕器具、灌溉设施、水车与水磨更容易让观光者"进入"体验空间。此外，乡村观光核心产品的组成要素应包括景观资源与设施、活动主题与体验氛围、剧场服务与宾主互动三个方面。其中剧场服务与宾主互动尤为重要，乡村观光景区或活动场所应努力建成一个快乐剧场，让观光者与当地村民、企业员工在这里有机会共同"演出"，而不再是单纯地强调把顾客当作"上帝"那样供奉。

（四）避免城市化，通过服务传递体验

观光农业体现的是农耕文明，让现代人追求一种与城市化的生活不一样的生活，最需要避免的一点就是"城市化"，即在规划设计、设施设备、管理服务等方面避免盲目追求城市化接待标准，珍惜城郊和乡村宝贵的自然资源和乡村特色，切忌大兴土木，将乡村观光点建设成为一个个小城镇，这样会大大损害和降低乡村观光原生的高经济附加体验价值，扭曲观光农业的本质。

服务是观光农业经营者用以展示和传递体验的天然平台，是连接经营者和体验者之间的纽带。实际上观光农业的从业人员本身也在进行一种体验，这种体验不仅可以提高工作的效率和创造性，还可以更好地稳定人们之间的关系，起到沟通、协调等作用。观光农业体验是互动的，所以必须充分重视内部体验氛围的营造，加强员工之间的情感、尊重和成就方面的体验，这样才能形成与游客的良好互动，共同创造令游客难忘的深刻体验，拓展观光农业的体验价值。

第四节　观光农业体验活动设计

乡村旅游以乡村的自然风光、民俗风情、生态环境、农事活动与历史古迹等为旅游吸引物，主要以城市居民为目标消费者，以此满足游客的休闲度假、审美求异、考察学习和娱乐等需求。因此，乡村旅游的体验设计，要抓住人们参与乡村旅游的动机，根据旅客的参与程度和与环境的相关性的不同，设计不同的体验活动。

一、组合创新

这是指将旅游地各种体验元素加以组合更新，提炼出合适的体验主题，并构造出具备特殊意象的体验场景和活动项目，从而实现各项体验因素的载体化和物质化，设计出体验型旅游产品系列。构思一个良好的体验主题，意味着为一个参与性的故事撰写剧本，为剧情的发展提供线索，并由此展开体验的剧情。好的主题还能加强旅游者在活动中的综合体验，并让其留下深刻的印象，提高旅游产品的活动品位和体验价值。主题来源于旅游地的各种特殊文化形态。旅游地的文化形态要富有独特性和本土化等特点，并且要具有感召力和实践性，使产品具有感知性和稀缺性，从而有利于体验活动的开展。成功体验的关键在于发现真正可以打动旅游者的好的创意主题。由于我国乡村旅游发展所依托的资源的差异性很大，所以体验主题应该因地制宜，即必须符合乡村本身的特色，与乡村的自然、人文、历史背景相吻合，主题设计要素要与体验的事件相一致。比如借助于紧邻城市的区位优势开发的城市居民旅游，其资源优势主要是自然环境，其产品要素是兼有观光休闲，以"农家乐""渔家乐""山里人家"等产品为代表。湖北宜昌杨家溪景区的体验主题就是按照其自身的特点来提炼的："山上人家""水上人家""溪边人家"和"今日人家"，将当地乡村旅游风情表现得淋漓尽致。在确定体验主题后，就应该进行主题加强，形成鲜明的主题印象。在此过程中，要尽量让旅游者在旅游产品的情境中感觉到原汁原味。例如，湖北的洪

湖生态园为了营造并强化渔家气氛，在长满荷花的湖心和湖岸设计了许多外土内洋的"情人小草屋"，外面是由茅草搭建的，里面是依照三星级标准设计的情侣宾馆，"情人小草屋"附近有许多原汁原味的钓鱼台，湖中荷花中间的小路都是以竹子为原料搭建而成的。

二、营造氛围

体验式乡村旅游离不开一定的场景和氛围。要营造一个真实的体验氛围需要一定的载体，也就是利用现有的乡村旅游体验资源构建体验场景和舞台，给游客一个真实的体验环境，包括乡村饮食、乡村民居、乡村娱乐与日常的乡村生活方式等。古朴自然的民居、农家日常的生活与休闲娱乐方式、自然的农耕活动场所、富有浓郁乡土气息的民俗都可以构成体验的载体。例如，日本长野县饭山市充分利用当地的区域特色，兴建了30多个具有当地民俗、民风特点的和屋宾馆。在古典风格的建筑里，摆放着古色古香的小木几和洁净的榻榻米，经过一天游玩的旅游者，可以穿着舒适的和服，享受古老的坑火烤鱼和当地自产的各种菜肴、糕点，品尝清淡的传统米酒、浓香的茶水，观赏雄浑豪放的民间大鼓，享受水温高达40℃的温泉浴。这些因素使得乡村旅游开发兼具民族特色、文化特色和体验特色。在体验场景设计中，要挖掘乡村旅游资源的文化内涵，进行特色营销。乡村旅游是一种文化含量很高的旅游形式。我国乡村除了美丽的自然旅游资源之外，最能吸引旅游者的就是淳朴、神秘的人文旅游资源。我国广大乡村出产的各种艺术品，如年画、刺绣、泥人、面人等，总是因为它们浓郁的乡土气息而深受大家喜爱。民间自古流传的各种神话故事、奇闻逸事、笑话趣谈总能令游客在品尝各地美食之时为之动情，如痴如醉。当然，布局精巧的乡间传统民居建筑同样令人流连忘返。贵州苗寨的吊脚楼、黄土高原的窑洞、内蒙古草原的蒙古包等都是令人神往的憩息场所。富有特色的乡村传统劳作也是吸引游客的方式。像驴拉磨、牛碾谷、木机织布、水车灌溉、摘茶叶、采莲藕等，无一不充满田园生活情趣。

三、设计互动

体验设计要营造游客参与、互动的氛围。乡村旅游为了吸引更多的消费者，就必须把特色体验产品以某种活动或某种展示的方式表现出来，鼓励消费者参与其中。在实际的操作过程中，应主要考虑当地的地理条件、风土人情、消费者的需求以及活动产生的效果等问题，而且要特别强调消费者在活动中会得到什么样的体验、消费者的需求是否被满足等。为了强化参与的体验性，可以让游客亲自参与乡村生活、生产的某一过程，比如游客可以住农家院、吃农家饭，感受浓浓的乡情和淳朴的民风；还可以下地采摘瓜果、上山挖野菜，甚至自己动手制作豆腐、采蘑菇等，切实体验劳动的艰辛和创造的喜悦。游客可通过观察、模仿、习作，显示自己的某种能力，将想象变为现实。这种参与型旅游产品会使游客一直沉浸在一种愉快的心情当中，获得极大的满足与放松，并能牢牢地吸引游客，增强体验营销的持久性。如湖南常熟虞山林场举办的杨梅节，把林场观光和杨梅的采摘、品尝结合到一块，让消费者在观光的同时体验采摘的乐趣，在体验中消费，在购买中得到欢乐。通过这样的活动，消费者得到的不仅是采摘到的杨梅，更多的是采摘、品尝时的体验。杨梅就是消费者可资回忆的典型物品，一旦消费者看到杨梅，很可能就会想到林场，会考虑到林场旅游，这样消费者的需求就被有效地激发出来。筹划、举办特色体验活动，可使消费者得到更多的乐趣。利用民俗，如乡村特色食物、乡村歌舞、婚俗、地方民乐，或者发生在当地的特定历史事件，让旅游者亲身参与相关的旅游项目进行体验，会获得比观赏更好的效果。例如，湖北省洪湖市瞿家湾因洪湖赤卫队名扬天下，许多游客因为洪湖赤卫队的故事而来到瞿家湾，而洪湖蓝田生态园就在浩瀚的洪湖之上、茂密的芦苇之间设置了专门的体验项目，使游客可以参与演绎洪湖赤卫队的故事。

四、强化审美

迎合审美情趣，开发审美型的体验旅游产品十分必要。乡村旅游必须走体验式的发展道路，但由于许多乡村地处山区，缺少发展第一、二产业的自然条件，又不具备交通优势，开展旅游业容易受到各种外因的限制。但正是这种封闭使当地保留着原始而优美的自然环境、传统的农耕文化和淳厚的民族习俗，适合开展可深入欣赏、体会人文生态景观和原始乡村习俗的旅游活动。旅游者通过感觉和知觉捕捉美好景物的声、色、形而获得愉悦，继而通过理性思维和丰富想象体会乡村景物的精粹，由外及内体验美好的感觉。乡村旅游资源中的人文景观的魅力在于其强烈的艺术性和独特性，蕴藏着很多体验的元素和内涵。例如，因唐诗"两水夹明镜，双桥落彩虹"而得名的宋代古桥——彩虹桥，是婺源廊桥的代表作。旅游者到达彩虹桥时，就会联想到诗中的意境。江湾村中至今还较完好地保存着三省堂、敦崇堂、培心堂等古老的徽派建筑，看到建筑物的设计形式和特征，会令人想起当年徽商的经营理念和生活方式。这些无一不是美的享受。

表 5-2 对农业体验项目及其内容进行了汇总。

表 5-2 农业体验项目与内容

农业体验项目	体验内容
农事体验	农业习作、农耕操作、农副产品加工、手工艺制作、渔猎等
农业观光	科技园区、农业园区、田园、农田、果园、梯田、水乡、草原、村落等
乡村民宿	乡村生活、吃农家饭、住农家院、睡农家炕、干农家活等
农家活动	耕种、灌溉、收获、收割、采摘、放烟火等
民俗节庆	民族节庆、当地节庆、民间祭祀、文化崇拜、手工艺制作、年画制作、农业嘉年华、丰收节庆、各种采摘节等
回归自然	田园风光、山林野景、乡村生活、远离尘世、慢节奏生活等
教育体验	农业劳动、农村生活体验、科技农业生产、生态农业展示、科学研究等

第五节 体验经济时代的观光农业产品开发

体验经济的发展，使观光农业为消费者充分发挥想象力提供了巨大的舞台。体验经济是顾客经济，体验经济的运行始终以顾客的自我实现为中心。体验经济对于观光农业而言，既是机遇，又是挑战。观光农业应积极开拓"感受农业""感受农村"等新产品，对现有农业产品进行重新组合，突出强调"感受"在产品中的位置，创造美好的观光农业体验，使消费者达到自我实现层次。因此，观光农业产品开发应考虑以下思路。

（1）在开发理念上，从满足消费者需要到满足消费者欲望和增加消费者体验。观光农业产品是一种享受型的产品，应重视消费者的精神和心理的满足，体会消费者的要求与感受，通过观光农业产品的设计体现体验式产品的魅力与价值。

（2）产品开发重视旅游消费者的个性化及情感需求。在体验经济时代，为达到产品的差异化、多样化及个性化，观光农业必须以消费者的心理特征、生活方式、生活态度和行为模式为基础设计、销售紧扣人们的精神需求的观光农业产品，使产品和服务能引起消费者的遐想和共鸣，强化"量身打造"的个性化产品，为消费者带来与众不同的体验。

（3）产品开发突出消费者的参与性、互动性。在体验经济时代，观光农业产品的开发不仅要强调观光农业企业与消费者之间的互动，更要调动消费者与消费者的互动。互动式观光农业产品不仅可以建立企业与消费者之间的稳定关系，而且使消费者的"体验"意识得以增强，去"体验"观光农业企业真实的一面，培养消费者忠诚度。

（4）体验主题化，强化体验的品牌形象。主题是体验的基础和灵魂。有诱惑力的主题可以调整观光农业消费者对观光农业产品的现实感受，主题鲜明的观光农业产品能充分调动消费者的感觉器官，使之留下难忘的经历，强化观光农业的体验。体验主题化是指观光农业为消费者制作的"体验物"或"体验"系列以一条明确的主线串连起来，并与观光农业的品牌定位融为一体，以带给消费者整体感和统一性，产生感应与联想效应。体验经济要求观光农业推出的"体验物"内涵清晰、思路明确，对消费者的选择与接纳有启迪性、诱导性。这必然要求观光农业产品具有明确的主题，并将这一主题贯穿于整个观光农业活动之中。

（5）观光农业产品开发应广泛采用现代科学技术。广泛采用科学技术是观光农业产品开发的普遍趋势。事实证明，科学技术，如立体栽培技术、无土栽培技术、南果北种技术、转基因技术等的应用与推广，已对观光农业产生了革命性的影响。受益于科学技术的应用与推广，一些农业产品带给消费者的感官以巨大的刺激，使其经久难忘。因此，高科技型农业产品的开发是观光农业适应体验经济的重要举措。

（6）关注绿色消费，开发绿色观光农业产品。绿色消费是一种可持续的消费。进入体验经济时代，消费者对绿色产品的追求和环保意识不断加强，因此，观光农业应考虑产品开发与社会以及人类环境的协调，开发有益于自然与社会的可持续发展以及有利于消费者自身健康的产品，突出观光农业产品的绿色文化内涵，追求永远绿色的观光农业服务与产品体验。

（7）拓展节日文化型观光农业产品。每个民族和地区都有自己的传统，传统观念对人们的消费行为具有无形的影响。节日在丰富人们的精神文化生活、调节生活节奏的同时，还深刻影响着消费者的消费行为。观光农业应特别关注体验经济时代节日消费的特点，充分挖掘节日文化的内涵，精心构思，大胆创新，拓展以农业为主要内容的节日文化型观光农业产品。

◎ **思考题**

　　1. 简述体验经济的产生过程及特征。
　　2. 请结合亲身经历，谈谈你所经历过的体验经济。
　　3. 观光农业体验方式有哪几种？
　　4. 结合本地农业资源禀赋，谈谈如何拓展本地观光农业方式。

第六章　中外观光农业发展概述

◎ **本章提要**

　　观光农业是农业与社会经济发展到一定阶段的产物，中外观光农业发展形态各异，各具优势与内涵，学习、借鉴进而创新发展是本章的主要目的。本章主要介绍以下内容：

- 国外观光农业发展的历程；
- 观光农业大国发展的现状；
- 欧美国家观光农业发展的基本特征；
- 中国观光农业的发展；
- 中国观光农业的发展历程。

◎ **学习目标**

　　通过本章的学习，你应能：

- 了解国外观光农业发展的历程；
- 掌握国外观光农业发展的特征；
- 了解国内观光农业发展的状况。

　　观光农业因其具有促进农村传统产业结构优化转型、提供城市游客观光休闲便利、增加农民收入和繁荣乡村经济、改善农村生产与生活环境、促成农业剩余劳动力合理转移等作用，早在 150 年前就受到欧洲一些国家及其政府的高度重视与推崇。在观光农业百余年发展历程中，已由最初萌芽阶段，经过观光采摘和体验度假阶段，发展到目前的租赁农园阶段。观光农业活动内容丰富多彩，产品类型日臻完善，在不同国家和地区形成了自己鲜明的发展模式与特色，并且在欧洲、北美、东亚、澳洲等经济发达国家和地区率先达到较高的产业化水平。

　　中国观光农业发展始于 20 世纪 80 年代，其历程是跟国家推行改革开放政策进程同步的，并在改革过程中逐步形成了中国特色与发展模式，但发展不平衡。我国台湾地区观光农业发展历程基本上是与国际接轨且同步的，其特点是起步早、投入大、重视汲取国际先进经验、产品类型丰富，达到了国际先进水平。

第一节　国外观光农业的发展

欧洲成为全球观光农业的发源地不是偶然的，这跟欧洲农业经济发达，较早遭遇传统农业转型挑战和受欧洲文化传统影响深刻有关。法国沿海地区和德国山区是欧洲观光农业的最早起源地域。19世纪中期，欧洲出现了有组织的观光农业活动。从1855年法国议员欧贝尔邀请贵族到巴黎郊外农村野餐度假，到1863年托马斯库克组织第一个包价旅游团到瑞士乡村旅游，再到1865年意大利成立"农业与旅游全国协会"，标志着观光农业在欧洲的萌芽。20世纪30年代，匈牙利率先将民族文化融入观光农业活动。20世纪50年代起，欧洲观光农业跨入大发展阶段。20世纪60年代，西班牙政府成功将庄园闲置房改造为"国营客栈"，用于留宿过往游客，示范作用明显。欧洲其他国家纷纷效仿，大规模兴建"民宿农庄"或"度假农庄"。内容丰富多彩的观光农业活动，从本质特征上可归纳为三个层次：观赏乡村景观；参与农事活动，感受农家生活；体验乡风民俗。同时，欧式观光农业发展模式很快传入北美洲、亚洲，在美国、日本也出现了"观光牧场"和"度假农庄"。20世纪80年代至90年代，欧洲、北美、东亚发达国家和地区的观光农业步入成熟期，观光农业活动的内容与形式更趋民族化、多元化，具有相当的产业规模，已走上规范化发展道路。21世纪初，在中欧和东亚少数经济发达国家和地区出现了"租赁农园"，标志着观光农业发展达到了新的高度与水平。

一、国外观光农业发展历程

20世纪中后期以来，发达国家政府开始重视并推动观光农业功能的发掘和农业景观的培育建设。它以自然生态资源和田园景观为依托，结合农林牧副渔生产、农业经营活动、农家生活与民俗节庆等内容，逐渐形成一个带有鲜明农业特色的产业形态，也是一种汇集养生观光、田园观光、农村生活体验为一体的专项旅游产品。

一种普遍的观点认为，观光农业在欧盟、美国、日本等发达国家和地区的发展，大致经历了萌芽、观光、度假、租赁四个阶段。

（一）萌芽阶段

19世纪中期至20世纪中期是观光农业的萌芽阶段。在这一时期还没有产生"观光农业"这一明确概念，也没有规划专门的"观光农业区"。它仅仅被界定为旅游业的一个观光项目，城市居民去农村旅游，观赏田园景色，在农民家中食宿劳作，或在农家土地上搭起帐篷野营玩乐，农家没有专门配置接待城市游客的建筑物、服务设施和娱乐项目。农民只是收取游客少量的食宿费用，也谈不上有任何管理行为。

（二）观光阶段

20世纪中期至80年代为观光农业的观光阶段，出现了具有特殊观光职能的"观光农园"，当时观光项目主要集中在农牧场和人造公园。观光农园不仅包含了农林牧副渔等生产活动内容，而且采取了以观光为主、食宿游购结合的多种经营方式。农园开放期间，游客只需购买一张门票，便可在风格迥异的农园里自由地欣赏田园风景，品尝新鲜瓜果。

(三) 度假阶段

观光农业的度假阶段始于20世纪80年代。该阶段出现了娱乐和服务设施更完备的"观光农园"，增添了观光舒适性，强化了游客参与农活的趣味性，改变了单纯观光的性质。通过接待城市居民下乡度假，农村环境和农户经济条件得到了明显改善。

(四) 租赁阶段

21世纪初，观光农业发展到租赁阶段。一些农场主将大农园划分成若干小地块，分别租赁给来自城市的个人、家庭或团体，平时由农场主自己或雇人照料农园，到假日则交给承包人自营享用，既满足了城市居民体验农趣的需求，又稳定地增加了农园主人的经济收入。

观光农业的产生与发展，受制于自然环境条件和经济发达水平等诸多因素，因此它在全世界各个国家和地区的发展，无论在时间上还是在地域上都是不平衡的。欧盟、美国、日本等发达国家和地区观光农业的发展不仅起步早，制度完备规范，而且已形成产业规模。但是包括中国在内的大多数发展中国家的观光农业发展尚处于探索与起步阶段。

二、观光农业大国发展现状

(一) 欧洲地区的观光农业

在欧洲，观光农业的发展不仅有着悠久的历史，而且更多地体现出旅游的功能，是当地旅游业的重要组成部分，故而也称"乡村旅游"。一般认为，法国和德国是欧洲乃至全球观光农业最重要的起源国家。意大利则是发展有组织观光农业活动的最重要的国家。

1. 法国观光农业

法国是欧洲乃至全球观光农业最重要的起源国家之一。早在1855年，法国参议员欧贝尔就邀请几位贵族来到巴黎郊外的农村度假，创造性地提出"乡村旅游"构想。他们自己烧烤野味，划船游玩，学习制作农家食品，伐木种树，欣赏鱼鸟，学习养羊，与当地农民同吃同住。这个时期的观光农业(乡村旅游)具有普及性不强和贵族化的特点。

到了第二次世界大战后，法国农村的整体发展水平很低，农村空心化现象严重，农村人口老龄化、人口密度稀疏的问题越来越明显。19世纪法国的农村人口有800万，到了1990年就只有70万了。为消除地区发展不平衡，解决法国农业问题，法国政府开始实施"领土整治"政策。

在1955年法国政府实施"领土整治"政策之初，参议员欧贝尔指出发展农业的同时可以发展旅游业，建议国家、省、区在资金上支持乡村住宿的改建工程。该议案很快得到东南省区政府的支持，它们启动了以繁荣农村小镇、克服农村空心化现象为目的的"农村家庭式接待服务微型企业"计划，动手将一些具有传统风格的马厩和仓库改造为旅馆，营造便宜的旅游住宿设施，让经济上不富裕的农家参与旅游接待服务。除种地外，农民既可接待游客，跟外界交流，又可增加经济收入，于是这种观光农业模式逐渐在发达国家和地区流行开来。

法国观光农业项目主要分为美食品尝、观光、住宿三大类和农场客栈、点心农场、农产品农场、骑马农场、教学农场、探索农场、狩猎农场、暂住农场、露营农场九个大项。

法国农场的重要卖点是都市人所不熟悉的农业生产过程。在法国农村的葡萄园和酿酒作坊，游客不仅可以参观和参与酿制葡萄酒的全过程，而且可以在作坊里免费品尝，并可以将自己酿好的酒买下来带回家，向亲朋好友炫耀，其乐趣与在商场购买葡萄酒截然不同。

按出租与经营特点，法国农村家庭旅馆分为四种类型：乡村民宿、床餐出租房、远足者宿营地和户外旅馆。其特色与价格各异，游客可灵活选择。如今乡村旅游已成为法国人生活的一部分，生日、婚礼、家庭聚会等活动都可安排在农庄进行，这里也是城市居民节假日徒步、骑自行车的首选之地。在法国，乡村旅游经营主体是本地所有的农业开发者、乡村居民，不是外来投资商，这是法国观光农业可持续发展的重要基础。

截至 2018 年 10 月，法国有 1.6 万户农家建立了家庭旅馆，推出农庄旅游，全国 33%的游人选择了乡村观光度假。每年 7~8 月，巴黎居民大多去乡村度假，首都几乎成为一座只有外地人的空城。每年观光农业接待游客人数达 200 万，全年给农民带来 700 亿法郎收入，2007 年观光农业旅游收入占法国旅游总收入的 1/4，几乎可与海滨旅游媲美。

2. 德国观光农业

德国是欧洲乃至全球观光农业最重要的起源国之一，也是最早使用法律规范观光农业发展的国家。早在 19 世纪，德国政府就为每户市民提供一小块荒丘，用作自家的小菜园，实现生产自给自足，这也是"市民农园"的起源。19 世纪后半叶，德国利用城市地区或近郊区的农地，让城市居民走出寓所，去耕作粮食，并从中获到充足的营养，建立健康生活的理念，从而逐步创建了市民农园制度。

1919 年《市民农园法》颁布，德国成为世界上最早制定市民农园法的国家。到 1983 年修订《市民农园法》之后，德国建立市民公园的主旨发生了很大变化，由生产粮食蔬菜的经营性导向，转为农业耕作体验与观光度假导向，生产、生活、生态三位一体的经营方式，让市民体验田园生活，享受接近大自然的乐趣。

德国观光农业始于 20 世纪 30 年代，主要形式有观光度假型的度假农庄和市民农园。度假农庄大多由农家空闲房间或农舍稍加改建整理而成，一般民宿限制为 2~6 个房间，4~15 个床位，主要吸引城市游客前往农庄度假，跟农家主人一起居住生活，使游客在观光度假之余亦能尽情欣赏田园风光，体验农家生活，亲身参与农庄生产活动。

市民农园一般规划成小块出租，规模约有 2 公顷，大约 50 户市民组成一个集团，共同承租。市民租赁者必须跟当地政府签订 25~30 年使用合同，并缴纳一定金额的租金。承租市民可以在农地上种花草、蔬菜、果树或进行庭院式经营，自行决定经营项目与方式，政府不加干涉，但其产品只能自产自销，不能上市出售。如果承租人不想继续经营，其可以中途退出或转让，市民农园管委会再选出新承租人继续租赁，新承租人要承担原承租人已投入的合理费用。目前德国市民农园呈现兴旺之势，其产品总产值占到全国农业总产值的1/3。

现今的市民农园更加强调环境保护、观光功能，提供绿野阳光为城市居民享受，以符合身心均衡发展之需要，因此在城市建筑丛林中，观光农地不仅是城市绿化的"心肺"，而且是一种稀缺的资源财富。如今"市民农园"这种农业观光产品经营形态正在世界上一些面积有限而经济发达的国家和地区流行。

3. 意大利观光农业

意大利是推动全球有组织观光农业活动发展的最著名的国家。早在1865年，意大利就成立了"农业与旅游全国协会"，专门介绍城市居民到农村体味农业野趣，跟农民同食宿、同劳作，或在农民土地上搭起帐篷野营，或在农民家中住宿吃喝。这些城市旅游者在农村安静清新的环境中观光休闲，并生活一段时间，或在农家骑马、钓鱼，或参与各种农活，采收、食用新鲜粮食、蔬菜、水果，购买新鲜农副产品带回城里。

随着人们生活水平和对环保重视程度的提高，意大利人观光度假的观念发生了变化，"崇尚绿色、注重提高生活质量"已成为人们的新追求。因此，在意大利，乡村旅游被称为"绿色度假"。"绿色度假"概念不再是传统意义上单纯的观光游览，即游人深入乡村，接触大自然，呼吸新鲜空气，从而使身心得到放松。如今"绿色度假"已经被赋予了"以人为本"和"绿色环保"的新内涵。

在意大利，"绿色度假"始于20世纪70年代，发展于80年代，到90年代已成燎原之势。"绿色度假"旅游企业所管辖景区分布在意大利中部的托斯卡纳、翁布里亚、马尔凯大区，南部的卡帕尼亚大区和北部的威内托、特伦蒂诺和利古里亚大区。其中70%以上的景区配有运动观光器械，供喜欢健身运动的游客使用；55%的景区为游客提供外语服务，为外国游客解决语言不通的困难；50%以上的景区提供包括领养家庭宠物在内的多种服务项目，使乡村成为一个"寓教于农"的"生态教育农业园"和具有游憩、文化等功能的生活空间。在这里，游人既可以从事现代的健身运动，又可以体验农业耕作的乐趣；既可以模仿手工艺人亲手制作陶瓷，又可以用香草野菜做上一顿天然的美味佳肴，甚至还可以手持猎枪当一回猎人。除此之外，人们还可以在这里领养狗、猫等家庭宠物，重新体验一下"家"的感觉。

4. 西班牙观光农业

20世纪60年代，西班牙政府投资将一个大农场庄园的闲置房重新进行内部装修，恢复原有建筑风格和式样，改造成为帕莱多国营客栈，用以留宿过往游客，从而在国内外产生了明显的示范作用。这是西班牙现代观光农业的肇始，也是具有划时代意义的现代欧洲观光农业的开端。

1992年，西班牙仅有36家乡村旅馆。但政府通过减免税收、补贴、低息投资贷款等措施改造农村基础接待设施后，到2004年合法乡村旅馆已达7000多家，还有一些尚处在待审批之中。西班牙观光农业已形成一定接待规模，并且经过十几年的发展，西班牙观光农业旅游的工作重点已从乡村旅馆的建设转移到旅游形象的创立。

2015年，在西班牙农村直接经营乡村旅游的农户比例很小，乡村旅游直接经济收益并没有想象中那样多，但间接收益却非常大，主要以贩卖农产品、经营手工艺品等为主，收入的 60% 以上是非旅游直接收入。

"组织起来联合推广西班牙乡村旅游协会"是一个民间联合体组织，60% 以上乡村旅游业主都已加入这个协会。该协会自营一个推荐会员单位的专门网站，游客可以直接在网站上进行咨询。该协会通过预订中心在互联网、报纸等媒体上进行统一的营销推广。

西班牙中央和地方政府制定了一些近乎苛刻的强制性标准，以确保西班牙观光农业的旅游形象与质量。比如法律规定，乡村旅馆必须是具有 50 年以上历史的老房子，而且最多提供 10~15 个房间。开业需要申请，经过政府审核合格，才发给开业许可证。不符合上述标准的乡村旅馆将拿不到开业许可证。

目前，西班牙观光农业旅游的增长速度已超过了传统的海滨旅游的增长速度，正成为西班牙旅游业的重要组成部分。

(二) 美国观光农业

美国观光农业的开端可以追溯到 19 世纪上流社会王公贵族的乡村旅游。1880 年在北达科他州诞生了全美第一个"观光牧场"。1925 年地域性"观光牧场协会"成立，并通过铁路公司对外从事促销宣传。从 1945 年开始，美国有了东部地区市富裕家庭前往西部怀俄明州或蒙大拿州城郊欢度长假的观光方式，并逐步扩大到美国中产阶层。

自 1962 年起，在联邦和州政府鼓励政策的支持下，美国观光农业迅速发展，"度假农庄"和"观光牧场"成为观光农业活动的主流形态。到 1970 年，美国东部的"度假农庄"和"观光牧场"已有 500 处以上。2015 年，全美估计有 2000 处以上，其中东部以宾夕法尼亚州为代表，多为"度假农庄"；西部以怀俄明州为代表，多为"观光牧场"。这些农庄、牧场里的民宿房舍大多数是利用农家空房或农舍稍加改建整理而成的，旅馆及床位保留着当地建筑风格与特色，供餐品种也独具当地风味。1999 年加利福尼亚州通过的《农业住宿法案》规定，农家旅馆的建设可以低于商业旅馆的最低规模和要求。这样既保障了农家低投入、高产出的经济利益，又杜绝了过浓的商业氛围以及对原汁原味的民宿建筑的破坏。

在美国，大批游客前往度假农庄和观光牧场，跟农场主人或牧场主人同吃同住一起生活。在度假观光之余，游客也能体验农家生活，亲身参与生产活动。在夏威夷，农场主就有计划地将自家咖啡加工的全过程展示给旅游者，并让有爱好参与咖啡加工的游客做一回咖啡加工工人。

许多度假农庄举办西红柿节、甜洋葱节、土豆装袋节等活动，推出观光特色旅游。1980 年以来，美国各州以年度节日为纽带组织的观光农业旅游，每年都以 5% 以上的速度递增。1998 年，"汉堡之乡"威斯康星州烹制出了重达 2.5 吨的汉堡包，同时被载入了吉尼斯世界纪录，从此该州每年都举行享誉全球的"汉堡盛宴"，吸引了大量的旅游者。很多牧场因地制宜，相继推出骑马、乘马拉车、雪橇、滑翔、登山、漂流、徒步、钓鱼等活动。

除开展游客自摘瓜果蔬菜项目外，不少农牧场推出了垂钓比赛、绿色食品展、乡村音乐会等特色旅游项目。有的农庄邀请专家将地里的成片玉米种植设计成迷宫形式，推出玉米地迷宫游览活动,给旅游者带来了极大乐趣。费城白兰地山谷里的长木花园、俄亥俄州辛辛那提的人物造型瓜果园都很有特色。

农牧场主很善于宣传营销。他们利用游客信奉直销产品的心理,直接出售他们从农场亲手采摘的蔬菜水果、当面加工的奶油与咖啡及酒窖里自选取出的葡萄酒等农副产品和编织手工艺纪念品。他们坚持长年在互联网、报刊上发信息、登广告,并附上开车前往的示意地图,吸引城里游客去农庄摘果钓鱼,去牧场骑马滑翔。城市居民往往响应热烈,利用假期以家庭为单位组织自驾车旅游。在美国,每年参加农业观光旅游的人数已达到 2000 万人次。

(三)亚洲地区的观光农业

1. 日本观光农业

日本是世界上观光农业最为发达的国家之一,早在 20 世纪 60 年代初就开办了"观光农场"。1962 年,岩水县小岩井农场结合农业经营项目改造,开发了 40 多公顷的"观光农园",兴建牧场馆、动物广场、农具展览馆、花圃、自由广场、跑马场、射击场等游览接待设施。此外,农场每年冬季举办以展示农家风情为主题的大型冰雕展,吸引城市游客。凭借富有诗情画意的田园风光、各具特色的设施和完善周到的服务,农场每年接待游客 79 万人次,获得了可观的经济收入。

1981 年,日本人首先提出了"自然休养村"的概念,认为农村不仅是用于纯农业生产以及农村人口居住之地,而且是"国家的公共财产,是人们可以放松、修身养性的地方"。日本一些地方政府尝试着选择一些山清水秀的地方,在基本保持原有生态和农业结构的前提下,兴建一些硬件设施,尽可能体现一种自然的田园风光,使其成为提供市民住宿、休憩旅游、体验农趣、团体会议以及农业观光的场所。在水果之乡青森县川世牧场,国际少年旅行社专门组织青年游客去草场放牧、牛棚挤奶、果园采果。在盛产水稻的新潟县大和町,旅游者每天跟当地农民一起下地劳动,挥镰割稻,挖红薯,收获蔬菜。在岩手县沿海地区设有捕捞虹鳟鱼、加工海带的基地,每户渔民每周可接待 2~7 名旅客参与捕捞生产活动。北海道地区的农园每年接待几百万青年游客,这些游客在农园中玩赏一日需花费 6000~30000 日元,居住三五日则需 20000~30000 日元,对提高当地农牧民收入有巨大帮助。

1990 年,群马县水上町政府提出"农村公园构想",目的是在振兴农业的前提下,通过与第三产业密切结合,将农业与旅游观光融为一体,让农民丰衣足食。为此,该町建成了"工匠之乡"、农村环境改善中心、农林渔业体验实习馆、农产品加工所、畜产业综合设施、村营温泉中心和展示传统戏剧的演出设施。其中,"工匠之乡"颇具规模,已发展成"人偶之家""面具之家""竹编之家""茶壶之家""陶艺之家""火柴画之家"等 24 个传统手工艺作坊,并兴建手工艺资料馆,规划了具有怀旧风格的乡村漫步区。1998—2005 年,到"工匠之乡"的游客每年都在 45 万人左右。2005 年,"工匠之家"销售额达 3. 16 亿日元(约合 271 万美元),获得了日本政府"舒适型农村竞赛优秀奖""手工艺制作优秀奖"等奖项。

"租赁农园"是日本观光农业新发展的一种经营模式。农场所有者把一个大农场划分成若干个小型农园，分块租给来自城市的个人、家庭或小团队。平时由农场主派人负责照料这些农园，并按租赁者的意愿更换、增添农园内种植、养殖的品种；假日则交给城里租赁者尽情享用，可耕作健身，亦可游玩观光。在租赁经营中，农场主既可赚取高额的土地租金和管理费，有时亦可获得农园出产的农副产品。日本静冈县"岩田家庭出租农园"，每个小区 50 平方米，各种设备齐全，年租赁费 60000 日元。京都府城阳市"宫之谷银色农园"划分为 350 个小区，每个小区 15 平方米，60 岁以上老人可签订 3 年合同，租赁费每年 3 万日元。如今在仙台市园艺中心，由于市民租赁踊跃，农园供不应求，只能采用登记摇号的办法来确定当年经营者和次年继租者，参与热情可见一斑。

2. 韩国观光农业

20 世纪 60 年代起，韩国经济开始腾飞，后来成为"亚洲四小龙"之一。随着大规模的经济开发，韩国由农业国逐渐变为中等发达国家，实现了城市化。韩国 90% 以上的人口住在城市，农渔业人口不足 10%。同时韩国城乡基础设施建设良好，交通路网四通八达，为韩国观光农业的发展提供了便利条件。自 1984 年起，韩国政府开始把发展观光农业作为振兴农业经济与乡村旅游、提高农民收入的一项重要计划加以推进。"观光农园""周末农场"逐渐成为韩国各地农渔村观光农业的主要产品类型，集观光、体验、收获于一体，吸引了大批市民前往，生意非常红火。

在观光农园，不仅海滩、山泉、小溪、人参、瓜果等自然资源是传统观光产品的构成元素，而且"民俗节庆"更是各地人文资源的一大卖点，比如"蝴蝶节""泡菜节""人参节""鱼子酱节""拔河节""漂流节""钓鱼节"等，具有鲜明的乡土特色。"周末农场"是适应双休日特点，专门提供给城市游客携带一家老小去农场耕作和收获，体验劳动艰辛和乐趣的乡村旅游项目。

近年来，韩国又增添了"主题列车活动"等系列观光产品，旨在让游客坐车行到哪里，看到哪里，吃到哪里。比如"韩定食旅行"就是让游客前往农村品尝颇具特色的韩式套餐。"茶园旅行"则是让游客到外地茶园去采茶、品茶。

在韩国，农民家庭旅馆被称作"民泊"，意思是吃住在老百姓家里。农民和渔民开办家庭旅馆是韩国政府特许的，每户家庭旅馆房间数目最多限定为 7 间，出租所得收入不用纳税。韩国政府对农民办的家庭旅馆有严格的食宿管理标准，如讲究卫生、方便游客做饭等。

"韩国民泊协会"是农民家庭旅馆业的行业组织，承担着为开办家庭旅馆的农民服务和跟政府部门协调的作用。2015 年，"韩国民泊协会"有 1.2 万个正式会员和 4.5 万个非正式会员。同时该协会开办有专业网站，会员都在网上注册，游客可上网查询和预订。每年夏季休假期间民泊协会正式会员最多的能赚约 1.5 亿韩元（1082 韩元约合 1 美元），最少的也能赚约 4000 万韩元，超过或相当于全年的农业收入。除家庭旅馆外，韩国还有较高档的别墅式家庭旅馆、原木屋和韩屋型家庭旅馆，可以满足高收入的城市人群进行乡村休养和旅游的需要。

近年来，韩国农林部大力推广的"绿色农村体验村庄"项目是将自然生态、旅游、信息化和农业培训结合起来的高端乡村旅游，并已取得显著成果。韩国农村经济研究院的统计资料显示，2001 年乡村观光和民俗市场的经营规模已达 2.84 万亿韩元。目前韩国乡村旅游收入已占其国内旅游收入的 9.4%。

三、欧美国家观光农业发展的基本特征

从整体上看，大多数欧美国家观光农业发展始于 20 世纪 60 年代；20 世纪 80 年代进入快速发展期；20 世纪 90 年代进入成熟发展期；到 21 世纪初呈现出持续发展的强劲势头，成为当今欧美各国最主要的旅游形式之一，并具有鲜明的特征。

(一) 从旅游景点经营上看，具有私营化、小型化、兼营化特征

私营化强调欧美国家观光农业大多数是在私营农场基础上发展起来的。其度假农庄的民宿房舍是利用农庄腾空房或旧农舍稍加改建整理后对外经营开放的。旅游景点项目的经营为家庭私营。小型化强调欧美国家观光农业基本经营单位大多数为一个农场或家庭。政府规定农庄民宿一般为 2~6 个房间，可提供 4~15 个床位，低于这个限额可享受免税优惠，目的是防止农庄走上商业化经营之路。这样，农场主的旅游投资规模很有限，平均只有 5 万英镑左右。所雇用的旅游从业者平均只有 10 名左右。兼营化强调欧美国家的农场主大多主要从事农业生产活动，同时兼营旅游服务，在他们看来，农业生产与乡村旅游密不可分，应该彼此和谐共进。倘若将农业生产表演化，乡村旅游势必失去其原汁原味，削弱乡村旅游对外来游人的吸引力。

(二) 从旅游市场取向上看，具有本地化、家庭化、城市化特征

本地化强调在欧美观光农业旅游市场中，本地旅游者人次占游客总人次七成以上，且他们对观光农业旅游景点的选择性并不很强。在英国，本地旅游者一般把从居住地到观光农业旅居地的车程控制在 2~3 小时之内。在西班牙，本地旅游者则把活动范围一般限制在 100~200 千米之内。家庭化强调欧美国家以家庭为组织单位的观光农业旅游人数比重较高，一般占景点接待游客总数的 40% 左右。利用周末双休日开展以家庭为单位的近距离自驾车旅游在欧美国家相当普及。城市化则强调占欧美国家人口比重 70% 以上的城市人口是观光农业旅游市场的主体。繁忙的工作与生活压力，对没有城市喧嚣和工业污染的大自然的向往，构成了城市居民到乡村地区参与观光农业旅游的主要动机，甚至有城市居民愿意投资租赁一块乡村土地，用于体验劳作、度假观光。

(三) 从旅游产品类型上看，具有多样化、本土化特征

多样化强调欧美国家观光农业产品类型丰富，主要有观光参与型产品、娱乐观光型产品、食宿服务型产品和旅游采购品等，且销售活跃。本土化强调欧美观光农业旅游食宿服务型产品和旅游采购品的生产与经营，必须立足于本国或本地，要具有鲜明的地方特色。欧美度假农庄为旅游者提供的民宿设施及床位都是独具当地风格的，饮食也是独具当地风味的。对农场销售给游客的旅游采购品，法国政府有严格规定：销售的主要农产品必须是自己生产的，以本农场种植、养殖的动植物为主，主要原材料原则上不可向外采购；购自

农场之外产区的副材料其生产加工程序必须在农场内部进行，保证每个农场都有自己独特的产品。为保证农产品不是大规模工业生产的产物，农场必须向有关部门提交有关资料，在制度上保证乡村旅游与自然和谐，减少农场之间的同质恶性竞争。

第二节　国内观光农业的发展

中国观光农业发展历程，是跟国家推行改革开放政策的进程同步的，也是跟不同阶段国家经济整体发展水平相适应的。从时间来看，改革开放最初的 10 年是观光农业兴起时期；向市场经济转轨的 10 年是观光农业发展时期；向小康社会转型的 10 年则是观光农业升级转型时期。从分布地域来看，东部沿海地区是发展较早较快的地区；中西部内陆地区发展相对滞后一点。但也有例外者，如四川、云南、河南、黑龙江、新疆等省区，凭借发达的特色农业或优质的旅游资源及产业，间接带动了观光农业的发展。大体上说，观光农业园区、景区主要集中在都市郊区、景点边缘区和老少边穷地区。从观光农业产品更新来看，从早期以观光采摘为主，到现今以度假观光为主，尚未最终发展到以体验、教育、生态为主。目前我国观光农业发展势头良好，在北京、上海、成都、湖南等地形成了一定的产业规模，但毕竟比国外起步晚了几十年，缺乏经验与实践，因而尚有政策制度、发展模式、经营机制、人才技术等诸多问题亟待解决。

我国台湾地区的观光农业发展历程基本上是与国际接轨并且同步的。20 世纪 70 年代末，台湾地区率先建立苗栗县三角湖农业观光中心，开创了岛内兴办"观光农园"之风。20 世纪 90 年代起，台湾农政部门开始推行《发展观光农业计划》及其《管理辅导办法》，从经费、技术、宣传等方面加大支持力度，并合理规划、因地制宜，培育出"观光农场""教育农园""乡村民宿"等观光农业形态。而农耕体验型"市民农园"的出现则表明台湾观光农业发展已与世界潮流同步，达到了国际先进水平。

一、中国观光农业的发展历程

我国观光农业发展刚满 30 年，大致经历了兴起、发展和升级转型三个时期。

(一)观光农业兴起时期

1980—1990 年是观光农业兴起时期。改革开放初期，少数紧靠城市和景区的乡镇农村依托当地独特的旅游资源优势，自发开展形式多样的农业观光旅游，举办"荔枝节""桃花节""西瓜节"等农业节庆活动，吸引城市游客。1987 年，成都龙泉驿举办了第一届国际桃花节，吸引了大批城市游客前去观光游览，农民收入也因此大幅度增加。1988 年，广东深圳首届荔枝节也是借助农节搭台、面向港澳招商、促进经贸旅游发展的较有影响力的活动之一。

(二)观光农业发展时期

1990—2000 年是观光农业发展时期。随着城市的发展和城市居民收入水平的提高，城市居民的消费结构开始改变，人们有了观光休闲的新需求。同时农村产业结构也亟待优化调整。在此大背景下，靠近大、中城市郊区的大批乡镇农村和农户立足当地特有农业资源环境和特色农副产品，开办了以观光为主的观光农业园，开展丰富多彩的观光农业活动。

(三) 观光农业升级转型时期

2000—2010 年是观光农业升级转型时期。该时期是生活水平由温饱向小康转变的时期。人们外出观光旅游的需求不仅强烈，而且更趋多样化，从而促进了观光农业的升级转型，并不断丰富其内涵与形式。这种升级转型表现如下：一是人们更加注重亲身体验和参与，很多"体验旅游""生态旅游"项目融入观光农业活动，极大地丰富了农业旅游产品的内容；二是人们更加注重绿色消费，观光农业产品设计更加紧密地结合环保、健身、营养等主题；三是人们更加注重文化内涵和科技知识性，农耕文化与科技农业项目融入观光休闲园区；四是不断扩展观光农业功能，由单一观光功能向体验、教育、生态等综合功能转化。

这一时期，中央政府和相关部委不断推出新的政策措施，加大政策扶持力度和资金投入，以保证观光农业发展更加高效、管理更加科学。2002 年初，国家旅游局颁布实施《全国农业旅游示范点、工业旅游示范点检查标准(试行)》。2005 年底，农业部明确提出"发展休闲观光农业，拓展农业功能，促进社会主义新农村建设"的新思路。2006 年 3 月，国务院颁布《国民经济和社会发展第十一个五年规划纲要》，在纲要第五章"增加农民收入"中，第一次提出"发展休闲观光农业"。这是我国在政府指导下开展观光农业的重要标志。2006 年 7 月，国家旅游局正式推出《关于促进农村旅游发展的指导意见》，并在当年和次年连续推出"中国乡村游""中国和谐城乡游"的旅游主题，引起海内外游客积极响应。2007 年 3 月，农业部与国家旅游局签订合作协议，成立联合办公室，联名下发有关通知与指导意见，提出了开展观光农业和农村旅游的一系列政策措施，开创了部委联手共同推进观光农业发展的新局面。

21 世纪初，我国观光农业已呈现良好的发展态势，景点园区增多，分布扩展，规模扩大，功能拓宽。2010 年，国家旅游局陆续在全国评选出 359 处"全国农业旅游示范点"，其中农业观光旅游点 112 个，占 31.20%；农业科技观光旅游点 60 个，占 16.71%；农业生态观光旅游点 56 个，占 15.60%；民俗文化旅游点 20 个，占 5.57%；观光度假村(山庄)26 个，占 7.24%；古镇新村 39 个，占 10.86%；"农家乐"18 个，占 5.01%；自然景区 28 个，占 7.81%。从它们的地域分布来看，东部地区有 100 个，占 27.86%；中部地区有 65 个，占 18.11%；西部地区有 38 个，占 10.59%。

二、中国重要区域的观光农业发展概况

(一) 北京

北京是我国北方观光农业发展最早的中心城市之一，其观光农业开始于 20 世纪 80 年代末。当时昌平县十三陵旅游区率先建立观光采摘果园，游客购票入园，自由摘桃品尝，并可免费带走少量自采果实，这一项目深受市民欢迎。1988 年，大兴县举办了首届"西瓜节"，开展"瓜乡一日游"，通过选瓜、品瓜、评瓜活动，满足了游客的参与需求，瓜农也获得了可观的经济收入。20 世纪 90 年代初，北京郊区渔场开辟了钓鱼区，森林公园对外开放，村庄整修闲置农舍，市民游客涉足郊区农村观光旅游。

1995 年，世界妇女大会在京召开，推动了京郊民俗主题旅游项目的大规模开发建设。在韩村河、留民营、爨底下、大营等地的民俗旅游专业村，吃农家饭、品尝特色美食、住农家院、鉴赏古建民居、体验传统生活习俗、采摘果品菜蔬、垂钓、射猎、购买土特产等丰富的民俗旅游活动成为市民的消费时尚，民俗旅游接待户的经济收入也显著增加。1998 年，北京市农业与农村资源区划办公室编制《北京市观光农业发展总体规划和政策研究》，观光农业发展已受到政府关注。

2003 年，经历"非典"疫情考验后，自然、生态、健康、观光的旅游理念深入人心，郊区观光农业旅游活动出现井喷现象。例如，平谷县举办"红杏采摘节"时，每天接送客人的旅游车可谓"川流不息"；昌平、延庆县民俗旅游村周末游，需要提前一周预订才能成行。

为加强对观光农业的规范化管理，2003 年北京市农委、旅游局制定了《民俗旅游村和民俗旅游接待户评定标准》《北京市郊区民俗旅游村评定暂行办法》，评定出首批 35 个市级民俗旅游村和若干民俗旅游接待户。2004 年，北京成立了全国第一家观光休闲农业行业协会——北京观光休闲农业行业协会，制定了《市级观光农业示范园标准》，开展了首批农业示范园评定工作，并建立了"北京乡村旅游网"。2004 年，北京编制完成《2005—2010 年北京市乡村旅游发展规划》。观光农业发展步入政府主导的规范化阶段。

目前，北京观光农业发展以农业科技和农耕文化为重点，把农业种植、农艺景观、新农村建设和观光、度假、娱乐融为一体，主要形成农业休闲观光、民俗文化观光、观光度假三大类型和金海湖、密云、十三陵、龙庆峡、西山、小汤山等 10 大发展基地。

据统计，北京郊区有一定规模与知名度的观光休闲农园达 285 个、民俗文化观光村130 个、观光度假村 155 个，它们在地域布局上大致呈现近郊区、中郊平原区、远郊山区三大圈层结构，尤其集中于中远郊的昌平、顺义、平谷、怀柔、延庆等地。

截至 2007 年底，北京市实际经营的农业观光园达到 1302 个，观光园和民俗旅游户接待游客总数达 2614.4 万人次，总收入 13.1 亿元；50 多个郊区乡镇有 13570 户、4 万余人从事民俗旅游接待服务，民俗旅游总收入 5 亿多元。

（二）上海

上海观光农业萌芽于 20 世纪 80 年代末。20 世纪 90 年代，上海出现有组织的经营性观光农业活动。1991 年，南汇县举办了第一届"桃花节"。接着宝山区试办了"柑橘节"。1995 年，浦东孙桥现代农业园区开业。1997 年后，孙桥园区玫瑰园、农林局花卉园艺场、南汇滨海桃园、松江生态园陆续开放接待游人。2000 年 5 月，崇明县前卫村正式对外接待游客，拉开郊区"农家乐"大发展的序幕。到 2004 年，上海郊区已建和在建的观光农业游览景区(点)达到 40 余处,其中有 20 余处接待能力逾万人。崇明前卫村、瀛东村、东平森林公园、浦东孙桥现代农园和奉贤申隆生态园被国家旅游局评定为"国家级农业旅游示范点"。

　　2006 年,"中国乡村游·上海首游式活动"隆重举行,上海"百万市民郊区游"活动获得市民积极响应,观光农业活动深入展开。同时,上海市率先出台我国第一个《农家乐旅游服务质量等级划分》地方标准,以推动和规范"农家乐"发展。这个标准把全市"农家乐"统一评定为三个星级档次,评定后对外上墙挂"星"。该标准对每个星级"农家乐"的住宿硬件设施、用餐安全卫生、参与农事活动项目都有具体量化指标。比如,向游客提供耕作、插秧、脱粒、舂米、垂钓、吊井水等参与性农事活动,就有一星级必须提供 4 项、二星级提供 6 项、三星级提供 8 项的规定。同时,能否提供赛龙舟、灯会、婚嫁迎娶、刺绣、草编、农民画等具有乡土风情的民俗文化旅游活动,也成为当选"星"级"农家乐"旅游村的必备条件。此后,上海郊区观光农业发展呈现出速度快、规模大的新态势,传统农业功能正向生态观光、科技示范、绿色食品等现代农业功能转变。

　　目前,上海观光农业较发达地区集中在崇明、浦东、南汇、嘉定、金山、青浦和松江,并且初步形成了一批类型多样、特色鲜明的现代观光农业项目。一是崇明"农家乐""渔家乐"与生态旅游。竖新镇前卫村是上海住宿型"农家乐"的典型代表。全村年接待游客 12 万人次。陈家镇瀛东村"渔家乐"很有特色,游人可跟着当地养殖户一起垂钓或围网捕鱼,品尝江海鱼鲜。长江口滩涂湿地是候鸟迁徙栖息的天堂,是开展生态旅游的绝佳之处。东平国家森林公园规模为沪上之最,其森林繁茂,湖水澄碧,野趣浓郁,环境优美,空气清新,是生态旅游者的最爱。二是浦东现代农业科普园区。以孙桥现代高科技农业园区、东海"中荷农业部园艺培训中心"为主要游览点。在那里人们可以参观无土栽培,营养液配方施肥、喷灌、滴灌技术,还有成套种子加工、食用菌生产、产品真空包装和蔬菜育苗等自动化生产流水线。孙桥园区被国家科协命名为"全国科普教育基地"和"青少年科技教育基地",已接待 200 万参观者。三是南汇"桃花节"。这里种植着 5 万亩①桃林,品种之多,面积之大,为华东之最。每年桃花节期间,游人如织,沐春光,赏花海,品农菜,观表演,身临"桃花源"美景,细品回归大自然的乐趣。四是嘉定"果园乐""林家乐"。马陆镇以葡萄为主题,形成采葡萄、品葡萄、游酒厂、住农家的"果园乐"旅游。安亭镇将百亩银杏园、苗木基地向游人开放,形成富有特色的"林家乐"旅游。五是金山"三美"农业和"农民画"艺术。美阳农园提倡"科学种植",培育栽种出形美、味美、色美的菜蔬瓜果,形成各类"艺术农产品",为观光农业一绝,令游客惊叹。枫泾中洪村聚集着一批民间艺人,长年向游人现场表演绘制"金山农民画"和传授修画、裱画技艺,游客反响积极。

　　此外,松江县洞泾全镇已建设成为上海市第一家"观光农业景区"。2011 年 7 月,青浦县环淀山湖"农家乐"观光旅游区开始加紧规划实施,2015 年 6 月基本上建成开始对外营业。

---

　　①　1 亩 = 1/15 公顷。

（三）成都

成都观光农业在全国最有影响力的品牌是"农家乐"。1987 年，成都郫县农民率先兴办一种利用农家院落及周边田园风光、自然景点，以低廉价格吸引城市居民前来吃住游玩的新型观光农业方式。此后，以"农家乐"为代表的成都观光农业一直走在全国前列，并很快传播到四川及全国各地。2006 年，国家旅游局正式将成都认定为我国"农家乐"发源地。

成都观光农业的主流模式为"农家乐"。它既展示了川西坝子独特的田园风光、农耕文化和民俗风情，又因自然条件区位差异形成了风貌各异的特色类型。经过 20 多年的发展，成都"农家乐"日臻成熟，逐渐形成了以下四种类型：一是农家园林型，以郫县友爱乡农科村、温江县万春镇等西部川西坝子"农家乐"旅游为代表。这里地处"国家生态示范区"，同时也是享誉全国的花卉、盆景、苗木、桩头生产基地，发展条件十分优越。二是花果观赏型，以龙泉驿区书房村、工农村、桃花沟、苹果村等东郊丘陵农家果园游乐为代表。这里出产优质水蜜桃，是全国四大桃乡之一，也是盛产枇杷、梨子的地方。当地果农按季开园，推出花果观光游，让游客春观花饱眼福，夏赏果饱口福，以致旅游收入大大超过果品收入，开启了山区果农致富新路。三是景区旅舍型，以都江堰市青城山后山、蒲江县朝阳湖、彭州市银厂沟、大邑县西岭雪山等自然风景区为代表。这里地处或紧靠著名风景区，环境优越，农家旅舍修建独具风格，很容易让游客感受到观光的惬意。四是花园客栈型，以新都泥巴沱风景区、邛崃市东岳鱼庄等为代表。在这里，农民们把农业生产组织（农场）改制转变为旅游企业（公司），通过对农业用地绿化美化和原有建筑物改造，使之成为园林式建筑，辅之以功能齐全的配套设施和客栈式的管理，最终形成在消费档次上高于"农家乐"、低于度假村的一种环境优美的观光娱乐场所。2004 年，成都市旅游局制定了《成都市农家乐管理办法》，并会同质监部门颁布了《"农家乐"等级评定标准》，对"农家乐"实行星级评定和指标管理。郫县、龙泉驿等地政府出台了"农家乐"建设统一规划。这些措施有力地推动了成都"农家乐"朝着抓管理、拼质量、上规模方向发展。

近年来，成都在传统"农家乐"模式之外，出现了"现代观光模式"和"体验、参与模式"两种新型观光农业发展模式。成都锦江区三圣乡的"花乡农居""幸福梅林""东篱菊园"就是"现代观光模式"成功运作的典范。当地政府投资建设基础设施，加快土地合理流转和招商引资，带动农民结合市场需求与资源优势，集中连片开发"花乡农居"等农业观光项目，供城市居民前来园区观光、娱乐，实现了农民增收和国有资产增值。

同样位于锦江区三圣乡江家堰村的"江家菜地"则是"体验、参与模式"的代表。江家堰村在当地政府引导下，通过土地合理流转，将单家农户与土地集中到专业公司（"江家菜地农业合作社"）；再以专业公司名义，跟有意愿的城市居民签订"认种"协议，由他们亲自种植或委托合作社农户代种各种花草、蔬菜、果树或经营家庭农艺。城市"认种者"在支付每年每分地（1 分地是 1/150 公顷）800 元人民币后，公司便提供种苗、农具、化肥、农药等生产资料，并派农户指导耕作与日常管护。收获时"认种者"可亲自采摘或委托农民代采代售，果实出售所得归"认种者"。这种农业观光经营模式类似于日本的"租赁农园",既可让城市的"认种者"参与农事、体验农趣,又可使转让土地的农户获得租金、薪金等多项收益。

(四)湖南

湖南省观光农业的发展开始于20世纪90年代。当时长沙、益阳市最早兴起以钓鱼观光、吃农家菜、住农家房、观农家景、干农家活为主要内容的"农家乐"。经过10多年的发展,观光农业整体档次得到一定程度的提升,在满足城市游客吃住需求的基础上,越来越注重为游客提供更多自然观光方式、农家生活与农事体验等观光旅游产品。2006年,"湖南省休闲农业协会"在永州市成立,这是全国第三家省级观光农业协会。

目前,在湖南全省已逐步形成点片相连的观光农业产业群,集中分布在长沙县、开福区、望城县、浏阳市等。按区位划分,观光农业模式主要有城市郊区型、景区依托型、风情村寨型、基地兼容型。

衡阳市郊珠晖区观光农业是城市郊区型的代表,具有生态和人文特色。当地40多家观光农业园区集中连片,其中白鹭湖生态观光园、怡心园度假村和花果山观光山庄规模大、发展好,是全省很有品位的生态观光基地。

新宁崀山"农家乐"是景区依托型的代表。新宁县是全国脐橙生产基地、南方草山草坡改良示范基地、国家绿色食品生产基地。境内崀山风景区属于国家重点风景区,以丹霞地貌景观为特色,旅游品位高。这里乡村绿野的田园风光、农耕文化与红色丹霞地貌景观互为映衬,给游人充实舒坦的感受。景区周边30多家观光"农家乐",以柴火腊肉、绿色果蔬、甑子饭为主要特色,使游人感受到与城市生活迥异的乡土气息,达到自然回归、享受绿色的目的。

湘西王村观光旅游是风情村寨型的代表。王村古镇地处永顺县境内,古有"荆楚通津""湘西第一商埠"称誉,今有"现代芙蓉镇"盛名。这里土家族、苗族、汉族杂居,民族民俗资源丰富,且保护完好,有土家建筑、蜡染工艺、摆手舞、特色小吃米豆腐,令游客倾慕流连。古镇以错落有致的吊脚楼群、繁华古老的青石板长街、优美的山水环境为典型景观特征,充分展示了土家族码头商埠的历史文化。

望城"百果园"是基地兼容型的代表。"百果园"位于望城农业高科技园内,占地60余公顷,是湖南省最大的水果、茶树种苗基地,兼有农业生产和休闲观光功能,配套建有宾馆、"农家乐"、钓鱼基地,开发水果蔬菜自采、名茶现炒现卖、野外拓展训练等项目,每年接待游客15万人次。

截至2006年底,湖南省有一定规模的观光农业企业(农庄)达4000家以上,其中星级企业95家,直接从业人员近10万人,年接待游客3000万人次以上,年经营收入超过30亿元。

(五)台湾

1. 观光农业的兴起

我国台湾地区观光农业起步相对较早。20世纪70年代末,台湾建立了苗栗县三角湖农业观光中心，采草莓活动颇受欢迎。1983 年，农政部门推行《发展观光农业示范计划》，随之在台北市近郊北投、士林、南港、大安一带陆续出现了以采摘、养殖为主的各种观光农园。

随着 20 世纪 80 年代末台湾农业大衰退的到来，台湾地方官员与台大学者举办"发展观光农业研讨会"，一致认为兼具生产、生活、生态功能的观光农业是解决当时农业困境的唯一有效途径。

1990 年，台湾在《改善农业结构、提高农民所得方案》中设立《发展观光农业计划》，正式倡导发展观光农业，并将其列为农业施政的重要方针。1992 年，台湾颁布《休闲农业区设置管理办法》，公开接纳农民团体及个人、民营企业开办申请，并从经费、技术、宣传等方面加大支持力度。到 1993 年，台湾成功辅导 31 处据点开展观光农业计划。另外，台北市在原有"自助菜园"基础上，从 1994 年开始推行《都市农业先驱计划》，选择合适据点试办市民农园，发展生产体验型观光农业。2007 年以前，全台湾共开办 12 处农耕体验型市民农园。

台湾观光农业发展有两个重要特点：一是生产、生活与生态三位一体；二是经营上结合农业产销、技工和游憩服务于一体，具有经济、社会、教育、环保、游憩、文化传承等多方面的功能。在台湾，观光农业园区经营项目以教学体验、风味餐饮、乡村旅游和生态体验为最大项；其次是果园采摘和农作体验；再次是民宿、蔬菜采收、农业展览、民俗技艺体验、林牧渔场体验、农村酒庄和市民农园等。

2. 观光农业的主要类型

台湾岛内各地在自然生态条件、经济发展水平、政府扶持力度等方面存在明显差异，因此，台湾观光农业形成了多种类型。

（1）观光农场

观光农场利用乡村森林、小溪、草原等乡土自然风光，附设小土屋、露营区、烤肉区、戏水区、餐饮、体能锻炼区及各种游戏设施等，以名特优新农作物品种和高科技含量推进农业生产，吸引城市游客，为他们提供综合性的观光场所与特色服务。农场一般由数个农民或农民团体联合兴办，规模比观光农园要大，一般面积在 50 公顷以上，经营项目呈现多元化。经营观光农场最多的地区是台湾北部各县，其观光农场数目占总数的 44.7%，其中宜兰县有 128 家、南投县有 100 家。香格里拉观光农场最具代表性，其以规模大、规划好、融地方文化和山湖景色于一体而著称。

（2）乡村民宿

乡村民宿利用乡村自然环境、景观、特色文化、民俗，让城市游客于农舍小憩观光，品尝农家菜品，深度感受当地独特的民风与民俗，在优雅宁静中体验乡村生活。南投县清境地区和台北黄金山城金瓜石是台湾乡村民宿发展最好的地区。

（3）市民农园

市民农园将位于都市或近郊的农地集中规划为若干小区，由农民分块租赁给城市人种植花草、蔬菜、果树或经营家庭农艺，让承租市民自给经营，同时享受农耕乐趣，体验田园生活。市民农园以约 33 平方米为一单位，4 个月为一期，每期租赁费几百元，这是台北市北投区市民农园规定的经营规则。2007 年以前，台湾共开办有规模的农耕体验型市民农园 12 处。

（4）观光农园

观光农园是农家开设的，地处城市近郊的果园、菜园、花园、茶园等专业园区，让游客一年四季都可入园摘果、拔菜、赏花、采茶，享受田园乐趣，同时促进农民增收。

台湾的观光农园最初形成于 1980 年，苗栗大湖，彰化田尾菜地开始经营的观光果园、观光花市。从 1994 年开始推行《都市农业先驱计划》，选择合适据点试办市民农园，发展生产体验型观光农业。其运作管理更接近日本模式。到 1998 年，观光农园发展结果为北部区域有 55 处观光农园，占全台湾地区的 55.56%；中部区域有 21 处，占 21.21%；东部区域有 12 处，占 12.12%；南部区域有 11 处，占 11.11%。目前，观光农园的类型包括观光果园、观光茶园、观光菜园、观光花园、观光瓜园等。各式各样的观光农园因开放时间不同分布全年不同季节，让人们一年四季都可享受观光、休闲、摘果、赏花的田园之乐。

（5）教育农园

教育农园利用农场环境和产业资源，将其改造成学校的户外教室，开展教学和体验活动。在教育农园里各类树木、瓜果、蔬菜均有标牌说明，有蝴蝶等昆虫的标本或活体教材，为城市青少年游客了解自然、认识社会、参与农业、了解农产品生产过程创造了条件。南投县埔里镇的教育观光农场便是这样一处兼具农业观光和教育学习的著名园区。

（6）农业公园

农业公园按照公园经营思路，把农业生产场所、农产品消费场所和观光旅游场所结合于一园供人参观游乐，借以提高农民综合收入。除果品园、水稻园、花卉园、茶叶园等专业性农业公园外，供城市游人参观的大多数农业公园都是综合性的。此外，台湾观光农业类型还有假日花市、森林游乐区、屋顶农业等形态。

◎ 思考题

1. 观光农业发展在欧美地区形成了哪些基本特征？
2. 国际上观光农业发展有哪些基本模式？你怎样理解它们的特征与选择原则？
3. 你认为你所在地区推进观光农业发展的改革突破点主要应放在哪些方面？

第七章　观光农业项目策划

◎ **本章提要**

　　观光农业项目的策划是项目规划中的重要内容。策划有一定的规律可循，同时也要求思路与方法的创新。本章主要介绍以下内容：
　　·　观光农业项目的策划方法；
　　·　观光农业项目的策划要求；
　　·　观光农业项目的策划内容等。

◎ **学习目标**

　　通过本章的学习，你应能：
　　·　掌握观光农业项目策划的基本方法；
　　·　了解观光农业项目策划的要求；
　　·　掌握观光农业项目策划的内容。

第一节　观光农业项目的策划方法

一、头脑风暴法

　　头脑风暴法的发明者是现代创造学的创始人——美国学者亚历克斯·奥斯本。他于1938年首次提出头脑风暴法，头脑风暴原指精神病患者头脑中短时间出现的思维紊乱现象。在观光农业策划中借用这个概念来比喻由思维高度活跃、打破常规的思维方式而产生大量创造性设想的状况。头脑风暴法的特点是让与会者敞开心扉，使各种设想在相互碰撞中激起脑海的创造性风暴，其可分为直接头脑风暴法和质疑头脑风暴法。前者是在专家群体决策基础上尽可能激发创造性，产生尽可能多的设想的方法；后者则是对前者提出的设想、方案逐一质疑，发现其现实可行性的方法。这是一种集体开发创造性思维的方法。

　　头脑风暴法力图通过一定的讨论程序与规则来保证观光农业策划中创造性讨论的有效性，由此，讨论程序构成了头脑风暴法能否有效实施的关键因素，从程序来说，组织头脑风暴法关键在于以下几个环节。

（一）确定议题

一个好的头脑风暴法从对问题的准确阐明开始。因此，会议组织者必须在会前确定一个目标，使与会者明确通过这次会议需要解决什么问题，同时不要限制可能的解决方案的范围。一般而言，比较具体的议题能使与会者较快产生设想，主持人也较容易掌握；比较抽象和宏观的议题引发设想的时间较长，但设想的创造性也可能较强。

（二）会前准备

为了使头脑风暴畅谈会的效率较高，效果较好，会议组织者可在会前做一点准备工作，如收集一些资料预先给大家参考，以便与会者了解与议题有关的背景材料和外界动态。就参会者而言，在开会之前，其对于要解决的问题一定要有所了解。会场可作适当布置，座位排成圆环形的环境往往比教室式的环境更为有利。此外，会议组织者在头脑风暴会正式开始前还可以出一些创造力测验题供大家思考，以便活跃气氛，促进思维。

（三）确定人选

与会者一般以 8~12 人为宜，也可略有增减（5~15 人）。与会者人数太少不利于交流信息，激发思维；而人数太多则不容易掌握，并且每个人发言的机会相对减少，也会影响会场气氛。只有在特殊情况下，与会者的人数可不受上述限制。

（四）明确分工

会议要推定一名主持人，1~2 名记录员（秘书）。主持人的作用是在头脑风暴畅谈会开始时重申讨论的议题和纪律，在会议进程中启发引导，掌握进程，如通报会议进展情况，归纳某些发言的核心内容，提出自己的设想，活跃会场气氛，或者让大家静下来认真思索片刻再组织下一个发言高潮等。记录员应将与会者的所有设想都及时编号，简要记录，最好写在黑板等醒目处，让与会者能够看清。记录员也应随时提出自己的设想，切忌持旁观态度。

（五）规定纪律

根据头脑风暴法的原则，会议组织者可规定几条纪律要求与会者遵守，如要集中注意力，积极投入，不消极旁观；不要私下议论，以免影响他人的思考；发言要针对目标，开门见山，不要客套，也不必做过多的解释；与会者之间相互尊重，平等相待，切忌相互褒贬；等等。

（六）掌握时间

会议时间由主持人掌握，不宜在会前定死。一般来说，会议时长以几十分钟为宜。时间太短与会者难以畅所欲言，时间太长与会者则容易产生疲劳感，影响会议效果。经验表明，创造性较强的设想一般在会议开始 10~15 分钟后逐渐产生。美国创造学家帕内斯指出，会议时间最好安排在 30~45 分钟。倘若需要更长时间，会议组织者就应把议题分解成几个小问题分别进行专题讨论。

头脑风暴提供了一种有效的就特定主题集中注意力与思想进行创造性沟通的方式，无论是对观光农业主题探讨，还是对日常事务的解决，都不失为一种可资借鉴的途径。唯需谨记的是使用者切不可拘泥于特定的形式，因为头脑风暴法是一种生动灵活的技法，应用这一技法的时候，完全可以并且应该根据与会者情况以及时间、地点、条件和主题的变化而有所变化，有所创新。

二、专家调查法

专家调查法又称德尔菲法。德尔菲是古希腊传说中阿波罗神殿所在地，美国兰德公司首先于 1964 年把德尔菲法用于技术预测中。它是在专家个人判断和专家会议方法的基础上发展起来的一种直观预测方法，特别适用于在客观资料或数据缺乏情况下的长期预测，或其他方法难以进行的技术预测。

专家调查法用于观光农业策划，是以观光农业专家作为索取信息的对象，依靠专家的知识和经验，由专家通过调查研究对问题作出判断、评估和预测的一种尝试。多年来观光农业研究机构采用专家个人调查法和会议调查法完成了许多研究报告，为政府部门和企业经营单位的决策提供了重要依据。

专家调查法本质上是建立在诸多专家的专业知识、经验和主观判断能力基础上的，因而特别适用于缺少信息资料和历史数据，而又较多地受到社会、政治、人为因素影响的信息分析与预测课题。实践证明，采用专家调查法进行观光农业分析与预测，可以较好地揭示研究对象本身所固有的规律，并可据其对研究对象的未来发展作出概率估计。

专家调查法的基本程序如下。

(一) 成立预测领导小组

这个小组的主要任务是对预测工作进行组织和指导，包括明确预测目标；选择参加预测的专家；编制调查表进行反馈调查；对各轮回收的专家意见进行汇总整理、统计分析与预测；编写和提交预测报告。该小组的成员主要由信息分析与预测人员构成。

(二) 明确预测目标

专家调查法的预测目标通常是在实践中涌现出来的大家普遍关心且意见分歧较大的课题。此阶段的主要任务是选择和规划预测课题、明确预测项目。

(三) 选择参加预测的专家

专家的任务是对预测课题提出正确的意见和有价值的判断。专家的选择是否恰当直接关系到专家调查法的成败。

选择专家应遵循以下原则。

（1）专家的代表面应广泛。除信息分析与预测专家外，参会专家还应包括对预测目标比较了解并有丰富实践经验或较高理论水平的本专业的人员以及相关领域和边缘学科的有关专家。

（2）专家的权威程度要高。但这里的"权威"并不是指其高职称或高职务，而是指其熟知预测目标，并有独到的见解。

（3）专家应有足够的时间和耐心填写调查表。经典的专家调查法要进行四轮征询。其间还包含着大量的信息反馈，因此，要求受邀的专家应有足够的时间和耐心接受征询。

（4）专家的人数一般控制在 15~50 人。人数太少缺乏代表性，起不到集思广益的作用。人数太多难以组织，意见难以集中，专家意见的处理复杂。如果课题很大，15~50人仍缺乏代表性，可以考虑分成若干个专家小组，但每个小组的人数仍保持在 15~50 人。

（5）应事先约请专家不要向外透露参与征询调查这件事，以免相互商量，答案雷同，起不到专家调查法应有的作用。

选择专家的方法很多，如由熟悉的专家推荐、从报纸杂志上视研究成果的大小和多少筛选、由上级部门介绍和推荐、查询专家档案数据库等。为了提高专家调查法的效果，组织者在很多情况下还可考虑将上述各种方法结合起来使用。

（四）编制调查表

调查表是获取专家意见的工具，是进行信息分析与预测的基础。调查表设计的好坏直接关系到预测的效果。在制表前，设计人员应对课题及其相关背景情况进行调查，以保证提问的针对性和有效性。

常见的调查表类型如下。

（1）目标—手段调查表。调查表设计者在分析研究已掌握的情况的基础上，确定预测对象的目标（含总目标及其分解而成的若干子目标），并提出达到这些目标所可能采取的各种措施和方案。将目标列入调查表的横栏，措施和方案列入纵栏，就构成了目标—手段调查表。专家对这种调查表的回答很简单，只需在相应的目标和手段重合处打"√"，或者对所提出的手段在达到目标过程中的地位打分（一般采用百分制）。

（2）由专家简要回答的调查表。由调查表设计者根据预测目标提出一些问题，然后由专家简要回答。回答的内容因问题而异，如某一事件完成的时间、技术参数值、实现条件、各种因素间的相互影响、原因分析、对策措施、实施效果等。

（3）由专家详细回答的调查表。这类调查表一般问题很少，但要求专家对提问作出充分的论证、详细的说明或提出充足的依据。例如："体验经济离我们有多远？请提出论证。"

（五）进行反馈调查和专家意见的汇总整理、统计分析与预测

经典的专家调查法一般包含以下四轮的征询调查，且在调查过程中包含着轮间反馈。第一轮调查：发给专家的调查表不带任何限制条件，只提出要预测的问题。专家可以各种

125

形式回答有关提问，提出应预测的事件。组织者要对回收的调查表进行汇总整理，归并相同的事件，剔除次要的、分散的事件，并用准确的术语制定出事件一览表。该表可在第二轮调查时作为调查表反馈给专家。第二轮调查：请专家对第一轮提出的各种事件发生的时间、空间、规模大小等作出具体的预测，并说明理由。组织者要对这一轮回收的调查表进行汇总整理，统计出专家总体意见的概率分布。第三轮调查：将第二轮的统计结果连同据此修订了的调查表再发给专家，请专家再次作出具体预测，并充分陈述理由。组织者同样要对这一轮回收的调查表进行汇总整理、统计分析与预测，以备作第四轮的反馈材料。第四轮调查：将第三轮的统计结果连同据此修订了的调查表再发给专家，请专家再次作出具体预测，并在必要时作出详细、充分的论证。在第四轮调查结束后，组织者依然要将回收的调查表进行汇总整理、统计分析与预测，并寻找出收敛程度较高的专家意见。

上述四轮调查不是简单的重复，而是一种螺旋上升的过程。每循环和反馈一次，专家都吸收了新的信息，并对预测对象有了更深刻、全面的认识，预测结果的精确性也逐轮提高。

（六）编写和提交预测报告

专家意见收集整理后，组织者应将最终的统计分析与预测结果进行进一步的加工，形成正式的预测报告，并通过适当的信息传递渠道将其提交给用户。

三、问卷调查法

问卷调查法亦称书面调查法，或称填表法，是用书面形式间接搜集研究材料的一种调查手段。它是通过向调查者发出简明扼要的征询单（表），请其填写对有关问题的意见和建议来间接获得材料和信息的一种方法。问卷调查法在观光农业策划活动中，是指按照一定的理论假设设计出来的，是由一系列变量、指标所组成的一种收集资料的工具。

问卷调查法的实施步骤如下。

（一）问卷设计的步骤

1. 探索性研究

探索性研究的主要内容是确定研究题目，提出理论假设，找出理论假设所涉及的变量以及测量这些变量的指标。其常见的工作方式如下：设计者围绕要调查的问题，与各种对象接触，并观察他们的特征、行为和态度。通过接触交谈，设计者既可以避免在设计问卷时出现许多含糊的问题，也可以避免设计出不符合客观实际的答案。原因在于，当设计者在与各种对象接触交谈中提出的问题含糊不清时，回答者必然会提出疑问，而熟悉了解各种类型的调查对象对某一问题所给予的具体回答，就为设计者根据实际情况恰当地设计出这一问题的各种答案奠定了基础。

2. 设计问卷初稿

经过探索性研究，初步形成理论假设、变量的指标后，设计者就可以开始设计问卷初稿。设计问卷初稿常见的方法有两种：卡片法和框图法。

（1）卡片法，即采用卡片来设计问卷初稿的一种方式。具体步骤如下：①设计者根据探索性研究所得到的印象和认识，把每一个问题写在一张卡片上；②根据卡片上所列问题的主要内容，将卡片分成若干堆，即把调查相同社会现象的问题卡片放在一起；③在每一堆卡片中按合适的询问顺序将卡片前后排序；④根据问卷整体的逻辑结构排出各堆卡片的前后顺序，使卡片联成一个整体；⑤从被调查者阅读和填答问题是否方便、是否会形成心理压力等角度，反复检查问题前后的顺序及连贯性，对不当之处逐一调整和补充；⑥把调整好的问题卡片一次打印成稿，形成问卷初稿。

（2）框图法，即采用框图来设计问卷初稿的一种方式。具体步骤如下：①设计者根据研究假设和所需资料的内容，在纸上画出整个问卷的各个部分及前后顺序的框图；②设计者具体地写出每一部分中的问题和答案，并安排好这些问题的顺序；③设计者根据调查对象阅读和填写问卷是否方便等，对所有问题进行检查、调整和补充；④将调整的结果打印成稿，形成问卷初稿。

这两种方法的主要区别在于：卡片法是从具体问题开始，然后到部分，最后到整体形成问卷初稿；而框图法则相反，先从总体结构开始，然后到部分，最后到具体问题形成问卷初稿。卡片法采用卡片形式，故很容易着手进行。尤其是在调整问题的前后顺序和修改问题方面，卡片法显得非常便利。但同时又由于每一个问题分散在一张张卡片上，故问题往往又难以从整体上进行安排、调整和修改。在实际工作中，为了发挥两种方法的长处，常将两者结合起来灵活应用，即先根据调查内容的结构，在纸上画出问卷总体的各个部分及其前后顺序，然后将每一部分的内容编成一个具体的问题，写在一张张卡片上，调整问题间的顺序，并将整理好的问题卡片打印成稿，形成问卷的初稿。

3. 试用并检验、评价问卷初稿

问卷初稿设计之后，不能直接用于正式调查，而必须对其进行试用检验、评价和修改。试用检验、评价问卷初稿常用的方法有两种：客观检验法和主观评价法。

（1）客观检验法。具体步骤如下：①采用非随机抽样的方法抽选一小部分样本为试调查对象；②寄发问卷初稿让他们按要求填写并及时回收；③认真检查和分析试调查的结果，从中发现问题并进行修改。

客观检验法检查和分析的主要内容如下：①问卷回收率。如果回收率较低，比如在60%以下，说明问卷在设计上存在较大的问题。②有效回收率，即扣除各种废卷后的回收率。如果收回的废卷越多，说明回答者填写完整的就越少，也就意味着问卷初稿中的问题较多。③填写错误。填写错误由两部分组成：一部分是填写内容错误，另一部分是填写方式错误。一般来说，填写错误率越高，问卷初稿中的问题可能越多。④填写不完全。填写不完全也有两种类型：一类是问卷中某几个问题普遍未回答；另一类是从某一个问题开始，后面部分的问题都未回答。对于前一类，检验人员要仔细地检查这几个问题，分析出大部分被调查者未回答的原因，然后改进。对于后一类，检验人员则要仔细检查中断部分的问题，分析填写不完全的原因。

（2）主观评价法。这是通过主观的方法来评价问卷初稿，再根据评价意见对问卷进行修改的一种方法。具体做法如下：将问卷初稿打印成若干份分别送给该研究领域的专家、研究人员以及典型的被调查者，请他们阅读和分析问卷初稿，并根据他们的经验和认识对问卷进行评价，指出存在的问题，最后，设计者根据大家提出的问题对问卷初稿进行修改。

4. 修改、定卷、编码、附信、印刷

问卷初稿经过试用检验、评价后，设计者就可根据发现的问题对问卷初稿进行修改。修改完毕后，如再未发现其他问题，问卷便可以确定下来。定卷时可进行编码，也可不进行编码。所谓编码，就是把各种资料变成数字符号。编码有两种形式：事前编码和事后编码。事前编码就是在调查前就编码，它一般适用于对调查对象有比较充分的了解，并在调查后不再重新对资料进行分类的情况。事后编码就是调查后才编码，适用于在定卷时对研究对象及有关理论还没有充分认识，并准备在调查后重新对资料进行分类的情况。问卷中的附信要能简要地说明该项调查的目的、调查举办单位（或人）、填卷方式以及为被调查者保密等。定卷后的问卷印刷同样要十分小心和仔细，无论是版面安排上的不妥，还是文字、符号上的印刷错误，都将直接影响最终的调查结果。

（二）确定调查对象

在完成问卷设计并定稿之后，调查人员可根据调查课题的目的、性质和要求，采用不同的选取调查对象的方法，确定调查对象。由于问卷调查的回复率和有效率不可能达到100%，因此，选择的调查对象要比研究对象多，具体数目主要取决于问卷的回复率和有效率。其计算公式为：

$$调查对象 = 研究对象 \div (回复率 \times 有效率)$$

上式中，研究对象可由调查者确定，而回复率和有效率则可根据以往经验进行结算。下面以一个例子进行说明。

某农场想了解某地农民参与观光农业开发的情况，拟采用问卷调查，其中调查对象可这样确定：假设研究对象需600人，按以往经验，问卷回复率估计为80%，有效率为90%。那么调查对象可计算为：

$$调查对象 = 600 \div (0.8 \times 0.9) = 833(人)$$

（三）分发问卷

分发问卷一般可以通过邮寄、报刊、网络和直接派人发送四种方法进行。由于发行的途径不同，因此，问卷有报刊问卷、邮政问卷、网络问卷和发送问卷。

（四）问卷的回收

问卷的回收是问卷调查的一个重要环节，也是调查人员在寄发或分发调查问卷后不能进行有效控制的一项调查环节。且问卷回收率的高低直接影响调查的成败和调查结果的准确性。如何提高问卷的回复率，是每位调查者必须面对和解决的问题。要提高问卷调查的回复率，应掌握以下五条对策：一是争取知名度高、权威性大的机构的支持；二是努力提高问卷设计质量，创造被调查者回答问题的动机；三是选择具有吸引力的调查课题；四是挑选恰当的调查对象；五是采取回复率较高的问卷调查方式。

(五) 问卷的审查

回收的问卷，必须认真审查。具体做法是对每份问卷，检查其是否有遗漏回答项目、回答错误、回答不合格等现象，坚决淘汰无效问卷。只有这样，才能使后面的资料整理与分析建立在有效问卷的基础上，才能确保问卷调查结果的可靠性和科学性。

四、逆向思维法

逆向思维法是一种重要的思维方式。逆向思维法也叫求异思维法，是对司空见惯的、似乎已成定论的事物或观点反过来思考的一种思维方式。逆向思维敢于"反其道而思之"，让思维向对立面的方向发展，从问题的相反面深入地进行探索，树立新思想，创立新形象。在观光农业发展中，人们习惯于沿着事物发展的正方向去思考问题并寻求解决办法。其实，对于某些问题，尤其是一些特殊问题，从结论往回推；倒过来思考，或许会使问题简单化，甚至因此而有所发现，创造出奇迹，这就是该方法的魅力所在。

逆向思维法的类型有以下几种。

(一) 反转型逆向思维法

这种方法是指从已知事物的相反方向进行思考，产生发明构思的途径。"事物的相反方向"常常是指从事物的功能、结构、因果关系三个方面作反向思考。例如，市场上出售的无烟煎鱼锅就是把原有煎鱼锅的热源由锅的下面安装到锅的上面。这是利用逆向思维对结构进行反转型思考的产物。

(二) 转换型逆向思维法

这是指在研究问题时，由于解决这一问题的手段受阻，而转换成另一种手段，或转换思考角度，以使问题顺利解决的思维方法。例如，历史上被传为佳话的司马光砸缸救落水儿童的故事，实质上就是一个用转换型逆向思维法解决问题的例子。由于司马光不能通过爬进缸中救人的手段解决问题，他就转换为另一手段，破缸救人，进而顺利地解决了问题。

(三) 缺点逆用思维法

这是一种利用事物的缺点，将缺点变为可利用的东西，化被动为主动，化不利为有利的思维方法。这种方法并不以克服事物的缺点为目的，相反，它是化弊为利，找到解决问题的方法。例如，金属腐蚀是一种坏事，但人们利用金属腐蚀原理进行金属粉末的生产，或进行电镀处理等，无疑是缺点逆用思维法的一种应用。

第二节　观光农业项目的策划要求

一、执行国家相关法律法规

观光农业的发展不是少数人随意的主观意图，而是当地社会经济发展的要求，是在一定的自然、社会空间范围内展开的。观光农业的发展不能离开当地社会经济发展的大环境，也不能违背国家相关的法律法规。编制旅游发展规划，必须执行国家的相关法律法规，符合地区社会经济发展总体规划。

策划依据是编制观光农业规划的基础，它不是随心所欲的应景之举，也不是可有可无的点缀之作，而是编制观光农业规划的指导原则。编制观光农业规划的依据，一般包括以下几类。

（1）国家法律、法规、制度，如《中华人民共和国土地管理法》《中华人民共和国环境保护法》《中华人民共和国水法》《中华人民共和国森林法》等；国务院颁发的文件如风景名胜区条例、旅行社管理条例等；行政主管部门的规章及规范性文件，如《旅游业发展规划管理办法》《旅游统计管理办法》等。

（2）国家标准和行业标准，如《旅游规划通则》《旅游资源分类、调查与评价》《旅游厕所质量等级的划分与评定》等。

（3）当地的规划性文件，如省、市的社会经济发展规划，省、市的旅游业发展规划，与旅游业发展相关的当地规划文件，如土地资源利用规划、农业发展规划、交通发展规划、环境保护规划、城镇建设规划等。

二、做充分的调查研究

观光农业策划是对一个地区在一段时期内产业发展的构想，这个构想不可能是拍脑袋想当然提出来的，也不可能是对其他地方规划的简单移植、照抄照搬。它只能是对本地区农业资源的全面认识、旅游产品现状的全面把握以及对旅游市场的全面分析以后得出的一个理性的认识。一个地方在编制规划以前，必定要经过充分的调查研究，包括资料的占有、现场的踏勘、市场调查等，只有对所有相关元素了如指掌，编制的规划才可能有针对性、生命力、实效性。

三、创新的思维和理念

观光农业的要旨是求新、求奇、求特。创新是观光农业策划生命力的源泉，只有充分展示自己的独特内涵，充分张扬自己与众不同的个性，旅游者才会纷至沓来。现在许多地区的乡村旅游，都是一样的"农家乐"，一样的水乡小镇，一样的深院大宅，就像是一个模子里铸造出来的，缺乏创意和个性。创新是编制规划的灵魂。创新包括理念的创新、内容的创新和方法的创新。内容的创新和方法的创新都很重要，能否在看似平淡无奇的资源中发现闪光点，能否在大家习以为常的展示手法中融入新鲜的技巧，甚至化腐朽为神奇，关键在于规划编制者有没有创新的思维和理念。理念决定成效。有了创新的理念，规划编制者就能发现独特的闪光点，这样才能构想独特，标新立异，设计出富有特色、激情、吸引力的产品。

另外，观光农业的策划涉及政策、农业、花卉、景观、科技、住宿、娱乐、道路等多方面，是一个综合性的策划。如何体现人与自然和谐相处，突出特色，培育亮点，形成规模，做出品牌，实现持续发展亦是一个关键问题。因此，观光农业策划还应坚持以下原则。

(一) 因地制宜原则

我国地域辽阔，每个地区都有其自身的地理环境和文化风俗，观光农业的建设首先要尊重周边地区人们的生活和风俗习惯。各地应因地制宜，因势利导，根据当地农业产业发展的实际情况和当地的自然资源、文化资源优势以及当地人们的生活习惯和生活水平来确定观光农业发展的方向。例如，不少观光农场利用当地先进农业生产技术发展设施农业观光旅游活动，形成"南树北栽、南花北开"的"百花园""百果园"等奇特的景观效果。

(二) 协调性原则

观光农业的发展离不开农业生产，若抛开农业生产搞旅游，那么旅游也必将是无本之木、无源之水，不会持续稳定地发展下去。观光农业的规划既要考虑旅游活动对农业生产的影响，又要满足旅客的旅游需求，因此在策划中要权衡农业生产和旅游发展的比重，找好二者的平衡点，尽可能在不影响农业生产功能的前提下最大限度地发挥其旅游价值，适应旅游业务的开展。使农业生产和旅游活动相互协调、相互结合、相互促进是观光农业策划的首要原则和最终目的。

(三) 突出特色原则

特色是观光农业产品的核心竞争力，主题是观光农业产品的核心吸引力。规划编制者要认真摸清可开发的资源情况，分析周边观光农业项目特点，巧用不同的农业生产与农村文化资源营造特色。农村资源具有的地域性、季节性、景观性、生态性、知识性、文化性、传统性等特点，都是营造特色时可利用的特性。规划编制者要善于根据资源特性和项目定位进行主题策划。

(四) 经济性原则

投资者开发观光农业的目的除了获得一定的社会和生态效益外，最直接、最关心的是观光农业所产生的经济效益。一方面，观光农场的观光、采摘、休闲、餐饮、娱乐、购物等活动本身的盈利空间非常大，直接增加了农场的经济效益；另一方面，游客的口口相传增加了农场的知名度，提高了公众对观光农业产品和品牌的关注度和购买力，间接增加了农场的经济效益。因此，项目的策划要以提高农场经济效益为核心，以市场需求为导向，充分利用高科技的优势，做好农业生产淡季的旅游项目规划，促进观光农业的可持续发展。

(五) 参与性原则

观光农业空间广阔，内容丰富，极富参与性，其规划要紧跟旅游市场的发展方向。当前亲身直接参与体验、自娱自乐已成为旅游时尚，城市游客只有广泛参与农业生产、生活的方方面面，才能在更多层面体验现代农业生产及原汁原味的乡村生活情趣，才能提高游览兴致。例如，广州农业园让游客参与植物组织培养和工厂化育苗的生产过程，使游客倍感新奇和刺激，对高科技农业旅游的兴趣也剧增。参与性活动要常换常新，让游客每个季节都能有不同的体验，以提高农业旅游园的重游率。

(六) 生态性原则

旅游活动势必会带来大量的污染。生态原则是指在规划中要减少旅游活动对观光农业生产环境的影响和污染，保持农场环境的生态性和可持续性。农场的规划设计要重视自然本身的价值和能源的循环利用，能源、交通、技术、商品、服务设施的设计要符合绿色标准，如利用清洁能源(沼气、太阳能等)、步行或利用畜力、固定建筑等。

(七) 文化性原则

在原始农业到现代农业的演变和发展过程中，无论是农业生产方式、农业生产用具还是各类农产品都看其产生的原因和发展历史，进行观光农业策划要结合我国古代诗词歌赋、农村习俗及农产品的营养价值等，多方面挖掘农业的文化内涵，并在旅游项目规划和景观设计中加以体现，增加旅游活动的知识性和趣味性，同时提升观光农场的文化品位。

(八) 多样性原则

观光农业在策划和设计时要注意将高科技农业旅游项目、传统农业旅游项目、民俗旅游项目和现代娱乐健身项目等多种形式的旅游活动结合起来，为不同层次、不同年龄的游客提供多种自由选择机会；在项目线路、游览方式、时间选取和消费水平的确定上，必须有多种方案以供选择。观光农业在开展旅游活动上有其特殊性，旅游项目的设置要能够让游客表现其独特的个性，注重组织丰富多彩的参与性游乐项目。

四、重视团队合作

观光农业是一个综合性产业，既是多学科的融合，又要多个部门的协作。即使像"农家乐"这样相对比较单一的乡村旅游产品，除了涉及乡村、农业、环境、生态以外，也要涉及民俗、建筑、饮食文化，更需要土地、河道、山林、交通、城镇等各方面的协调配合。这就不是一两个人的知识和能力所能解决的，而需要一支由多学科、多部门的专家学者组成的策划团队，协同配合，以集合各方面的知识、信息和能力。创新的理念，不但依靠规划编制者的个人素质，也要依靠编制队伍的集体智慧。

第三节　观光农业项目的策划内容

一、主题形象策划

(一) 观光农业的主题与特色

主题特征是观光农业建设的关键。观光农业的主题主要凝结在观光农场的景观意象和游憩产品特征与组合上。由于观光农场建设的宗旨在于开拓乡村景观空间，为都市居民提供游憩产品，因此，观光农场必须是以乡村景观为核心形成的自然—生产—观光—康乐的景观综合体。虽然观光农场都以乡村田园自然—生产—观光—康乐景观综合体为特征，各种类型的观光农场都是自然—技术综合体的体现，是对乡村景观资源的深层次开发利用，在景观意象和景观构成上具有一定的相似性，但是由于不同类型的观光农场在景观构成上存在较大的差异，这就确定了观光农场丰富的主题性和特色性。值得强调的是，观光农场存在一定的相似性，这决定了观光农场具有较强的替代性。它不仅要求观光农场的建设必须主题明确、特色鲜明，而且要求观光农场的建设必须具有统一的发展规划，宜建设标准高、规模大的观光农场，在总量控制的前提下，切忌小规模、低水平的重复建设。

(二) 观光农业形象的内涵

观光农业形象是观光农业旅游地内在素质和外在表现的综合体现，它是观光农业通往成功之路的重要资源。

观光农业形象具有多种意义上的两重性。一是具体与抽象的统一。形象是具体的、可感知的，在很多情况下又往往是抽象的、不可触及的。二是主观与客观的统一。形象是行为主体的言行和表现，体现出行为主体的主观性，但行为主体的表现需要有客体来评价，客观形象同主观形象之间是有差异的，不可能完全重合，理想的结果是通过各种努力尽可能缩小客观形象同主观形象之间的差距。三是内在素质与外在表现的统一。形象往往是以外在的形式表现出来，但外在的表现归根结底取决于内在素质。观光农业旅游地的外在形象，取决于其内在的经营理念、企业文化。观光农业旅游地的内在素质一般包括经济实力、管理水平、产品质量和员工素质等要素，而外在表现则是易为外界公众看到、听到或感觉到的静态实物或动态言行。公众往往是首先通过观光农业旅游地良好的外在表现，进而对其产生兴趣，认识其内在素质，逐步形成自己心目中的观光农业旅游地形象。

观光农业形象的一个本质特点是具有"附加值"。附加值是指那些产品除基本功能之外的被消费者欣赏的东西。消费行为学把产品分为低重视度产品和高重视度产品。低重视度产品的附加值可能是它的功能性优点，而高重视度产品的附加值则是这个产品或生产这个产品的公司形象所赋予的产品功能以外的东西。

观光农业形象是由三大部分组成的，即理念识别（Mind Identity，MI）、行为识别（Be-

133

havior Identity，BI)和视觉识别(Visual Identity，VI)。这三者相互作用、相互影响，形成一个完整的识别系统(Corporate Identity System，CIS)。理念识别是观光农业在发展过程中形成的具有独特个性的价值观念体系。行为识别是在这种理念指导下逐渐培育起来的观光农业从业人员自觉遵守的工作方式和行为方法。视觉识别是观光农业所特有的一套识别标志。理念识别是行为识别和视觉识别的基础，行为识别、视觉识别分别是理念识别的动态和静态的外在体现。

1. 理念识别系统

理念识别系统是旅游形象系统的支柱，由社会使命、经营观念、行为规程、活动领域四部分组成。

(1)社会使命。社会使命是旅游经营活动的依据和出发点。例如，希尔顿酒店的使命是"持续不断地改进我们的工作，努力为我们的宾客、员工、股东利益服务，力争成为公认的世界上一流的饭店组织，使我们的事业繁荣昌盛"。随着可持续理论的广为传播，越来越多的观光农业经营组织不仅以市场利益为导向，以满足客人需要为最终目标，而且以社会的良性发展、资源的合理利用作为确定社会使命的前提条件。

(2)经营观念。经营观念是旅游经营活动的指导思想，如企业精神、职业道德、质量意识、服务意识、企业凝聚力等。它反映一种价值观和思想水平。

(3)行为规程。行为规程是在旅游经营观念指导下对旅游从业人员的行为规范的具体要求，它体现在员工手册、岗位责任说明书、岗位操作规程、劳动纪律中。

(4)活动领域。活动领域是旅游服务活动的范围。如乡村"农家乐"饭店，主要为旅游者提供食宿设施与服务。我国把旅行社划分为国内旅行社和国际旅行社，这种划分指明了不同旅行社的活动领域。社会使命、经营观念和行为规程属于旅游经营理念，活动领域为旅游经营理念提供具体的表现场所。

2. 行为识别系统

行为识别系统是理念识别系统的主要体现，通过服务行为和社会行为来传达。

(1)服务行为。旅游者往往通过旅游经营组织的每个员工的一言一行，来具体识别旅游形象。观光农业经营者应通过对员工的教育、培训以及为员工创造良好的工作环境，促使员工自觉地把自己的一言一行与旅游形象联系起来，提供优质产品和最佳服务。

(2)社会行为。社会行为主要包括公共关系活动、社会公益活动、专题活动、形象广告活动等。良好的社会行为识别，可以使社会公众了解观光农业经营组织的信息，产生好感和信赖，从而在社会公众中树立良好的形象。

3. 视觉识别系统

视觉识别系统是指通过组织化、系统化的特有的视觉设计，包括标志、建筑物、车辆、制服、办公用品等，来展示旅游形象。

(三)观光农业形象设计

1. 观光农业形象设计系统

有些观光农业经营者认为，塑造形象犹如给人化妆一样，无非装饰得漂亮些。事实上，观光农业形象塑造是一个系统工程，是以理念识别系统为基础和核心，行为识别系统为主导，视觉识别系统为表现的整合工程。在这一系统的整合工程中，所有的视觉表现都以内在的经营理念为依托，只有对经营理念有了充分的理解，才能真正创造出反映经营理念的视觉识别系统，才能使消费者通过这种视觉识别体会到观光农业的基本精神及独特的个性。实践证明，任何表里不一的旅游经营组织，其外在形象再美，也绝不会引起人们的好感，相反只会引起反感，使人们厌恶其漂亮的外表。某些乡村"农家乐"饭店装潢富丽堂皇，但陈设杂乱无章；员工虽然身穿崭新的服装，言行举止却不文明，如此这般只能引起人们的反感。观光农业经营者必须注重内容，通过一系列有效的管理活动、社会活动和服务活动，塑造良好的旅游形象。这些工作要依靠观光农业全体从业人员来完成，绝非视觉设计者所能代替。

视觉识别有两个设计系统：一是基本设计系统，二是应用设计系统。如果用一棵大树做比喻，基本设计系统就是树根，是视觉识别设计的基本元素，而应用设计系统是树枝，是整个旅游形象的传播媒体。基本设计系统包括企业名称、标准标志、变形标志、标准字体、印刷字体、标准色彩、辅助色彩、商标品牌、象征纹样、吉祥物等，其中以标准标志、标准字体、标准色彩为核心，而标志又是这三大核心中的核心，它是促发和形成所有视觉要素的主导力量。应用设计系统包括办公用品类、旗帜类、指示标志类、服装类、广告宣传类、资料类、环境与陈设类、运输工具及设备类、公关礼品类、产品与包装类等。

2. 观光农业形象应用设计

(1)办公用品类设计。观光农业旅游的办公用品，主要包括名片、信封、信纸等事务用品以及发票、介绍信、合同书等。

①名片。名片的规格一般为55毫米×99毫米，如果喜爱特殊尺寸，可以在高度上进行变化，但最低高度不要低于45毫米。高过55毫米的，可以将多出的部分进行折叠，而宽度则不需要变化，因为大多数名片盒、名片夹都是按照标准尺寸制作的。名片通常单面设计，也有双面使用的情况，内容一般为使用者的基本资料，如姓名、职务、企业或机构的联系方式、名片使用者的联系方式等。设计人员也可采用一些特殊的设计来吸引相关者的注意，如在名片背后印上一句服务宗旨或座右铭或当地的代表性景观。一般的名片使用丝网印刷即可，特殊名片可考虑多色胶印或专色印刷。

②信纸。常见的信纸规格有三种：184毫米×260毫米、216毫米×279毫米、210毫米×297毫米。一般的信纸用80~100克的普通纸即可，特殊用信纸可以采用特种纸张。信纸上的设计要素通常包括观光农业的标志、标准色、联系方式、装饰纹样。信纸设计要素的组合与名片、信封的设计风格一致，也可以适当进行装饰，如大面积铺设底纹，显得非常别致，有些乡村"农家乐"饭店把信纸的底色设计成米黄色或淡黄色，体现出温馨柔和的气氛。

③信封。设计信封首先要考虑是一般邮寄信封还是特殊用信封。邮寄信封要按照邮政部门的规定尺寸进行设计，小号220毫米×110毫米，中号230毫米×158毫米，大号320毫米×218毫米。用作发送请柬、问候卡、礼品以及重要文件的特殊信封，规格较为随意，但要注意信封尺寸与纸张的大小相配合，尽量减少浪费。

（2）指示标志类设计。指示标志是对某一设施、部门位置的确认，也是对景区、功能区域分布的提示。在观光农业旅游饭店，客人来自不同的国家和地区，仅用文字来指示某一功能区域可能会出现不必要的麻烦，可以使用区域指示类标志。这类指示标志的设计要素以分布内容和企业标准色为主，企业标志、名称等要素通常安排在次要位置，让游客一眼看去就能立即明了指示的内容。观光农业景点指路类标志，除了要和区域指示类标志一样考虑标志色彩、名称等，还要包括指路语言和方向标。如果设计空间较少，可以考虑省去企业标志、名称等要素，但标准色或辅助色一般不能省略。

（3）服装饰品类设计。员工统一着装，是使员工产生归属感的一种有效手段，同时也便于管理，带来整齐划一的效果。旅游业是劳动密集型行业，员工和客人面对面接触的机会很多，观光农业经营组织最好给员工配以统一的服装。员工的服装应视其工作性质、工作岗位制定不同的样式，服装造型要符合员工身份，参考流行趋势，注意色彩协调搭配。

行政办公人员的服装通常采用流行的西服样式，面料以毛涤为主，色彩以黑灰、蓝灰等为主，显得端庄、稳重、成熟。"农家乐"饭店服务员和乡村景点服务人员的服装，则要顾及穿着者是否便于工作，是否耐脏、耐磨。工装一般采用卡其布、牛仔布为材料。越来越多的观光农业经营组织开始注意服饰配件，但配件饰品不宜过多，因为朴实无华更显乡村特色。配件由于大小不一、材料各异，设计时要根据实际情况选用不同的视觉要素，如领带、领结、丝巾等，多以企业的象征纹样为主要表现对象。而扣子、领带夹、别针由于设计面积较小，则以单独的企业标志为主。雨披、雨伞等雨具也可以考虑使用企业的标志色和标志图案。

需要特别注意的是，观光农业旅游地的管理者尤其是第一线的服务员工，应尽可能穿戴富有当地乡村特色的服饰，因为那些服饰最易受旅游者的欢迎。

（4）环境陈设类设计。环境布置首先要讲究风格。例如饭店，通常有三种风格：一是传统风格。建筑物一般不高大，多采用大屋顶、琉璃瓦、木结构的梁架，梁架上一般有雕花，形式上讲究对称。二是现代风格。一般多为高层建筑加裙房的布局，高层建筑为饭店的主体部分，裙房则多为公共场所，前面一般有雕塑或喷水池。三是民族风格。民族式建筑多采用当地的石块、竹子、砖块、木材和传统生活用品进行装饰和陈设，追求一种古朴、清新的乡土风味，一般是越"土"越好。如藏族地区的乡村饭店，采用藏式的柱头、柱身、小亭、窗楣，体现藏族建筑的艺术特色。云南景洪的傣族竹楼，依山傍水，绿树环抱，由廊、亭、榭组成，体现傣乡风韵。乡村"农家乐"饭店，以简约朴素的民族风格和富有地方特色的传统风格最为适宜。

环境摆设设计要讲究选用不同的装饰材料。不同的材料有不同的风格，选择装饰材料不能一味追求豪华。木料装饰古色古香，清新自然；钢铁、铝合金装饰坚实稳固；玻璃则可扩大空间，增强气派。乡村"农家乐"饭店可以根据地域特色，就地取材，既经济实惠又突出风格。竹乡的饭店可以用竹墙、竹顶，家具可以用竹编，灯具可以用竹笼子，以出奇制胜、物尽其用。摆放绿色植物可以净化空气，增加生机。许多乡村"农家乐"饭店配以花坛、盆栽或地毯式草地来美化环境。环境陈设设计还要考虑灯光照明。光是温暖的象征，适当地用光可以使人身心愉悦。特别是在夜间，灯光对显示建筑外观起了主导作用。

灯光还可以烘托气氛，较弱的全盘照明和较强的局部照明相互结合有时可以制造出意想不到的效果。

二、体验活动策划

(一)体验的种类

体验因消费者是主动参与还是被动参与，是融入情境还是只吸收信息，可分为四大类。

(1)娱乐体验。消费者较被动，以吸收信息为体验的主要方式，如欣赏表演、听歌、看画展、阅读、看电视等。

(2)教育体验。消费者主动参与，吸收资讯，如访问参观、户外教学、感性旅行等以获取知识技术为目的的体验方式。

(3)遁世体验。消费者更主动参与，更融入情境，如主题公园、虚拟太空游戏、扮演童话故事人物、虚拟时空变幻的活动等。

(4)美学体验。消费者虽主动参与少，但深度融入情境，个别性的感受多，如面对美国大峡谷，中国黄山、长城，产生心神往之的感觉。

以上四种体验有明显的差别，以一个游客参与的性质而言，如果想"学"，就是教育的体验；如果想"做"，就是遁世的体验；如果想"感受"，就是娱乐的体验；如果"心向往之"，就是美学的体验。一项活动设计应让游客不仅产生一种体验，而要包含多种体验。一般而言，让人感受最丰富的体验，是同时涵盖四个方面，也就是处于四个方面交会的"甜蜜地带"的体验。

以上每个活动都有其体验的领域。依照派恩与盖尔摩的说法，应该将体验尽量设计成甜蜜的体验。比如采果，欣赏果园美景及黄澄澄的柑橘，而觉得心情愉悦，属娱乐的体验；学习果树生理、正确的采摘技术及水果的营养价值，属教育的体验；认养果树，当个"一株农夫"，属于遁世的体验；感叹大地抚育万物，向往奥妙的大自然，属于美学的体验。

(二)观光农业提供体验的资源

农业农村资源可分为自然资源、景观资源、产业资源、人的资源、文化资源五类，这些都是发展体验式经济的基础。

1. 自然资源

(1)气象资源：日出、日落、云彩、彩虹、星相、季风等。

(2)植物生态资源：利用乡村各类植物的花、果、叶等，安排体验活动。

(3)动物生态资源：利用乡村的稀有动物，如蝶类、鸟类、鱼类、禽类、兽类，设计活动，招徕游客，提供自然教室的知性之旅。滨海地区动物资源包括鱼类、虾类、贝类、蟹类、鸟类(留鸟与候鸟)、昆虫及潮间带生物等。

(4)水文资源：利用乡村的溪流、河床、山涧、瀑布、温泉吸引游客游憩留宿。滨海地区的水文资源有海景、潮汐、浪花等。

2. 景观资源

(1)地形地貌景观：农村有平原、步道、岭顶、悬崖、峡谷、河滩、曲流、峭壁、环流丘等。滨海地区有沼泽、水塘、海岸线、潮间带、沙洲、海岸洞穴、奇石、珊瑚礁岩等。

(2)建筑景观：农宅传统建筑、寺庙建筑、鱼塘景观、渔村风情、盐田景观等。

3. 产业资源

各种农园、林产、畜牧、水产养殖等产品均可作为设计体验活动的资源。如果园摘果体验，或在养殖阶段，发展观光垂钓渔场；或在运销阶段，设计假日鱼市的活动；或在加工处理阶段，设计渔制品观摩与采买的活动。总之，农业经营各阶段皆可提供游憩服务。

4. 人的资源

(1)农渔村地方上的历史人物、知名人士、有特殊技艺的农渔民。

(2)有特色的农渔村的聚落活动。

5. 文化资源

(1)传统建筑资源，如农村古代建筑遗址、古道老街、古宅、古城、古井、古桥、废墟、旧码头等。

(2)传统手工艺品，如具有地方特色的艺术品，如石雕、木雕、竹编、纺织、服饰、古农机具及家居用具等。

(3)民俗活动，如传统节庆、婚嫁礼仪、民间杂耍及健身活动等。

(4)宗教信仰活动，如祭祀庙会。

(5)各种文化设施与活动，如有特色的农渔牧博物馆、历史遗迹等。

(三)体验营销及其特征

1. 体验营销的概念

体验营销是指以产品为载体，以向顾客提供有价值的体验为主旨，力图通过满足消费者的体验需要而达到吸引和保留顾客、获取利润的目的，是集消费者的感觉、情感、思维、行动等于一体的新型营销理念。

2. 体验营销的特征

体验营销不把体验当作一种无定形的、可有可无的东西，而是将其作为一种真实的经济提供物，作为一种有别于产品和服务的价值载体，将传统的卖产品和卖服务转变为卖体验，从重视功能与质量转变为重视顾客的感性需求。因此，体验营销既是营销重点的转移，又是营销视角的转换；既是一种营销策略，又是一种全新的营销模式，具有区别于传统营销的特征。

(1)强调顾客的感性特征。消费者既是理性的，又是感性的。传统营销把顾客视为"经纪人"，将顾客的购买过程看成一个非常理性的分析、评价、决策的程，认为产品的质量和价格是关系其购买与否的决定性因素，而忽视消费者的感性特征；体验营销在肯定理性因素的同时，更强调感性因素在消费者购买过程中所起的作用，认为消费者的感情需求同样能引起购买行为。

（2）营销的互动性。在传统营销中，消费者被动地接受产品和服务。而在体验营销中，体验的创造过程是企业与消费者共同作用的结果，顾客既是体验的接受者，又是体验的参与者，消费者的消费过程变成了一种体验和享受的过程。

（3）营销的主观性。在传统营销中，企业会运用价格策略或其他手段来促使消费者购买其产品，并以此来强化消费者对产品和服务的价值认同感。而在体验营销中，消费者通过亲身体验，根据自己的感受作出不同的评价，带有一定的主观性。

（4）营销的持续性。体验营销具有一定的持续性。一般情况下，消费者直接体验后，体验的感受不会立刻消失，而会形成各种回忆，甚至有时会对这种回忆进行重新评价，从而产生新的感受。这就会影响他们对该产品的再次消费。

（四）体验营销策划及其应用

美国体验营销专家施密特教授从心理学角度，提出了一个构建体验营销框架的模型，他认为消费者的感觉、情感、思维、行动、关系五个模块构成了体验营销的主体框架，即形成体验营销战略支柱的战略性体验模块。体验营销的主体框架在观光农业中的应用也不外乎这五种模式，即感觉营销、情感营销、思维营销、行动营销和关系营销。

1. 感觉营销策划与应用

感觉营销是通过刺激消费者的视觉、听觉、触觉、味觉和嗅觉，为其创造感官上的享受，塑造充分的感觉体验，从而令其产生购买的欲望。要在感官上为顾客创造体验价值，就不仅要对"外环境"——有形物进行包装，还要对"内环境"——环境气氛进行包装。

（1）有形物的感觉营销。潍坊寿光的蔬菜观光园里，无土栽培的葡萄、硕大的南瓜、七彩的辣椒等都让参观者产生好奇的心理，进而产生购买品尝的欲望。这与平时在农贸市场卖方劝说消费者购买自己的产品相反，这是消费者亲眼所见，自愿购买。

（2）环境的感觉营销。在观光农园里，游客可以摘果、拔菜、赏花、采茶等，生产者还为消费者提供凉亭、水池、座椅等设施，让消费者自由自在地享受田园乐趣。在节假日，一家人或亲朋好友到农园观光，看看新鲜碧绿的蔬菜、五彩缤纷的鲜花，亲手采摘水果，尽情享受田园风光，是何等轻松和愉快。对生产者来说，观光农园的经营方式不仅扩大了产品的影响，增加了销售量，还节省了采摘和运销费用，可以说是取得了旅游和销售的双丰收。

2. 情感营销策划与应用

情感营销的目的是触动消费者的内心情感，给消费者创造兴奋、快乐、自豪的情感体验。对于现在住在大城市里的老人来说，他们特别怀念当年在农村的生活，而且他们中有不少是应儿女的需要离开农村的。"农家乐"的兴起在某种程度上满足了他们的需求。他们愿意带着晚辈去看一看土房土炕、吃一吃野菜、赏一赏民俗、讲一讲他们当年的生活状况。老人们仿佛又回到了过去，倍感亲切；而晚辈们既了解了过去生活的艰辛，又对现在来之不易的幸福倍感珍惜。"农家乐"的体验式营销找准了现代城市人厌倦城市生活、寻求朴实体验和部分老年人怀旧的情感需求，从而提供能满足顾客情感需要的刺激。

3. 思维营销策划与应用

21 世纪是知识竞争的时代，人们对知识的渴求十分强烈，他们希望能有一种知识性消费，使其在消费过程中也能获取知识。在这种情况下，思维营销应运而生。在农业观光园和蔬菜观光园中，生产者会安排专业人员解答顾客的疑问，并向顾客介绍一些相关知识，如介绍无公害蔬菜的好处，怎样辨别水果或蔬菜是否用了催熟剂，怎样清洗才能减少维生素的流失，如何搭配才有营养，等等。消费者在观光的同时还学到了生活常识。还有一些观光园会详细地介绍像农作物生长过程这样的较为专业的知识，满足顾客的好奇心。像这样，在营销中加入了知识的因素，一方面满足了消费者的求知欲，另一方面也让消费者买得放心。

4. 行动营销策划与应用

行动营销的目标是影响身体的有形体验、生活形态与互动，通过增加人们的身体体验、展示做事情的其他方法和提供另一种生活方式来丰富顾客的生活。如渔村游让顾客使用非现代的交通和捕捞工具，如小木船、旧渔网等，亲自参与捕捞；乡村民俗游让顾客亲自体验民俗活动，如踩高跷、坐花轿等；采摘园让游客任意挑选、采摘果蔬；在"农家乐"中，顾客甚至可以拿起锄头下地干活；等等。对于从来没有在农村生活过的城里人来说，这是他们了解农村和农民的好机会，也是区别于城市观光方式的一种放松模式。

5. 关系营销策划与应用

关系营销包含感觉、情感、思维和行动营销的成分，但它超越了增加个人体验的私有感受，把个人与他人、文化联系起来。也就是说关系营销要将消费者与更广泛的社会体系联系起来，从而建立一个社会群体对某种品牌的偏好，培养忠实的顾客。观光农业的关系营销就是根据当地的特色，建立符合其消费体验的休闲主题。例如，消费者只能去山西体验纯正的窑洞生活，而当地也以此打响品牌。

三、旅游商品策划

(一) 观光农业旅游商品的内涵

观光农业旅游商品包括的内容远远超越了农业本身，很多人文和自然类型的资源都可以整合设计成为富有乡村特色的旅游产品，这与观光农业旅游商品的丰富性是对应的。

1. 观光农业旅游商品的资源要素

观光农业是以乡村空间环境为依托，以乡村独特的生产形态、民俗风情、生活方式、乡村风光、乡村居所和乡村文化等为对象，集观光、游览、娱乐、度假和购物于一体的旅游形式。观光农业的目标顾客是城市居民，针对这个顾客群体的旅游商品，除了具备必要的旅游要素，如娱乐性、知识性、参与性等以外，还必须具备另一个特定要素，即乡村特质，如乡村特有的农产品、地理环境、地方民俗等。富有地方特色的靓丽风景、传统风尚、风土人情、风味餐饮等，都是观光农业商品难以分割的核心内容。简而言之，观光农业商品的最大特色是乡土性。观光农业商品设计，要充分展现城乡差距和乡土特色，用异域性和乡土性来吸引游客，展现原生态的乡村风格。

2. 观光农业旅游商品类型

我国乡村地域广阔，地理环境复杂，地方文化丰富多样。东北的村屯与江南的水乡呈现出极大的差异性，华北乡村的四合院与闽粤地区的客家堡楼也大不相同。尤其是少数民族地区的乡村、山寨景观和民族习俗更是多种多样。这就造就了我国观光农业旅游商品的多样性。

观光农业的商品类型，可以从资源类型和旅游者需求两个角度来划分。

从资源类型角度来看，观光农业的商品类型可以划分为以下几种。

(1)自然风光。这种观光农业旅游商品主要依托乡村的自然地理环境，如田野、草原、海洋、山脉、湖泊等。那些著名风景区周边地区或者风景区内部地区，凭借景区的知名度和旅游设施来发展观光农业，增加景区的商品特色，丰富商品类型和层次，从而增加旅游景区的吸引力。

(2)农业景观。随着我国新农村建设步伐的加快，很多乡村的农业生产形成了自己的特色，如现代农业果园、暖棚、梯田、林地等。很多农业观光园、蔬菜高科技示范园、特殊品种的采摘果园等农业旅游资源，都可以开发成为特殊的乡村旅游商品。这些特色农业景观和特色商品对城市居民具有很强的吸引力。

(3)乡村民俗和民族村寨。民俗旅游如今已经成为一种重要的旅游商品，与田园风光、传统文化和村寨风情相结合的观光农业旅游商品尤其受到市场追捧。旅游者在消费这一系列民俗文化商品时，可以从建筑、饮食、服饰、节日、生产、娱乐、礼仪、道德、信仰等各个方面获得丰富的体验，深入领略社会文化的独特性。这种旅游商品的市场辐射半径比较大，强烈的文化独特性可以对远程的旅游者产生巨大的吸引力。

从旅游者的需求角度来看，观光农业旅游商品可以归纳为以下几种。

(1)观光娱乐商品。这种商品是目前观光农业旅游商品的主要类型，目的是满足城市居民在乡村环境中的观光娱乐活动，其主要代表是"农家乐""渔家乐""山里人家"等。

(2)收获品尝商品。商品形式主要以特色餐饮美食、采摘垂钓、参与酿制等为主，如"采摘游""垂钓世界""美食村"等，依托乡村农业设施，提供农产品的收获体验活动。这种商品强调旅游者的体验和参与，市场覆盖面比较大，从老年人到青年、儿童都可以找到适合自己的项目。

(3)运动养生商品。商品形式为依托乡村自然地理环境开发的山野及水体运动、乡村疗养健身等，如温泉、攀岩、爬山、漂流，主要代表是"乡村运动俱乐部""温泉疗养"等。

(4)文化观光商品。商品形式为主要依托乡村的特色风光、农事活动或村落名胜、历史古迹、风俗习惯等设计开发的观光旅游，内容包括现代乡村观光、科技农业观光、古村落民居观光、临近名胜观光、参与民俗节事等。

(5)认知学习商品。商品形式主要是由学校或家长安排的有目的的旅游考察、写生、实习等，以学生远足、夏令营等为代表，让学生通过观光农业获得相关的知识和技能。这种商品在学生市场受到广泛的欢迎。

(6)复合商品。这种类型的商品融合了上述各种商品的要素项兼有几种类型的商品特性。很多资源丰富的地区往往采取这种方式进行资源全面开发，提供多种商品组合，满足不同市场群体的消费需求。四川成都郊区的虹口，根据自身条件建设以垂钓和果园采摘为主的农业收获商品；利用溪流和曲峰开发漂流、登山、探险等娱乐休闲和运动商品；利用药材种植基地开发认知学习商品；在农舍建立老年疗养社区开发运动养生商品。复合性商品需求提高了当地观光农业产品的吸引力和市场覆盖面。

（7）其他非典型商品。许多乡村地区基于其独特或罕见的旅游资源，或者根据邻近市场的特殊需求，开发出一些特有的观光农业旅游商品。例如，黄土高坡上的土窑洞是当地特有建筑形式，相应的文化和民俗，如信天游、剪纸、面食等也富有特色，通过对这些独特资源的开发形成的陕北观光农业旅游商品是其他地区比较少见的，甚至是全国唯一的。此类非典型性商品能够产生非常大的吸引力，产品的市场辐射面也非常广。

（二）观光农业旅游商品体系

从观光农业的资源与市场需求角度来看，观光农业的商品体系可以划分为三个层次。

1. 核心商品

观光农业核心资源是农业景观和乡村文化。观光农业的核心商品包括乡村景观和乡村文化以及接待和度假服务。它是观光农业与其他旅游的本质区别。游客通过对核心商品的消费，能够在乡村环境中与本土居民共享乡村文化和乡村生活。

2. 辅助商品

这是在核心商品的基础上构筑的延伸商品，由本土的各种直接或间接旅游从业人员提供，如餐饮、博物馆、娱乐活动、土特产、工艺品、集市庙会等，超越了农业核心商品的范畴。商品目标指向的不仅是旅游者，还为当地居民提供服务。辅助商品不仅扩大了观光农业核心商品的层次和内容，而且可以增加核心商品的市场吸引力。辅助商品是观光农业不可或缺的重要商品层次，是旅游体验的主要载体之一。

3. 扩张商品

扩张商品是观光农业发展到一定规模和阶段后发展起来的增值服务。观光农业的扩张商品为核心商品和辅助商品提供服务营销和信息平台。由政府、企业、行业协会等组织提供的营销或服务网络，可以解决因为商品分散性而带来的营销和管理困难。通过观光农业网络，政府和行业协会可以为当地观光农业产品提供统一的促销渠道，为游客提供信息沟通平台和预订服务。

上述三个层次的观光农业旅游商品，构成完整的观光农业旅游商品体系。目前，我国的观光农业旅游商品，主要还停留在核心商品层次，也有部分的辅助商品，而在扩张商品层次上的网络和信息服务还远远没有实现。现阶段，观光农业旅游商品的开发应该注意对核心商品的深度开发，对辅助商品的多样化开发，对扩张商品的统一化开发。

（三）观光农业旅游商品的开发原则

目前，我国观光农业旅游商品的开发还有许多不尽如人意的地方。比如，从事乡村旅游的农户缺乏对观光农业目标市场的了解，没有把握观光农业市场的真正需求，他们单纯从资源角度出发，根据自身的理解和想象开发商品，商品定位不大适当；由于缺乏有力的宏观管理和专业指导，目前大部分地区的观光农业旅游商品呈现出单一性和同质化倾向，如大多是垂钓、采摘、骑马等活动，大多数观光农业产品缺乏深度挖掘和开拓，缺少主题和核心要素；观光农业旅游商品缺乏具体的标准和质量监控机制，致使在开发初期就留下了致命的缺憾。

在经济快速发展的今天，观光农业消费者需求的个性化、多样化倾向日益明显，观光农业市场竞争日趋激烈，观光农业旅游商品的开发应该更新理念，充分运用现代营销战略，把握观光农业市场营销的最新脉搏，以满足现代观光农业消费者的需要。

观光农业旅游商品的开发，应该遵循下列几个原则。

1. 市场导向原则

观光农业发展应该以市场需求为导向，紧紧围绕主要目标市场的需求进行商品的要素设计。观光农业管理者应当加强市场调查，把握真实的市场需求，从而根据市场的需求设计出适销对路的商品。任何脱离市场需求的商品设计都潜伏着很大的危险性，得不到市场认可的观光农业旅游商品最终会造成资源浪费和财产损失。

2. 质量控制原则

质量是旅游商品的要素，如果缺乏有效的质量控制机制，可能会给观光农业旅游商品带来毁灭性的打击。由于观光农业旅游商品的提供者一般是分散的农户，受资源影响和服务水平的限制，很多地方的观光农业旅游商品的质量有待提高。进行商品开发必须从一开始就讲究商品质量控制，以保证观光农业的健康发展。

3. 可持续发展原则

观光农业旅游商品的开发不能以牺牲当地资源为代价，必须紧扣可持续发展这一主题，重视旅游资源的开发与生态环境的协调发展，防止出现掠取性开发。重视观光农业资源的可持续发展，还要把握好资源类型，并对当地的旅游资源进行正确的评估，在此基础上设计的商品才能比较符合当地的实际情况，体现当地的资源价值和核心竞争力。

4. 科学营销原则

旅游市场营销是商品推广和销售的重要保障。科学的旅游营销管理与协调可以扩大销售额，提高观光农业旅游商品的知名度。进行商品开发设计应该认真考虑和制定商品的营销战略，重视旅游整体形象的宣传促销，进行旅游品牌建设。

观光农业旅游商品的开发，要根据各自的资源优势因地制宜。以上海为例，浦东应该发挥高科技优势，发展现代农业观光、旅游购物和科普旅游；南汇应该继续以桃园民俗村的花卉旅游为依托，与海滨旅游、东海农场和朝阳农场形成联动，共同发展南汇地区的观光农业；金山的农业发展重点是林业和养殖业，其观光农业发展可以依托于此；青浦的重点则在于开发淀山湖水域和周边森林旅游及黄浦江上游水乡田园观光游览；崇明岛是中国第三大岛，滩涂、芦苇、河流等资源非常丰富，自然条件优越，最适宜开展休闲度假旅游。

（四）观光农业旅游商品的营销策略

营销是观光农业旅游商品开发的重要环节，也是目前观光农业开发中的薄弱环节。为了更好地推广和促销观光农业旅游商品，经营者和管理者必须进行消费者调查，制定切实可行的市场战略。

1. 打破分散经营状态，进行联合开发促销

观光农业的分散经营不利于观光农业旅游商品的发展，也很难进行统一的管理和促销。因此，观光农业经营组织必须联合起来开发旅游商品，联合起来推销旅游商品。这种联合，以互惠互利、共同受益为原则，集中人力、物力、财力，进行统一的营销管理，并且通过各种促销方式加大宣传力度，提高观光农业的知名度。通过统一的旅游促销和市场战略，观光农业经营组织可以在主要的目标市场上树立观光农业整体形象，建立观光农业品牌。

2. 发挥行业协会的作用

联合开发和促销需要通过政府推动和企业联动，行业协会在这里应该扮演重要角色。首先，对本地的观光农业资源进行细致的调研和划分，在此基础上进行商品的初步规划。其次，对目标市场的消费特性和市场需求进行深入调查和分析，从而根据市场需求，结合资源特性，进行商品设计与规划。再次，对旅游商品的促销渠道进行开发和沟通。通过旅行社、旅游俱乐部、网站、散客集散中心、主要交通枢纽进行销售渠道的建设，从而有计划、有重点地在主要客源市场建立营销网络。最后，加强广告促销的力度，扩大商品的市场辐射半径，吸引更多的人前来旅游。并且通过城市旅游营销网络和销售渠道及一些崭新的促销方式来加大宣传力度，塑造整体旅游形象，强化乡村旅游的商品品牌。

3. 深入开拓市场潜力，开发观光农业特色商品和服务

目前，我国观光农业发展还处于初级阶段，主要以观光旅游为主，商品单调简单，不能满足市场的多元化需求。经营者和管理者在进行观光农业旅游商品开发时，应该充分考虑市场的群体需求差异，借助周边地区的客源市场基础，借助风景名胜的吸引力，实现客源和设施共享。注重对观光旅游商品等主体商品的开发，以及各种特色和辅助旅游商品建设，在核心商品的基础上开发辅助商品和扩张商品，建设营销网络服务平台，从而形成层次立体的旅游商品。大城市周边的观光农业开发，应该注重对市场需求和消费者的调查，结合乡村特色资源，开发富有乡村特色的观光商品、手工艺品和特色农商品，举办农商品的节庆活动，组织各种参与性的活动项目，提高服务质量，增加服务项目，从而树立良好的旅游品牌。

四、景观布局策划

景观是观光农业旅游功能的主要表达形式，也最能反映观光农场发展的主题。观光农业的景观设计既要体现现代农业生产的气息和魅力，又要尊重自然环境和农业文化。策划要以农业景观和自然景观为主，切忌建设过多的人造景观，偏离观光农业绿色、自然的发展主题。景观策划主要包括静态景观设计和动态景观设计。静态景观设计包括对地形地貌的处理和应用、静态景观小品或水景的设计、建筑方案设计等。静态景观设计时应尽量减少施工量，注意自然环境的保护和利用，建筑形式要与农场主体风格相符，农业生产性建筑应在满足生产要求条件下力求美观整洁。动态景观设计包括植物栽培、动态水体设计、

动物景观设计及游人活动景观等。动态景观体现农场的生命力和活力，设计时应尽量考虑项目的娱乐性和游客的参与性，为游客提供个性展示和能力拓展的空间，同时也要考虑游客活动时的安全性。

观光农业景观布局策划，要完成两个层次上和两个功能上的策划，即宏观层次上，观光农业作为整个区域旅游的大背景，应注意改善生态环境，维护和美化农业与农村自然景观风貌，以吸引游客；微观层次上，观光农业应在合适的地点，具体设计相适应的项目，让游客参与一些活动，如自摘园、牛棚挤奶等，建立一系列农业旅游度假基地。

(一)确立旅游规划区的性质和开发方向

在观光农业开发的条件分析与评估的基础上，确定观光农业旅游地的性质和开发方向，并进行总体布局十分重要。在整个过程中，管理人员应注意农业、旅游、规划等学科的理论方法的结合，并合理应用其他学科的方法，如地理学的综合分区法、景观学的格局分析法等。

(二)总体布局，进行合理分区与开发导向

分区是根据结构组织需要，将观光农业旅游地按不同性质和功能进行空间区划。一是根据区域内开发条件的差异划分次一级的小区。二是根据功能分区。各区既有分工，又相互联系。观光农业区是以农业旅游、农业观光功能为主，兼有度假、文化娱乐、体育运动等多种功能的综合性旅游区。区域内的各分区应以市场为导向，结合自身的具体情况来确立其开发方向，在此基础上确定小区内的项目。

(三)基础设施的配套规划

基础设施主要包括农村电力通信建设、道路交通建设以及防护林带及四周绿化建设等。另外，基础设施建设还应考虑停车场的规划，以利于旅游园接待或作为社会化服务区使用。这里特别说明一下道路交通和绿化的配套规划与布局。

1. 道路交通

对于观光农业旅游地来说道路是骨架，连接着各个功能分区和旅游景点。农业旅游地道路系统的规划和布置，首先要满足科研生产的要求，以规则式为主，并且要有一定的宽度，以保证车辆通行，同时也要考虑旅游活动的方便和使用的舒适性，以及景观布局的艺术性；增设一些联系各景点和功能区的、适合游人行走的林荫小径，形成以科研生产用的道路为骨架、以游园林荫小径为脉络的道路系统。道路交通规划包括对外交通、内部交通、停车场地和交通附属用地等方面的规划。对外交通指由其他地区进入观光农业旅游地的外部交通，通常包括公路、汽车站点的设置等。内部交通是指进入观光农业旅游地接待中心及内部的运输、旅游交通。内部交通通道根据其宽度和作用分为以下三类。其一，主干道。连接观光农业旅游地内主要区域，满足游客到达各个景区入口，是生产运输的主要干道，路面宽度一般为4~7米。其二，次干道。主要用来联系各个景点，允许有一定的地形起伏，宽度一般为2~5米。其三，游步路。各景区内游玩、散步的小路，布置比较

自由，形式较为多样。一般情况下可以考虑曲折变化，穿插在景点之间。

规划内部交通通道不仅要考虑它对景观序列的组织作用，还要考虑其生态功能，比如廊道效应。特别是农田群落系统往往比较脆弱，稳定性不强，因此规划应注意其廊道的分割、连接功能，考虑其高位与低位的不同。旅游交通工具的选择要尽可能采用生态交通工具，如畜力交通工具、环保交通工具，或者以步代车，避免使用对环境有害和干扰生物栖息的交通工具。

2. 绿化

绿化是指通过有意识地种植或栽培某些植物来达到美化环境、净化空气的目的。精心设计的绿化也可以形成一道道独特景观。观光农业旅游地绿化规划的基本原则是尊重自然、突出特色。绿化植物的选择要适合当地的气候、土壤等条件，以当地树种为主，要考虑绿化色彩的搭配和春夏秋冬四季景观树种的配置，有条件的地区也可以选择农作物作为主要绿化植物，以突出旅游地特色。总体来说，绿化规划要参照风景园林绿化规划进行，原则是点、线、面结合，乔、灌、草搭配，要求尽量模拟自然，不留"人工味"。

五、管理模式策划

经营管理模式是指在观光农业的经营活动中，规范各方利益、责任和义务，以及管理指导旅游各方活动的系列法规和条约的集合。从长远角度考虑，一个地区观光业能否健康、可持续地发展下去，与观光农业的经营管理模式有相当大的关系。由于各地的经济发展水平和农业发展状况不同，观光农业的经营管理模式也各不相同，因此，选择合适的经营管理方式，对观光农业的可持续发展十分重要。

当前，在观光农业发展中普遍存在开发水平低，产品形式单一、雷同，设施不完善，管理不规范等问题，阻碍了观光农业的进一步发展。因此，加快制定观光农业的服务标准，对观光农业旅游点进行等级划分，实施标准化管理刻不容缓。

观光农业的发展，还需要大量的资金投入，虽然观光农业是以当地的自然资源、农村民俗为基础，但是景点的基础设施和服务设施建设以及市场营销等都需要一定的资金，因此，资金也是当前观光农业发展的重要制约因素。如何根据不同的融资渠道，确定合适的投资模式，也是当前观光农业发展的重要课题。

在当前观光农业的发展过程中，参与观光农业发展的主体主要有当地政府、旅游企业、村委会及当地农户等，根据他们参与观光农业发展的程度和作用，开发模式可以有几种不同的分类。目前，国内观光农业发展比较成功的经营管理模式主要有"农户+农户""公司+农户""政府+公司+旅游协会+旅行社""股份制"等模式。

(一)"农户+农户"模式

这是观光农业初级阶段的经营模式。在观光农业发展的初期，农民对企业介入观光农业开发有一定的顾虑，大多数农户不愿把资金或土地交给公司来经营，他们更信任那些"示范户"，当"示范户"率先在农村开展观光农业经营并取得成功后，农户们会在"示范户"带动下，纷纷加入观光农业开发的行列，并从"示范户"那里学习经验和技术，在短暂的磨合后，就形成了"农户+农户"的观光农业开发模式。这种模式通常投入较少，接待量有限，但乡村文化保留最真实，游客花费不多，能体验原生态的本地习俗和文化，因此是最受欢迎的观光农业旅游形式。但这种模式由于受管理水平和资金投入的影响，旅游经济的带动效应较差，难以形成规模化发展，因此比较适合以"农家乐"为主的小规模观光农业，未来观光农业的进一步发展，还需要政府部门的支持和引导。

(二)"公司+农户"模式

"公司+农户"的发展模式是通过旅游公司的介入和带动，吸纳社区农民参与观光农业的经营与管理。它充分利用社区农户闲置的资产和富余的劳动力，通过开发各类丰富的农事活动，向游客展示真实的乡村文化。同时，它通过引进旅游公司的管理，对接待服务进行规范，提高服务水平，避免不良竞争损害游客利益，从而促进观光农业的健康发展。"公司+农户"的延伸模式是"公司+社区+农户"模式，在这种模式下，公司一般不与农户直接合作，而是通过当地村委会组织农户参与观光农业，但专业的服务培训及相关规则的制定则由公司来负责，以规范农户的行为，保证接待服务水平，保障公司、农户和游客的利益。如公司负责规划、招商、营销、宣传和培训；村委会成立专门的协调办，负责选拔农户、安排接待、定期检查、处理事故等；农户则主要负责维修自家民居，按规定接待游客、提供导游服务、打扫环境卫生等。

(三)"政府+公司+旅游协会+旅行社"模式

这是当前最常见的观光农业经营模式，这一模式的主要特点是充分发挥旅游产业链中各环节的优势，通过合理分享利益，避免观光农业开发的过度商业化，保护本土文化的真实性，从而增强当地居民的自豪感，推进农村产业结构的调整，为旅游可持续发展奠定基础。具体做法如下：政府负责观光农业的规划和基础设施建设，优化发展环境；观光农业公司负责经营管理和商业运作；农民旅游协会负责组织村民参与地方戏的表演、导游、工艺品的制作、提供住宿餐饮等，并负责维护和修缮各自的传统民居，协调公司与农民的利益；旅行社负责开拓市场，组织客源。在经济相对落后、市场发育不很完善的地区，由政府组织，全盘把握，公司和协会协作，农民广泛参与，更有利于观光农业的发展，为农村弱势群体提供旅游从业机会，最大限度地利用当地资源，保证农村生态旅游的地方性和真实性。

(四)"股份制"模式

为了合理地开发旅游资源，保护观光农业的生态环境，"股份制"模式也是一个不错的选择。在此模式下，观光农业资源的产权可界定为国家产权、乡村集体产权、村民小组产权和农户个人产权四种。在开发观光农业时，国家、集体和农户个体合作，把旅游资源、特殊技术等转化成股本，采用按股分红与按劳分红相结合的收益分配政策，进行股份合作制经营，通过土地、技术、劳动等形式参与观光农业的开发。企业通过公积金的积累完成扩大再生产和乡村生态保护与恢复，以及相应旅游设施的建设与维护；通过公益金的形式投入乡村的公益事业(如导游培训、旅行社经营和观光农业管理)以及维持社区居民参与机制的运行等;通过股金分红支付股东股利。这样,国家、集体和个人可在观光农业开发中按照自己的股份获得相应的收益,实现社区参与的深层次转变。通过"股份制"开发观光农业,不仅明确了产权关系,广泛吸收了各方面资金、物力、技术等生产要素,而且把社区居民的责(任)、权(利)、利(益)有机结合起来,形成了风险共担、利益均沾的机制,引导当地村民自觉保护他们赖以生存的生态资源,从而保证观光农业的良性发展。同时企业也变成了真正自主经营、自负盈亏的市场主体。这种模式有利于观光农业上规模、上档次。

◎ **思考题**

1. 项目策划的方法有哪些?各自如何运用?
2. 请尝试做一个观光农业商品的策划。
3. 比较不同管理模式的异同,对照本地区,哪种方式更适合于你所在的地区?

第八章　观光农业规划

◎ **本章提要**

科学规划是观光农业发展的重要前提，掌握规划的基本知识与方法是本课程的重要内容与要求。本章主要介绍以下内容：

- 观光农业规划的任务与范畴；
- 观光农业规划制定的原则；
- 观光农业规划文本的内容；
- 观光农业规划的编制；
- 观光农业规划应注意的事项。

◎ **学习目标**

通过本章的学习，你应能：

- 掌握观光农业规划的任务与要求；
- 重点掌握观光农业规划的方法；
- 掌握观光农业规划中的创意开发方法。

观光农业规划，是在一个地域综合体内对观光农业系统的发展目标和实现方式进行整体部署，并在调查研究与评价的基础上寻求农业对人类福利与环境质量的最优贡献的过程。观光农业规划经相关政府审批后，成为该区各类部门进行观光农业开发、建设的法律依据。观光农业规划要求从系统全局出发，着眼于观光农业规划对象的整体优化，正确处理观光农业系统的复杂结构，从发展和立体的视角来考虑和处理问题。因此，观光农业规划要站在一定的高度统筹全局，为观光农业的发展提供指导性的方针。

第一节　观光农业规划的任务与范畴

一、观光农业规划的特征

观光农业规划的特征主要表现在以下几个方面。

(一)主题性特征

观光农业规划的目标就是提升规划地区观光农业系统的竞争力。为此，观光农业规划必须围绕该地区观光农业系统的一系列主题展开，即通过规划与开发，使观光农业系统本身所具有的特征充分显示出来，形成鲜明的观光农业主题，对旅游者产生强烈的吸引力。

(二)协调性特征

观光农业规划是区域总体规划的重要组成部分，它与工业、城乡等专项规划有着千丝万缕的联系，具有一定的互补性。因此，观光农业规划与其他产业规划一样，具有协调系统内部要素以及观光农业系统与其他系统和谐发展的特点。

(三)目的性特征

观光农业规划立足于对观光农业系统的科学分析和对未来观光农业发展的合理安排，因此观光农业规划的目的性非常明确。观光农业规划的目标具有多重性，即从不同的角度可以有不同的观光农业规划目标。如从观光农业规划的时间跨度上来看，观光农业规划有短期目标、中期目标、长期目标；从观光农业规划的区域范围来看，观光农业规划有局部目标、整体目标以及协调目标等；从观光农业规划的要素来看，观光农业规划有目的地发展目标、观光农业市场发展目标、观光农业企业发展目标等；此外，观光农业规划的目标还可以分为观光农业目的地的社会发展目标、经济发展目标以及生态环境目标。

(四)战略性特征

把握现实与未来的关系是观光农业规划的核心。战略性反映了观光农业规划的目的和作用。它表明观光农业规划应立足于现实，从未来着眼，从宏观战略的高度制定观光农业发展战略，实现观光农业资源的合理开发、利用和观光农业系统的可持续发展。

(五)技术性特征

观光农业规划的技术性特征主要表现在观光农业规划使用的方法上，如观光农业资源开发规划涉及美学景观技术、地理信息技术、农业生产技术等；观光农业市场开发规划涉及统计分析技术；观光农业企业发展规划涉及企业管理技术和其他经济专业分析技术；观光农业环境和支持系统规划涉及环境、生态等相关技术。因此，观光农业规划的全过程都具有明显的技术性特征。

(六)综合性特征

观光农业规划的综合性表现在规划方法的综合性、观光农业规划对象的综合性、观光农业规划目标的综合性等方面。观光农业规划需要综合运用多种分析手段和技术方法，涉及的学科具有综合性特征。观光农业规划的对象是农业与农村，其本身就是一个十分复杂的系统，涉及经济、社会、生态等领域。因此，观光农业规划的对象具有较强的综合性。

二、观光农业规划的任务

观光农业规划是通过创造性思维，整合农业观光休闲资源，实现资源、环境、市场与项目优化拟合的创造过程。其基本任务如下：在观光农业规划之前，通过深度研究和创造性思维，进行准确目标定位、功能定位、市场定位、主题定位和形象定位，建立核心吸引力和核心竞争力，形成独特的农业观光产品形态和营销行动计划，为观光农业具体规划和单体设计奠定基础、指明方向。

观光农业规划的具体任务如下：

(1)通过确定发展目标，提高观光农业项目吸引力。

(2)综合平衡观光产业体系、支持体系和保障体系的关系。

(3)拓展各地区观光农业内容的广度与深度。

(4)优化观光产品的结构。

(5)保护观光农业赖以发展的生态环境。

(6)保护观光农业发展的文化基础。

(7)保证观光农业发展地区获得良好的效益并促进地方社会经济协调发展。

三、观光农业规划的范畴

观光农业规划的范畴如下：

(1)国家、省级总体规划(宏观规划)。本类规划属于宏观层面发展规划，具有统揽全局，综合集成，纲领性、原则性强等特征，强调引导与规范。

(2)区域性长远的观光农业发展规划(中观规划)。本类规划属于中观层面的发展规划，是一个地区的观光农业发展规划，具有指导性强、目标明确、任务具体、具有可操作性等特点。

(3)观光农业的项目规划(微观规划)。本类规划属于微观层面发展规划，是项目级的规划，具有任务明确、操作性强等特点。

本章主要讲解中观规划和微观规划的有关内容及其制定。

第二节　观光农业规划制定的原则与内容

一、观光农业规划制定的原则

农业作为满足人类基本需求的初级产品，一直是人类社会不可或缺的生存依据。现代农业不再将生产农作物以满足人类的饮食需求作为唯一目的，而是将利用整个农业生产的环境、过程与产品来满足人们的休闲、观光等需求作为另一目的。这使得其运营的原则有别于传统的农业生产。根据观光农业发展的基础和可供选择的类型要求，观光农业的布局与发展要充分考虑区域农业基础、交通、区位、市场等限制条件，遵循因地制宜的原则、资源与市场整合的原则、与区域经济结构和区域生态环境整合的原则。

(一) 市场导向原则

观光农业必须面向各类消费者，以不同的景观吸引不同的游客。在发展初期，其重点放在一些有文化的中高收入者身上是可以的，因为他们在思想上对这种旅游项目较易接受，需求量大，而且经济条件也许可。但从整体上看，观光农业必须面向各类不同的消费者，要让大多数人享受到这种公共资源。为此，观光农业在设计时应兼顾不同收入者的利益，不能只建高档景点和设施为少数富有者服务。除了消费者要多样化之外，消费对象也要多样化，观光农业项目要善于挖掘隐藏在农业内部的各种人文资源。与农业相关的田间情趣、乡土风情、人与自然、农业科技和教学等都是可以不断开发利用的农业旅游资源。

观光农业具有农业和旅游业双重性质，是农业和旅游业相结合的一种新型的交叉型产业，所以在选址时就必须考虑它所具备的生产功能和观光功能，以市场为导向充分考虑生产销售市场与旅游客源市场，谨慎选址。

(二) 以农为本、惠及城乡的原则

发展观光农业不能脱离农业、农村、农民，要坚持以促进农民就地就业和增收为目标，紧紧围绕农业生产过程、农民劳动生活和农村风情风貌开发休闲产品，突出自然生态，体现乡土气息，大力培育特色项目，在带动农村经济发展的同时，为城乡消费者创造良好的休闲环境。

(三) 可持续发展的原则

观光农业是生态农业和生态旅游的有机结合，其发展的基础是运行良好的农业生态系统和具有生态意识的管理者、经营者和旅游者。实现观光农业的可持续发展首先要进行合理规划，把观光农业的建设规划纳入区域的统一规划，合理布局居民点、道路和旅游用地，科学开发、整治土地，改善农村环境，处理好古老民俗、民居的保留同建设具有旅游观光农业特色的新农村的关系；其次，要对经营管理者进行培训，加强他们的生态意识，并把这种意识转化为保护生态环境的行动，从而对游客产生影响，保持农业效益的持久性和高效性，最终实现观光农业的可持续发展。

任何资源的开发、经济的增长都必须以生态环境的有效保护、资源的合理开发为前提。农业的可持续发展要求人们的农业生产经营活动以人与自然和谐共处为最高准则。目前，可持续农业成为当今世界农业发展的主要趋势之一。在我国可持续发展的总体战略中，农业与农村的可持续发展占有重要位置。在中国共产党第十五届三中全会上通过的《中共中央关于农业和农村工作若干问题的决定》中，将农业的可持续发展确定为实现我国农业和农村跨世纪发展目标必须坚持的方针之一。

观光农业的开发既不是纯粹的农业开发，也不是传统的旅游项目开发。它的基础是生态合理性和体系内部功能的良性循环，因此在整体规划上必须遵循生态农业的要求，避免出现片面追求经济利益，利用非自然农业技术手段大兴土木，破坏自然系统平衡等问题。要保持农业的地域生态特点、地域文化特色，力求做到与自然景观相协调，开发时就选择

生态效益型可持续发展道路，注重保护和合理开发利用观光农业赖以生存的自然资源，如土地资源、水资源等，并不断提高资源质量和利用率，加强旅游农区的环境管理，尽量将游客对自然环境的破坏和污染减到最小，注重经济、生态、社会三大效益的结合，只有这样才能使观光农业走上长期稳定、持续增长和健康发展之路。

(四) 农业与景观协调发展的原则

农业观光旅游最主要的对象是农业和农村，以及与农业相关的人文与自然资源，因此，不能废农造景，而必须以农为景；不是抛弃农业原有的生产价值，追求生态、社会和文化价值，而是要在农业原有生产价值的基础上，充分尊重和利用自然环境，强化整个环境的融合与渗透，再增加社会、生态和文化价值。在农业生产价值的基础上，开拓农业生态、观光的新价值应该成为发展观光农业的主要途径。为此，要保护好耕地和环境资源，因为它们是观光农业存在的依据和基础。此外，还应加大乡土文化资源和农业旅游资源的整合力度，力求达到自然景观、人文景观与园区景观的和谐统一。特别是在初期更要注意这点。

(五) 科学规划、统一布局的原则

旅游业以其投资少、见效快、产业带动性强等特点，日益受到各地政府的重视。如今的旅游业发展势头强劲。发展观光农业必须根据国情，不能盲目进行。发展观光农业首先应结合本地的特色，把内部发展经济的需求与外部对产品的需要结合起来，选准目标市场，再进行开发。其次，要进行科学规划、统一布局。在布局时要以保护资源、发展生产为主要目的，不能破坏田园风光、污染环境。在规划时，要根据当地的自然、经济、社会条件，考虑市场需求状况，因地制宜，进行观光农业开发规划。各地在旅游地建设方面，不能一哄而上，盲目重复建设，要建设具有当地特色的观光农业旅游基地。

(六) 打造特色、突出重点的原则

农业生产离不开自然环境，而自然环境又具有多样性和时空性，因此观光农业资源开发具有强烈的地域差异。观光农业项目的开发要针对市场的需求，根据地域差异以及自然、人文环境特色确立主题，对开发项目精细加工、论证，不断创新，遵循奇趣性、参与性、多功能性的原则，尤其要注意景点区域的合理分布与特色培养，以特色占领市场，避免重复建设造成的资源浪费，这样才能组合开发出高质量、高品位的观光农业。随着服务性经济向体验性经济的转变，旅游功能的重心应转向给旅游者提供直接参与的独特经历，这样才能形成项目开发的持续性、稳定性和长效性，形成共同繁荣的观光农业新局面。

(七) 因地制宜、合理布局的原则

观光农业一般是在原有生产基地的基础上进一步开发而成的，因此要根据基地的现状、地形地貌特征和气候条件，充分考虑其区位条件和交通条件，并结合地方文化与人文景观，将生产与旅游综合考虑，因时因地制宜、统筹安排、合理布局、科学规划。在规划

手法上，要在考虑传统文化的基础上，运用现代造园手法，表现出时代风格，探索一条高效农业与旅游观光互为补充、相互促进、共同发展的新路子，建立最佳的观光农业模式。

(八) 立足现有资源，发挥比较优势的原则

国外发展观光农业，并不是全靠渔场、农场等来吸引游客，而是靠奇异的想法。我国观光农业(特别是农村)仅处在起点阶段，活动内容很不充实，游客参与性也不强，而且内容形式重复较多。既然各地具有不同的文化特色，就应该把这些内容蕴涵在观光农业中，尽可能多地向游客展示当地的民俗节目、工艺美术、民间建筑、音乐舞蹈、婚俗禁忌、趣事传说等。不仅如此，还要利用特有的地理、生物等资源，大胆借鉴国外成功的观光农业的开发模式。

(九) 经济、社会、生态效益三者兼顾，协调发展的原则

在市场经济条件下，任何新产业的开发都必须遵循市场规律，以效益的实现为发展的根本目标。其中，经济效益能否实现是观光农业发展是否成功的最直观表现，直接影响着地方经济开发的积极性和主动性。因此，观光农业发展必须以市场为导向，特别是各项农游项目的设计规划都要经过市场的分析论证才能实施。同时，观光农业所具备的参与性、文化性特征，又使之担负着传播农业文化的社会教育重任；其对农村经济结构的调整，对农村剩余劳动力的转移，对乡村城镇化发展的作用等都深深地影响着社会效益的实现。更不容忽视的是，观光农业开发能否形成具有再生性的农业生态景观将直接影响整个生态环境的良性循环，这是观光农业能否持续发展的根本保证。所以，经济、社会、生态三效益的结合是开发观光农业必须重视的原则。

二、观光农业规划文本的内容

观光农业规划文本是对农村与农业的资源与市场进行开发、管理和控制的条文。观光农业的规划成果包括文本、图纸、附件三部分。附件包括说明书、专题报告、基础资料汇编等。文本是规划中最简练、最重要的文字说明。

观光农业规划文本一般包括以下内容。

(一) 规划编制期限

规划编制期限主要回答是长期规划还是短期规划，如×××省(市、县、区、镇)观光农业"十二五"时期发展规划(2010—2015年)，×××县2011年观光农业发展规划。也有将规划进一步分期的，如×××市观光农业发展规划(2021—2035年)，其中包括近期规划(2021—2025年)、中期规划(2026—2030年)和远期规划(2031—2035年)，以此表明该规划为地区的长远规划。

(二) 规划范围

规划范围包括被规划区的占地面积和边界等。规划范围的大小由规划的委托方提出，

必要时受托方可与委托方协商，提出合理的规划范围。

（三）规划依据

在编制规划时，规划人员必须严格遵守国家、地方和行业的相关法律法规，熟知、掌握国家和地方的产业政策走向，不做违规之事。做规划时，一般应列出规划所依据的国家、地方或产业的相关政策与法规，同时应参考本地区的总体规划。

（四）规划原则

规划原则应坚持以农为本，主要从特色发展、环境保护、效益统一等原则方面考虑。

（五）当地的自然与社会状况

自然状况包括当地的自然条件、农业与农村状况、环境质量、气候、植被等；社会状况主要包括历史变革、社会经济、民风民俗等。在规划中，应尽量对主要的特征部分加以详细地阐述。

1. 自然环境

对自然环境进行评价。重在特有的资源利用与开发。

2. 景观资源

对景观资源进行评价。景观资源是发展观光农业的重要内容，应尽可能对乡村景观资源的丰寡进行准确评价。

3. 社会经济

对当地的社会经济发展状况进行分析，有助于确定观光农业市场的定位与开发。

4. 民风民俗

民风与民俗是发展观光农业的重要资源。通过规划开发并保护当地传统民风与民俗，也是规划者必须要考虑的内容。

（六）同行业的情况

观光农业规划应考虑本地区已有或在建的项目及其经营的状况，包括基础设施的档次、规模、特色、影响力、效益等方面的内容，便于分析今后可能出现的竞争或差异化发展等问题。

（七）观光农业资源及评价

观光农业资源及评价即分析评估观光农业资源的种类、数量和分布等，从而确定当地观光农业资源的优势、开发方向和开发顺序。

1. 农业基础

农业是观光农业发展的基础和前提，发展观光农业是为了提升农业的效益，是对农业进行再次利用与开发。农业基础应包括种植业、养殖业、林业、牧业和渔业等资源。

2. 农业传统与文化

我国农业生产历史悠久，积累了大量的农事传统与经验，是我国传统文化的重要内容，体现了人们对生活和生产的追求与理解。借助当地的农业生产文化已成为发展观光农业的重要推动力。

(八) 客源市场分析

以市场为导向，是观光农业的根本方针，规划区域建设和观光项目设置能否成功，取决于对客源市场的分析与定位是否准确。依据客源的远近程度，一般可预设本地区为三个级别的客源市场。

1. 一级客源市场

由本地区的客源构成。由地理区位、资源类型、观光农业区域开发程度与知名度决定，一级客源市场将占一定地位。

2. 二级客源市场

由规划区周边地区和交通方便的邻近城市客源组成。

3. 三级客源市场

由国内其他地区乃至国外游客组成。

一般的客源市场分析，应当以规划地区为主，积极开拓国内二级客源市场及国内外三级客源市场。

在我国边远地区或当地消费能力不足的地区，在规划观光农业客源市场时，应依据本地区特色与优势，跳出常规思维模式，直接开发二级或三级客源市场。

(九) 发展环境

发展环境是指本地区的社会环境、经济环境、政策环境、人文环境等方面的状况与发展趋势。做任何规划时都应对本地区的上述方面作出科学准确的评判，并对发展趋势作出科学预估。

在做观光农业的发展规划，特别是在分析发展环境时，需要一定的科学方法与手段，下面简要介绍规划中常用的 SWOT 分析法。

SWOT 分析法又称态势分析法，于 20 世纪 80 年代初提出。SWOT 四个英文字母分别代表优势(strength)、劣势(weakness)、机会(opportunity)、威胁(threat)。在地区发展战略分析中，SWOT 是最常用的方法之一。进行 SWOT 分析时，主要有以下几个方面的内容。

1. 分析环境因素

这是指在规划时运用各种调查研究方法，分析本地区所处的各种环境因素，即外部环境因素和内部能力因素。外部环境因素包括机会因素和威胁因素，它们是外部环境对地区的发展直接有影响的有利和不利因素，属于客观因素；内部环境因素包括优势因素和劣势因素，它们是本地区在其发展中自身存在的积极和消极因素，属主动因素。在调查分析这些因素时，不仅要考虑历史与现状，更要考虑未来发展问题。

优势是规划地区所具备的内部因素，是当地对潜在游客具有吸引力的资源和景物。其内容具体包括丰富的自然、文化、农业与农村资源，有利的区位优势，充足的财政来源，良好的地方形象，较丰富的客源，相关产业的规模与数量等。

劣势也是规划地区的内部因素，是规划地区现在缺乏的资源和服务，或者是有待改善的资源和服务。其内容具体包括农业资源、文化资源、自然资源、景观资源的质量低、数量少，管理出现问题，科学规划缺失，资金短缺，经营不善，产业与产品竞争力差等。

机会是规划地区的外部因素，包含了促进当地观光农业发展的宏观因素：不断增长的人口、繁荣发展的经济、广阔的就业机会、旅游地的愉悦环境（吸引游客的自然或人文资源）等。其内容具体包括市场的新机遇、宏观政策的出台、农业产业提升、市场有新需求、外部环境改善等。

威胁也是规划地区的外部因素，包含了影响当地、区域乃至全国观光农业产业发展的负面宏观因素，如经济衰退、自然灾难（或自然灾难的威胁）、经济停滞等。这些威胁可能给观光农业发展带来阻碍。其内容具体包括周边新的竞争对手、观光农业产业的替代产业增多、宏观消费市场紧缩、行业政策变化、游客偏好改变、突发事件等。

SWOT方法的优点在于考虑问题全面，是一种系统思维，而且可以把"诊断"和"开处方"紧密结合在一起，条理清楚，便于检验。

2. 构造SWOT矩阵

分析人员应将调查得出的各种因素根据轻重缓急或影响程度等排序，构造SWOT矩阵。在此过程中，分析人员将那些对地区观光农业发展有直接的、重要的、大量的、迫切的、久远的影响因素优先排列出来，而将那些间接的、次要的、少许的、不急的、短暂的影响因素排在后面。

3. 制订行动计划

在完成环境因素分析和SWOT矩阵的构造后，分析人员便可以制订出相应的行动计划。制订计划的基本思路如下：发挥优势因素，克服劣势因素，利用机会因素，化解威胁因素；考虑过去，立足当前，着眼未来。分析人员运用系统分析的综合分析方法，将排列与考虑的各种环境因素相互匹配起来加以组合，对研究对象所处的情境进行全面、系统、准确的研究，根据研究结果制订相应的发展战略、计划以及对策等。

(十) 观光农业项目创意

观光农业的项目创意即以现有的农业资源为基础，以市场为导向，以科技为动力，以文化为能力，以增效为目的，整合农村的生产、生态和生活资源，通过创新思维，设计出具有特色的创意农产品、农业文化、农业活动、农业产业和农业景观。

观光农业项目的创意是观光农业规划的灵魂，是最能体现规划者水平和最耗费规划者心血的闪光部分。好的创意可直接影响项目的生存与发展，对项目的规划起着至关重要的作用。

(十一) 观光农业的项目规划

观光农业项目规划主要包括具体项目，如具体的园区、观光园、采摘园、"农家乐"

等的规划。

(十二) 观光农业的基础设施规划

观光农业项目区的基础设施，包括生活设施、服务设施、供电、供水、通信、医疗、卫生等。上述设施必须与观光农业的发展相配套，同时应尽量与周边环境和景观相配套，避免过度现代化和城市化。

(十三) 观光农业环境保护

环境保护是当今世界发展的主题，任何观光农业项目和产品的设计与开发，都必须与环境的保护紧密结合。对观光农业进行规划时注重环境保护，不仅可以保护当地的观光农业资源，提升观光农业的价值、品位和吸引力，同时也有利于观光农业的可持续发展。

(十四) 观光农业的效益分析

观光农业规划的效益分析包括经济效益分析、社会效益分析和生态效益分析。经济效益分析主要有投入产出分析；社会效益分析主要关注给该地区带来的机会、当地产业结构转型、带动农民增收致富等；生态效益分析主要应考虑环境的保护与改善等内容。

1. 经济效益

(1) 做好财务估算。具体包括以下内容。

①销售收入及税金估算

a. 产品销售收入(观光园采摘销售收入、种苗等相关产品销售收入等)；

b. 观光服务业收入(观光园门票收入、休闲度假区住宿餐饮收入、娱乐业收入等)；

c. 其他业务收入(循环经济收入、集贸市场收入、垂钓区收入等)；

d. 产品销售税、城市维护建设税等各项税费。

②成本费用估算

a. 直接生产成本(产品生产成本、固定资产折旧及摊销费用)；

b. 财务费用(项目运营贷款的年度利息)；

c. 市场费用(广告宣传、推销产品、示范推广项目技术所需支出)。

(2) 做好财务效益评价。具体包括以下内容。

①项目损益分析

可分配利润=产品销售总收入−经营总成本−上交销售税金

未分配利润=可分配利润−公积金−公益金

②项目赢利能力分析

a. 内部收益率。内部收益率是一种动态评价指标。它是通过计算找出使净现值等于零或使成本收益比等于1的贴现率(即内部收益率)。在特定的项目建设内容及相应的科技水平和生产力水平下，内部收益率是客观存在于项目内部的投资报酬率。

b. 投资回收期。投资回收期是考察项目在财务上投资回收能力、回收速度快慢的主要静态评价指标。它是指以项目的净收益来抵偿全部投资所需的时间长度，一般以年为单位表示。

投资回收期＝累计净现金流量开始出现正值的年份－1＋$\dfrac{\text{上年累计净现金流量的绝对值}}{\text{当年净现金流量}}$

③风险分析

a. 市场风险（敏感性分析）：从项目销售收入、建设投资和经营成本三个因素的递减和递增，分析其对项目盈利能力（内部收益率）的影响。

b. 自然风险：季节、气候等自然条件的变化给农业生产带来的影响。

2. 社会效益

（1）旅游功能：观光农业总收入、年接待观光游客人次。

（2）就业贡献：带动当地农民就业人数、就业效益指标。

（3）农民增收：项目区、辐射区农民人均纯收入增幅。

（4）产品贡献：推广示范新品种、产量增幅、质量提升。

（5）技术贡献：高新技术普及率、劳动生产率、土地产出率、资源有效利用率等。

3. 生态效益

（1）洁净生产：洁净生产范围、农业生产废弃物处理达标率。

（2）生物防治技术应用率。

（3）土壤肥力：有机肥应用量、化学农药及除草剂使用控制度。

（4）农产品质量安全认证情况：有机、绿色、无公害农产品占全部农产品比率。

（5）生态环境改善。

（十五）观光农业的保障措施

任何一项观光农业规划都离不开当地有效的组织以及经费等方面的支持。除此之外，运行机制、经营机制的改善也将会对观光农业产生有效的保障作用。

（十六）观光农业的附件

附件一般包括规划图件及相关资料等。规划图件一般包括地理区位及客源市场分析图、土地利用现状图、观光农业资源分布图、观光农业景点分布图、综合规划图、绿化规划图、景观规划图、景点效果图等。

观光农业的规划主要包括上述步骤与环节，但不同的规划也有一定的差异。如宏观规划注重的是产业布局与具体的产业形态；中观规划主要关注产业的打造、产业间的协调以及特色产业的发展；微观规划更注重产业形态如何以创意的形态来表现。

第三节 观光农业规划的流程与步骤

观光农业规划是一项系统性非常强的工作，其编制程序可分为以下步骤。

(一)进行观光农业规划的可行性研究

一个地区或单位在建设观光农业项目之前，首先应进行项目的可行性研究。可行性研究的实质是论证开发项目是否能够获得较好的经济收益和社会效益。可行性研究的主要内容有以下几个方面。

(1)对项目资源的评价结果进行全方位的研究，可以站在正反两个方面对项目进行辩证思考。

(2)对开发项目的客源市场需求和发展趋势作出科学预测与调查分析，确定主要客源的来源地。

(3)对所在地的经济社会状况进行分析，评价内部、外部资源与条件。

(4)对所在地的农业与农村状况进行分析，确定项目的产业发展形态与规模。

(二)签订合同，确立规划项目

规划是一项经济行为，因此，在规划制定之前，规划的委托方与编制方需签订项目规划委托书或合同书。合同书应明确规划项目的名称、规划的任务与内容、双方的权利与义务、规划的期限、合同金额、付款方式、违约责任等。从签订合同起，合同即生效，规划进入实质阶段。

(三)建立规划编制专家组

专家组的建立应注意下列事项：一是尽可能做到学科交叉与融合，依靠单一的专业很难做好观光农业规划；二是尽量吸收项目所在地人员参加，以便高效开展工作。

(四)文件资料分析

在开始调研之前，规划编制人员应尽量收集当地相关资料，并对资料进行详尽的分析。

(五)田野观光农业资源调查与评价

该项的主要内容是对当地的观光农业资源进行调查和评价。相关人员应主要做好两方面的工作：一是对观光农业资源的种类、特色、结构与分布进行调查与评价；二是对规划所在地的区位条件、社会环境、经济结构、历史文化等进行调查与评价。

(六)召开座谈会

做好一个规划必须征求当地干部和群众的意见，要善于启发当地人员的思路，及时捕捉基层的思路与观点。规划人员必须做到紧密结合实际。

(七)编制纲要征求意见

在对规划地进行了详细的田野考察之后，规划编制组应根据自己的观点，提出规划的思路与构想，与规划委托方交换意见。双方应多次交流意见，以使观光农业规划不断朝着满足编制方要求的方向靠近。

(八) 完成规划初稿

这是指根据规划纲要，在一定期限之内完成规划文本的撰写工作，核心内容要有创造性进展。

(九) 规划中期评估

在撰写规划初稿的过程中，规划编制的双方应组织相关人员对规划初稿进行中期评估，评价规划达到的程度，并应着重对创意、创新等内容进行评估。

(十) 完成规划评审稿

这是指在中期评估基础上，完成规划总文本以及图、表的撰写与制作工作。

(十一) 规划评审

完成项目规划评审稿后，由委托规划方聘请有关专家与有关部门负责人组成规划评审组，对规划的结构完整性、内容的科学性、项目的创新性以及可行性等内容进行评审，并写出规划评审意见。下面我们结合《山东省××市××区都市农业发展规划(2010—2020年)》的评审意见说明规划评审的主要内容。

案例
《山东省××市××区都市农业发展规划(2010—2020年)》项目专家评审意见

　　××市××区人民政府于 2010 年 5 月 30 日组织专家对北京农学院都市农业研究所承担的《××市××区都市农业发展规划(2010—2020 年)》(以下简称《规划》)项目进行了评审。与会专家听取了项目负责人的汇报，审查了规划报告、相关规划数据和图件并进行实地考察，经过汇报、质询与答辩，形成如下评审意见：

　　1.《规划》在认真分析××区农业发展现状与发展环境的基础上，经过广泛深入的调查研究，将齐文化融入都市农业发展规划中，提出的规划思路、目标、重点和实施措施符合××区农业和城市发展实际，紧密结合国内外对农业观光与文化休闲的需求，规划方案可行。《规划》提出的着力推进农业产业结构优化升级，实现高端发展；着力发挥区域优势，实现特色发展；着力增强农业企业活力，实现创新发展；着力优化都市农业产业布局，实现统筹协调发展，立意高、思路新，具有前瞻性。

　　2.《规划》通过充分分析××区农业发展的基本背景、优势、劣势、机遇与挑战，明确了××区农业的功能定位，提出了以展示齐文化和农耕文化为核心的河流生态文化产业带、南部临山休闲农业区、北部高效农业区、东部设施农业区、中部科技农业区的"一带四区"总体布局。特别是提出了构建高标准、高规格、高效益、多功能的都市农业产业体系，形成高效农业、休闲农业、水岸经济、精深加工农业、物流农业五大都市农业产业群，对于加快和促进××区都市农业发展和城乡一体化建设具有重要意义。

3.《规划》基础数据翔实，规划依据充分，规划理念新颖，指导思想明确，分析定位准确，布局合理，特色突出，有较强的科学性和很强的可操作性，对政府决策和编制"十二五"规划具有重要的指导作用。

经专家组讨论，一致认为：该规划项目组已按计划全面完成规划任务，达到了同类规划的国内领先水平，为全国相关都市农业规划提供了借鉴。专家组一致同意通过评审。

建议××区应抓住机遇，依托自然资源、农业资源、文化资源和社会经济发展优势，建设城乡融合、产业发达、功能多样、类型丰富、模式新颖的都市农业。

建议尽快落实《规划》，尽快编制详细规划，率先在山东省建设特色突出、内涵丰富、高端先进的都市农业示范区。

2010 年 5 月 30 日

若规划项目通过评审，规划编制单位应根据评审委员会的建议进一步加工修改，形成最终文本；反之，则应责成原规划编制组重新修改。

(十二) 修改定稿

在通过评审后，规划编制单位应按照规划评审委员会的意见进行修改定稿，并依据规划委托书或合同要求向规划委托方提交完整的规划文本和图件。

第四节　观光农业规划的编制

一、区域性观光农业规划的编制

区域性观光农业规划属于中观层次的规划，适应于乡镇级至市级的规划，着重于观光农业的整体布局和观光农业区域形象策划。

规划者应通过客源市场的分众识别、观光农业形象的定位、大众广告传媒、市场行销渠道、社会公关活动等，建立知名度、美誉度、信任度和重游期望值高以及具有较强市场竞争力的观光农业区。

区域性观光农业规划的主要内容如下：
(1) 评价地区观光农业发展潜力；
(2) 观光农业产业与区域规划和组织；
(3) 保护和管理观光农业资源；
(4) 观光农业市场化战略。

案例

《××市观光农业总体规划》目录

第一章　规划背景

一、规划编制期限

二、规划编制依据

三、背景分析

第二章　国内外观光农业

一、国外观光农业发展现状

二、我国观光农业发展现状

三、××市观光农业发展现状

四、××市观光农业存在的主要问题

第三章　××市观光农业发展的条件分析

一、自然环境

二、景观资源

三、农业基础

四、农业传统与文化

五、区位条件

六、客源市场

七、发展环境

第四章　××市观光农业市场需求分析

一、××市观光农业消费者行为特征

二、××市观光农业客源市场

三、××市观光农业客源市场定位

第五章　××市观光农业发展规划的总体思路

一、指导思想

二、规划原则

三、发展目标

四、经营理念与功能定位

第六章　观光农业产业规划

一、农业

二、林业

三、牧业

四、渔业

五、副业

六、科技园区

七、乡村旅游(农家乐)

八、服务业

第七章　观光农业区域规划

一、××县观光农业发展规划

二、××县观光农业发展规划

三、××县观光农业发展规划

四、××县观光农业发展规划

······

第八章　观光农业配套体系发展规划

一、交通规划

二、住宿餐饮规划

三、观光农业商品规划

四、文化娱乐服务规划

五、观光农业信息平台建设规划

六、观光农业教育培训规划

第九章　观光农业市场开拓规划

一、观光农业主题形象

二、观光农业经营模式规划

三、观光农业节庆活动规划

第十章　观光农业资源与环境保护规划

一、保护原则

二、资源保护

三、文化保护

四、环境保护

第十一章　观光农业公共服务体系规划

一、质量服务体系规划

二、资金保障体系规划

三、风险防范机制规划

第十二章　保障措施

一、观光农业发展政策

二、观光农业发展的资金扶持

三、观光农业发展的管理机制

二、微观性观光农业规划的编制

微观性观光农业规划主要包括农业园区、农业科技园、农业观光园、民俗村、观光采摘园、"农家乐"等具体业态的规划。

微观性观光农业规划的主要任务如下：

(1)设计观光农业的形态；

(2)观光农业产业与农业、农村的协调发展与设计；

(3)保护和利用当地观光农业资源；

(4)观光农业市场与品牌设计。

对于不同发展模式的观光农业园区或产业，应依照不同的原则进行规划。

(一)农业主题公园

农业主题公园是以农业的某一领域为主题材，进行较大规模投资，以环境效益、社会效益为主要目的，致力于打造某一区域农业生态建设亮点的建设项目。例如，东莞的"绿色世界"就属于这一类型。此项目位于东莞市的农业开发区，占地约 100 亩，在园区中建有百果园、绿色长廊、丰收广场、家乡水、农业历史展览、现代农业展览、工厂农业等景点。各个景区错落有致、绿影婆娑、传统和现代融为一体，共同衬托出农业和绿色的主题。东莞"绿色世界"是广东旅游观光农业项目规划中的成功案例之一。

农业主题公园的规划应遵循如下开发原则：

(1)与城市的发展、绿化和美化相协调的原则。农业主题公园作为公园，是城市功能设施的一部分，兼有休闲娱乐、增加城市绿化、衬托城市文化品位的作用。

(2)以农为题，不以农业为主业的原则。在现代都市人中，不乏恋农情结的群体。农业旅游对他们有特殊的吸引力，他们对农业历史、农业文化、农业环境、农事活动、农业产品都十分感兴趣，因此各地可以以农业为题打造一片为他们圆梦的绿洲。但是各地不能将其建成农业生产基地，应尽量避免农业生产带来的脏、乱和臭等对环境美感的破坏。

(3)健康环保的原则。农业主题公园的规划要遵循健康环保的原则，尽量避免对生态环境的破坏，为游人提供健康、安全、环保的游乐环境。

(4)农事活动寓于娱乐的原则。安排一些农事活动可增加景区的动感和游人的参与性，寓农事活动于娱乐之中，让游人在"过把瘾"的同时也享受到丰收的喜悦。

(二)农业科普教育基地

农业科普教育基地即兼顾生产、科技示范与科普教育功能的农业经营模式。农学是一个综合的大学科，专业门类繁多，内容十分丰富。农业科普教育，不但对农业工作者有作用，对中小学生学习也有十分重要的意义。农业科普教育基地常在农业科研基地的基础上建设，投资不大。例如，著名的杨凌农科城，曾是我国古农业的发祥地，现在成了集农业生产、科技示范、科研教育于一体的新型科教农园。这里有唯一的国家级农业示范区、亚洲最大的昆虫博物馆、世界第二降雨厅——人工降雨模拟国家实验室、世界领先的克隆羊基地、世界最优羊种波尔羊养殖场、亚洲著名的划艇赛地水上运动中心、工厂化高效农业设施和特种动物养殖场等，吸引了不少学校在此开展课外活动、教授农业课程，已成为全国著名的"青少年农业科技活动教育基地"和绿色教育园区，充分再现了昔日神农后裔"树艺五谷，教民稼穑"的辉煌。它在突出农业高新特色、挖掘示范观光资源方面取得了可喜成果。

农业科普教育基地的开发规划要遵循如下原则：

（1）知识性原则。尽可能把基地的一草一木都变成知识的载体，并将其系统化、人性化，使参观者在这里得到全方位的农业知识和生物知识的熏陶。

（2）科技性原则。把农业科技、环境科技、生物科技等领域的新成果、新创意和新方法都展示出来，特别是展示对当地农业生产有指导示范作用或对中小学生有教育意义的基础性、综合性科技知识。

（3）趣味性原则。寓学习科技知识于娱乐之中，通过看、听、摸、参（与），提高游人学习的兴趣，将科普教育与休闲娱乐有机结合起来。

（三）大型农业生产基地

生产水平先进的、规模较大的农业生产基地，本身隐含着较高的观光游览价值。广袤的田野、大群的牲畜、食品的生产流程等，都能让游人流连和兴奋。同时，观光旅游活动对农业企业的宣传、产品的推广也有帮助。例如，深圳的光明农场，有数万亩人工草地翻滚着绿浪，让游人有身临"绿海"的感觉；亚洲最大的乳鸽场可以让游人品尝美味的红烧乳鸽。

大型农业生产基地确实具备旅游的价值，但其规划必须遵循如下原则：

（1）以农业生产为主的原则。以生产效益为主要目标，利用现有的生产项目开展旅游，在旅游线路安排和景点设置上不影响生产，适当安排游客服务设施和辅助景点的建设，要使旅游和生产互相协调。

（2）旅游促进农业生产的原则。在旅游取得直接效益的同时，要充分利用游客这一群体，对企业的产品进行宣传推广，可通过门票、导游图、游客用餐、纪念品等环节，宣传推广产品和企业理念，获得间接效益。

（3）提高农业机械化水平的原则。要让游客感受大型农业生产基地的机械化优势，体验现代农业的产业化、现代化水平。

（四）特色农业基地

所谓特色农业，是以追求最佳效益为目的，依据地域特色、区域内整体资源优势，围绕市场需求，相对集中地有效配置各种生产要素，以某一特定生产对象或生产目的为目标而形成的适度规模的农业生产方式。其基本点就是以国内外市场为导向，以本地自然环境和农业资源优势为依托，以经济效益为中心，围绕"特"字，筛选农业项目和支柱产业，生产拳头产品，形成各具特色的区域农业或实现区域性的农业产业化目标。作为观光农业，其要满足游人求"特"的需求。特色农业的资源十分丰富，包括地方特色、产业特色、文化特色等。例如，位于广东西部的广宁"竹海"旅游区，就是以竹为产业特色的农业旅游基地。广宁是著名的竹乡，素有"砍不尽的广宁竹"的说法。每一个中国人对竹可能都不陌生，因为中国就是竹的故乡，国宝大熊猫就是以竹叶为食物的。全世界有1200多种竹，有800多种分布在中国，目前中国是全世界竹林产量最大的国家。在广宁，当地的农民个个都会竹编，每个人都能说出一些关于竹的故事，他们以竹为业，住竹楼、吃竹笋、用竹器，平时劳动的工具大部分是竹制成的，如竹箩筐、竹担挑、竹粪箕等。广宁"竹海"旅游区就是在这样一个有浓郁产业特色的背景下建设起来的。当游客登上观光竹楼，眺望着无边的竹海，倾听着竹子摇动时那特有的吱嘎声，品尝着野生竹笋和竹筒饭时，饱受都市喧嚣的游客一定会心旷神怡。

对特色农业旅游项目的规划，要把握好如下原则：

（1）突出特色的原则。特色农业旅游，追求的就是特色，只有把特色突显出来，景点才有魅力。产业特色项目，可以从产业的渊源、产业的发展、产业的知识等方面进行规划；地方特色项目，可以从人文风情、自然景观、农业环境等方面进行规划；文化特色项目，如少数民族农耕习俗，则要多从该地方或民族的农耕文化、农具、农事、农业丰收庆典方式等方面进行规划。

（2）延长产业链的原则。要发挥特色农业的特色优势，使农业产业向第二、第三产业延伸，造就具有特色的第二、第三产业。

（3）安全原则。特色农业旅游项目一般在边远偏僻的地方，而且项目范围相对较大，甚至是没有边界的，游客和旅游设施的安全问题应作为重要因素在规划中加以考虑。

（五）农家游

最经典的农家游是城市居民到农村去与农民"三同"——同吃农家饭、同住农民屋、同干农业活。这是由农民提供或出租耕地，让市民参与耕作，种植花草、蔬菜、果树，或参与经营家庭农业的观光方式。其主要目的是让市民体验农业生产的全过程，享受从播种、管理到收获的农作乐趣并得到一定的农业收入。近年来，农家游深受那些曾经"上山下乡"的知识青年的欢迎。他们回城后过上了幸福日子，想去回味一下过去的那段日子。经过若干年的发展，农家游已成了许多都市人利用双休日消除身心疲劳、逃避都市喧嚣的一个常设旅游项目。品尝田园美食、观赏田园风光，花费不多，既休闲又健康。

农家游较少作专门的规划，但也需要符合如下原则：

（1）入乡随俗的原则。各地农村都有各自的劳作和居家生活特点，农家游是在一般家庭生活方式的前提下开展的，游客自觉或不自觉地按照当地农家习俗"生活"，度过愉快的假期。

（2）纯朴真诚的原则。传统农民由于生活在封闭、保守的环境下，对新潮生活方式的接受相对滞后。他们能自然地表达出纯朴与真诚，这也正是疲于紧张生活的都市人所向往的礼遇。

（3）绿色生活的原则。农家游的吸引力在于原生态的田野氛围和农家气息，绿色生产、绿色生活与和谐的社交环境等。生产和生活都要维护绿色生活方式。

第五节　观光农业规划应注意的事项

一、观光农业项目的论证需要从多角度入手

观光农业项目的开发具有不同于一般项目的特点，它需要从更广泛的角度去综合论证，至少应包括以下几个方面。

（一）本地区农业资源基础的分析

分析人员应分析本地区农业资源基础、自然景观系列、乡村民俗的可展示性。以广东省为例，其在发展观光农业方面在全国是比较领先的，在投资建设观光农业旅游景点时也本着实事求是、因地制宜、与相邻旅游景点有机结合的原则，提出观光农业旅游景点要突出特色、见效快、风险小和旅游线路组合好，以充分利用旅游资源。例如，粤北将名胜古迹、天然风光和少数民族的景点相结合；粤东将潮汕文化、客家文化景点连成一体；粤西将热带、亚热带风光和海洋沙滩旅游连成一线。这些规划的实施，使各景点相辅相成、相得益彰，充分利用了旅游资源。

（二）市场定位分析

从目前我国观光农业的发展状况来看，观光农业首先是城市居民的"后花园"，其目标市场应主要定位于大中城市的居民，为他们提供一个自然、传统、休闲的场所。因此，在短期内，我国的观光农业还无法成为国际性的旅游活动。

（三）区位选择分析

大中城市边缘区农业地带应为首选，这些区域有着独特的地域性和明显的发展优势。通过大中城市边缘区的发展，带动交通便利、农业基础较好的区域发展观光农业，是符合我国国情的发展战略。

（四）目标市场、地区旅游业的发展分析

这是指分析目标市场是否成熟。以北京市为例，首先，观光农业的消费对象主要是城市居民，目前已有相当一部分的城市居民具有观光农业消费能力，随着经济的发展，这一消费群体将不断扩大，消费水平也将随之提高。其次，北京市农业资源基础较好。最后，北京市郊区名胜古迹众多，这些景点都可以与观光农业的旅游景点互为补充，共同发展。基于以上分析，可以断定，观光农业已经成为北京市城市人口新的消费热点之一，极具发展潜力。总之，观光农业应不唯"观光"，农业才是根本，其特点应是生态性的，以保护

生态平衡为前提；其产品应是民族性的，以弘扬民族传统文化为卖点；其经营定位应是服务性的，以游客需要确定模式。

二、观光农业要走可持续发展之路

观光农业的基础是农业内部功能的良性循环和生态的合理性。因此，观光农业的发展要切实保证旅游与生态农业的协调。观光农业的"农业"内涵，应定位于旅游与生态农业相协调所体现的地域特点，即地域生态农业特色和地域农业文化特色。因而各地应对植根于自然生态的生态农业和传统农村民俗文化加以保护并予以充分体现，开发时应选择生态效益型道路。具体做法如下：

(1)必须立足现有基础进行开发，严格控制滥用耕地。

(2)必须因地制宜，突出个性和特色。

(3)避免对环境和景观的破坏，如在旅游景点内设立不当的建筑等。

(4)控制农业观光园周边的工业以及城市化等对景点的不利影响。

(5)适当控制进入农业观光园的人数，以保护园内的生态环境质量。

只有符合可持续发展战略，才可能体现出观光农业自然、传统、休闲、绿色的特点，获得农业、旅游、教育、生态、综合"五效益"，达到发展观光农业的目的。

三、有效地进行宏观调控，理顺管理体制

(一)统一对观光农业发展方向和目标的认识

通过长期的实践，一般来说，农业旅游区的半径应为29.5千米，才可能发挥最佳经济效益。因为观光农业既不是纯粹的农业开发，也不是传统的旅游开发，它的发展必须兼顾农业和旅游的发展规律。目前，我国不宜过多地发展自行采摘、承租农地等体验型项目和以休闲娱乐为主的观光农业项目。这是因为观光农业的发展有其三大目标，即直接效益目标、可持续发展目标和示范观赏性目标。三大目标是一个统一的整体，三者相互关联、相互促进。

(二)理顺管理体制，加强规划，创建管理、服务体系

在旅游开发区要防止出现管理体制混乱、政出多门的现象，要分清责任，各司其职。政府有关部门应做好观光农业发展规划的指导；建立一些咨询服务机构，加强对观光农业发展的调查研究与总结，以建立农业政策信息服务体系。此外，各地还应制定一些优惠扶持政策，如引资、税收优惠政策等。

(三)建立资金引入机制

各地应广开引资门路，把观光农业资金引入计划纳入旅游业和农业发展的计划中。各地应创建新型的旅游农业投资体制，实现投资多元化，以不断加大市场开发的力度。

四、观光农业的发展要遵循社会主义市场经济规律

(一)建设旅游景点和组织旅游应放手由企业经营,政府进行宏观调控

在计划经济时期,由于职责不分,管理不严,各方面的积极性未能得到充分调动,往往经济效益不高。现在我国实行社会主义市场经济体制,投资观光农业项目应按照现代企业制度"产权清晰,责权明确,政企分开,管理科学"的要求,以实现产业的高效益。

(二)按照社会主义市场经济体制的要求,所有制的实现形式可多种多样

所有制的实现形式可以是建立有限责任公司、股份有限公司、合作公司、股份合作企业等。投资方可以是国有企业,也可以是集体企业或民营企业等。对于观光农业项目,不论其投资者是国有企业还是集体合作企业,也不论是农民还是外商投资企业,只要符合发展规划,发展前景好,都应大力发展,给予扶持。

(三)要有市场竞争意识,包括服务质量和价格竞争意识

旅游景点的成功与否或能否可持续发展,不但要看观光农业景点的特色和内容,即参观价值,还要看价格和服务质量。若景点规模大、成本高、门票贵,必然导致一些人望而却步,造成资源的浪费,形成开业之初兴旺、继而难以维持的局面。同时,服务和管理水平也应不断提高,尤其是在农业知识的内涵和景点的管理上应精益求精,在项目安排上也应不断创新,让游客有一种"常新"的感受。

(四)一切活动要以获取社会效益、环境效益和经济效益为目标

体现效益可通过三种方式:一是门票收入方式,即较高的门票、丰富的内容和免费品尝或赠送的纪念品;二是消费收入方式,即低廉的门票或不收门票,而是通过丰富的内容(如购买纪念品或品尝特色农产品)刺激游客消费的欲望而获得经济收入;三是广告效应方式,即旅游项目收入与开支基本持平即可,其效益体现为扩大知名度,带动产品的销售获利。可以说,观光农业的发展,只要在追求每一个项目的经济利益的同时充分考虑社会效益、环境效益,就可以在市场机制引导下,取得最佳的经济效益,促进我国观光农业的发展。

五、观光农业的发展在内容上要有特色

观光农业的发展在内容上应该强调特色,以吸引游客。下面我们以农业采摘园为例进行说明。

(一)观光农业采摘吸引游客首先要选好品种

采摘园单一的果品生产已经不能满足需求,采摘园要在果树品种上做到品种优化,提高科技含量。例如,果园可引进维多利亚、无核红宝石等多种新品种葡萄,这样果园从7

月开始就可以接待游客，有效地延长了采摘期。

(二)特色是旅游观光采摘业发展的生命之所在

只有发展特色采摘，才能吸引大批游客涌入果香扑鼻的果园。观光果园的建设强调的是"人无我有，人有我优，人优我特"，目前成功的例子都是在特色和满足市场需求上下功夫。如在平谷区采摘不同品种的鲜桃、在大兴区采摘各种类型的西瓜、在昌平区采摘有品牌的苹果……北京市于2007年筹建果品主题公园。2013年，昌平的苹果主题公园建成后，游客在那里可以了解到有关800多个品种的苹果常识。

(三)观光农业在文化中找出路

各地方找准果品文化特色，结合"中秋节""国庆"等节庆卖点，把采摘和旅游观光、文化活动结合起来，办起丰富多彩的采摘节。素有"北京吐鲁番"之称的大兴区采育镇，有2万多亩葡萄，100多个葡萄品种，年产葡萄2100多万千克。为吸引游客前来采摘，该镇自2001年开始举办"葡萄文化节"，至2010年共接待了来自全国各地以及法国、美国等20多个国家和地区的100多万名游客。特别是从2017年到2021年成功举办了四届"北京大兴采育葡萄文化节"和三届"中国优质葡萄擂台赛"更进一步扩大了采育的知名度。四年来累计接待观光采摘游客达80万人次，销售白杏、葡萄、桃、李子、苹果、青玉米、花生、白薯等农副产品4000万千克。

(四)增加知名度，加大品牌宣传

品牌是任何产品与服务的生命力，凡是知名的企业和产品，无不与自身的品牌建设密切相关。任何企业与产品要做到极致，必是向品牌化方向发展。如大兴区北臧村镇果农通过各种形式宣传介绍他们的果园，并在报纸上介绍他们的成功经验，从而吸引很多人来该村品尝果品、取经和游玩。随着名气越来越大，生意也越做越火。

六、依靠政府职能作用发展观光农业

(一)提高认识

各地应从观光农业对城市整体功能的调节和优化意义，从发展观光农业的经济、社会、生态环境效益及其对城市的农业经济结构调整、农业产业化推进等多视角来审视观光农业，从可持续发展的角度提高对发展观光农业重要性的认识。

(二)政策保证

各地应出台相应政策明确观光农业在城市经济发展中的地位，在土地利用、税收、资金投入等方面予以倾斜，鼓励科技人员以科学技术入股，制定观光农业发展总体规划，用政策保证观光农业的健康发展。

(三)培植精品

国外成功经验表明，观光农业的发展壮大过程是一个培植精品、凭借精品开拓市场、打出品牌、依托精品及系列产品占领市场的过程。对于观光农业来说，培植精品是培育有典型代表性和广泛影响力、能够集中展示当地观光农业内在魅力和特色旅游产品的过程。这一过程实际上就是发挥当地优势、形成产品特色、营造主题形象的过程。精品就是整个观光农业园区的龙头和名片，通过在旅游市场中推出特色精品，有助于打造园区的鲜明形象。

(四)加大投入

观光农业一般从传统农业发展而来，要实现传统农业向观光农业的转变，需要进行道路、电力、管网、绿地等配套基础设施建设和观光农业项目的修建。加大投入有助于为观光农业发展创造良好的外部条件，扶持有市场潜力的精品观光农业项目，培植观光农业获得自我发展的能力，是为了后期减小投入或者不投入。在投入渠道上，随着观光农业的发展和农民收入的稳步增加，政府应逐步引导农民成为投资主体。

七、科学研究应支持观光农业发展

根据城市郊区农业旅游资源、城市未来发展和居民消费需求的特点，如何创新理念，准确定位，合理布局观光农业与高科技农业，推动其有序发展，构建观光农业技术支撑体系是目前亟待解决的关键问题。

(1)农业科学研究应支撑观光农业农产品唯一性和特色化的发展需求。这是指开展如观光农产品的外观、品质、功能等方面的研究，发展适宜观光农业发展的种植、养殖品种。

(2)发挥优势加强观光农业个性化建设。在共性中寻求个性发展是观光农业可持续发展的前提。发展观光农业要同时兼顾观光农业的三大功能，即观光休闲功能，农业生产功能，绿化、美化和改善环境功能。

(3)对项目所在地区的资源进行评价，以便准确定位，合理利用资源。对所在区域进行资源评价研究的目的，主要是科学认识当地适宜发展观光农业的各种资源，并对其进行分类，为合理开发、利用资源提供依据。

(4)加强项目的科学规划与设计工作。项目的科学规划，主要应体现两点：一是实事求是，坚持以资源开发、利用为主，打造具有本地特色的观光农业形态；二是坚持科学创新，广泛吸取各地发展经验，准确把握当地市场，建立新型观光农业形态。

(5)建立观光农业技术支撑体系。观光农业的技术体系是建立在传统农业技术基础之上，与旅游、市场、景观等多学科相互融合并升华后形成的新的科学体系，是景观学、农业经济学、栽培学、育种学、旅游学等学科的综合集成。

在栽培技术方面，既要考虑产量、品质，更要考虑田间植物的观赏性和游人的参与性。在生活功能拓展方面，重点开展具有观光、采摘等功能的科学研究。在生态功能方面，重点开展植被保护、抗逆树物育种、生态与环境保护、生态与环境修复等领域的研究。在病虫害防治方面，重点开展生物防治等方面的研究。在整体环境方面，重点开展城市郊区观光农业的环境容量研究。

◎ 思考题

1. 观光农业规划的原则有哪些？
2. 观光农业规划的任务有哪些？
3. 请尝试做一个本地区的观光农业发展规划，并指出规划的亮点是什么。

第九章　观光农业市场营销

◎ **本章提要**

　　观光农业市场营销是满足消费者的农业观光休闲需要，实现企业经营目标的重要途径。本章主要介绍以下内容：
- 市场营销及其相关概念；
- 观光农业市场营销的概念和特点；
- 观光农业客源市场结构；
- 观光农业市场需求的影响因素；
- 观光农业的销售渠道和营销策略。

◎ **学习目标**

　　通过本章的学习，你应能：
- 掌握市场营销的概念，理解观光农业市场营销的特殊性；
- 掌握观光农业市场的客源构成，了解观光农业市场需求的影响因素和消费者消费决策过程；
- 掌握观光农业销售渠道，掌握观光农业营销策略。

　　在市场经济条件下，任何企业都在不断地与市场进行交流，从市场获取信息，同时向市场传播自己的产品信息，并且最终销售产品。市场营销是与市场有关的人类活动，亦是为满足消费者需求和欲望而利用市场来实现潜在交换的活动。市场营销管理是一个过程，包括分析市场机会，研究与选择目标市场，设计营销战略，确定市场营销组合策略，组织、执行和控制市场营销工作。

　　观光农业市场营销是市场营销的一个分支，由于市场的特殊性，观光农业市场营销表现出不同的特点。观光农业市场需求的影响因素有很多，如个人因素、经济因素、社会文化因素、市场供给因素等。观光农业消费者消费决策的过程分为消费认识阶段、信息收集阶段、方案评价和选择阶段。在实际工作中，观光农业营销人员要将几种营销策略加以综合运用。

第一节　观光农业市场营销概述

一、市场营销的概念

市场是经营者经营活动的起点和终点，是其与外界建立关系的媒介。简单地说，市场是以商品交换为主要内容，买卖双方发生交易活动的场所。我国早期的市场有"赶集""集市""赶场""赶墟"等形式，现在的市场形式有"交易会""购物中心""超级市场"等。因此，市场属于商品经济的范畴。

关于市场营销，西方市场营销学者从不同角度及发展的观点对市场营销下了不同的定义。有些学者从宏观角度对市场营销下了定义。例如，麦卡锡把市场营销定义为一种社会经济活动过程，其目的在于满足社会或人类需要，实现社会目标。又如，菲利普·科特勒指出，市场营销是与市场有关的人类活动。市场营销意味着和市场打交道，为了满足人类需要和欲望，去实现潜在的交换。

还有些定义是从微观角度来表述的。例如，美国市场营销协会于 1960 年对市场营销下的定义如下：市场营销是"引导产品或劳务从生产者流向消费者的企业营销活动"。麦卡锡于 1960 年也对微观市场营销下了定义：市场营销是"企业经营活动的职责，它将产品及劳务从生产者直接引向消费者或使用者以便满足顾客需求及实现公司利润"。这一定义虽比美国市场营销协会的定义前进了一步，指出了满足顾客需求及实现企业赢利是公司的经营目标，但这两种定义都说明，市场营销活动是在产品生产活动结束时开始的，中间经过一系列经营销售活动，当商品转到用户手中就结束了，因而把企业营销活动仅局限于流通领域的狭窄范围，而不是视为企业整个经营销售的全过程，即包括市场营销调研、产品开发与定价、分销广告、宣传报道、销售促进、人员推销、售后服务等。菲利普·科特勒于 1984 年对市场营销又下了定义：市场营销是指企业的这种职能——"认识目前未满足的需要和欲望，估量和确定需求量大小，选择和决定企业能最好地为其服务的目标市场，并决定适当的产品、劳务和计划（或方案），以便为目标市场服务"。美国市场营销协会于 1985 年对市场营销下了更完整和全面的定义：市场营销是"对思想、产品及劳务进行设计、定价、促销及分销的计划和实施的过程，从而产生满足个人和组织目标的交换"。这一定义比前面的诸多定义更为全面和完善。主要表现如下：其一，产品概念的扩大。它不仅包括产品或劳务，还包括思想。其二，市场营销概念的扩大。市场营销活动不仅包括营利性的经营活动，还包括非营利组织的活动。其三，强调了交换过程。其四，突出了市场营销计划的制订与实施。

但是在 2005 年，美国市场营销协会对市场营销的概念进行了进一步的完善。新的表述如下：市场营销是组织的一种功能，是一系列创造价值观并将之传递给顾客的过程。它被用于管理顾客关系，以使组织及其股东获利。

二、市场营销的相关概念

市场营销涉及其出发点，即满足顾客需求，还涉及以何种产品来满足顾客需求，如何才能满足消费者需求，即通过交换方式，产品在何时、何处交换，由谁实现产品与消费者的连接。可见，市场营销的核心概念应当包含需求及相关的欲求和需要，产品及相关的效用、价值、满足，交换及相关的交易和关系，市场、市场营销及市场营销者。

1. 需求及相关的欲求和需要

（1）需要（needs）。需要指消费者生理及心理的需求，如吃饭、穿衣等生理需求及安全、归属感、尊重和自我实现等心理需求。市场营销者不能创造这种需求，而只能适应它。

（2）欲求（wants）。欲求指消费者深层次的需求。不同背景下的消费者欲求不同，比如中国人需求食物而欲求大米饭，法国人需求食物而欲求面包，美国人需求食物而欲求汉堡包。人的欲求受社会因素及机构因素，如职业、团体、家庭等影响。因而，欲求会随着社会条件的变化而变化。市场营销者能够影响消费者的欲求，如建议消费者购买某种产品。

（3）需求（demand）。需求指有支付能力和愿意购买某种物品的欲求。可见，消费者的欲求在有购买力作后盾时就会变成需求。许多人想购买高档轿车，但只有具有支付能力的人才能购买。因此，市场营销者不仅要了解有多少消费者欲求其产品，还要了解他们是否有能力购买。

2. 产品及相关的效用、价值、满足

（1）产品（product）。产品指用来满足顾客需求和欲求的物体。产品包括有形产品与无形产品、可触摸产品与不可触摸产品。有形产品是为顾客提供服务的载体。无形产品或服务是通过其他载体，如人、地、活动、组织和观念等来提供的。当人们感到疲劳时，可以到音乐厅欣赏歌星唱歌（人），可以到公园去游玩（地），可以到室外散步（活动），可以参加俱乐部活动（组织），或者接受一种新的意识（观念）。服务也可以通过有形物体和其他载体来传递。市场营销者切记销售产品是为了满足顾客需求，如果只注意产品而忽视顾客需求，就会产生"市场营销近视症"。

（2）效用、价值、满足（utility，value，satisfaction）。消费者如何选择所需的产品，主要是根据对满足其需要的每种产品的效用进行估价而决定的。效用是消费者对满足其需要的产品的全部效能的估价。产品全部效能（或理想产品）的标准如何确定？例如，某消费者到某地使用的交通工具，可以是自行车、摩托车、汽车、飞机等。这些可供选择的产品构成了产品的选择组合。又假设某消费者要求满足不同的需求，即速度、安全、舒适及节约成本，这些构成了其需求组合。这样，每种产品有不同能力来满足消费者的不同需要，如自行车省钱，但速度慢，欠安全；汽车速度快，但成本高。消费者需要决定一项最能满足其需要的产品。为此，将最能满足其需求到最不能满足其需求的产品进行排列，从中选择出最接近理想状态的产品，它对顾客效用最大，如顾客到某目的地所选择理想产品的标准是安全、速度，其可能会选择汽车。

顾客选择所需的产品除效用因素外，产品价格高低亦是因素之一。如果顾客追求效用最大化，其就不会简单地只看产品表面价格的高低，而会看每一元钱能产生的最大效用。

3. 交换及相关的交易和关系

（1）交换（exchange）。人们有了需求和欲求，企业亦将产品生产出来，还不能解释为市场营销，产品只有通过交换才使市场营销产生。人们通过自给自足，或自我生产方式，或通过偷抢方式，或通过乞求方式获得产品都不是市场营销，只有通过等价交换，买卖双方彼此获得所需的产品，才产生市场营销。可见，交换是市场营销的核心概念。

（2）交易（transactions）。交换是一个过程，而不是一种事件。如果双方正在洽谈并逐渐达成协议，称为在交换中。如果双方通过谈判并达成协议，交易便发生。交易是交换的基本组成部分。交易是指买卖双方价值的交换，它是以货币为媒介的。交换不一定以货币为媒介，它可以是物物交换。

交易涉及多个方面，包括有价值的物品，双方同意的条件、时间、地点，维护和迫使交易双方执行承诺的法律制度等。

（3）关系（relationships）。交易营销是关系营销大观念中的一部分。精明能干的市场营销者都会重视同顾客、分销商等建立长期、信任和互利的关系。而这些关系要靠不断承诺及为对方提供高质量产品、良好服务及公平价格来实现，靠双方加强经济、技术及社会联系来实现。关系营销可以减少交易费用和时间，最好的交易是使协商成为惯例化。

处理好企业同顾客关系的最终结果是建立起市场营销网络。市场营销网络是由企业同市场营销中介人建立起的牢固的业务关系。

4. 市场、市场营销及市场营销者

综上所述，市场营销是指与市场有关的人类活动，亦是为满足消费者需求和欲望而利用市场来实现潜在交换的活动。它是一种社会的、管理的过程。

市场营销者则是从事市场营销活动的人。市场营销者既可以是卖方，也可以是买方。作为买方，其力图在市场上推销自己，以获取卖者的青睐，这样买方就是在进行市场营销。当买卖双方都在积极寻求交换时，他们都可称为市场营销者，并称这种营销为互惠的市场营销。

三、市场营销管理的概念、任务及过程

（一）基本概念

市场营销管理是指为达到个人和机构的目标而规划和实施理念、设计产品和服务、定价、分销和促销的过程。市场营销管理是一个过程，包括分析、规划、执行和控制。其管理的对象包括理念、产品和服务。市场营销管理的基础是交换，目的是满足各方需要。

（二）需求管理

市场营销管理的主要任务是刺激消费者对产品的需求。除此之外，它还帮助公司在实

现其营销目标的过程中，影响需求水平、需求时间和需求构成。因此，市场营销管理的任务是刺激、创造、适应及影响消费者的需求。在此意义上，市场营销管理的本质是需求管理。

任何市场均可能存在不同的需求状况，市场营销管理的任务是通过不同的市场营销策略来解决不同的需求状况。

1. 负需求(negative demand)

负需求是指市场上众多顾客不喜欢某种产品或服务，如近年来许多老年人为预防各种老年疾病不敢吃甜食和肥肉，又如有些顾客害怕冒险而不敢乘坐飞机，或害怕化纤纺织品中的有毒物质损害身体而不敢购买化纤服装。市场营销管理的任务是分析人们为什么不喜欢这些产品，并针对目标顾客的需求重新设计产品、定价，做更积极的促销，或改变顾客对某些产品或服务的信念，如宣传老年人适当吃甜食可促进脑血液循环，乘坐飞机出事的概率比较小等。把负需求变为正需求，称为改变市场营销。

2. 无需求(no demand)

无需求指目标市场顾客对某种产品从来不感兴趣或漠不关心。市场营销者的任务是创造需求，通过有效的促销手段，把产品利益同人们的自然需求及兴趣结合起来。

3. 潜在需求(latent demand)

潜在需求是指消费者虽有欲望，但由于种种原因还没有明确地显示出来的需求。例如，老年人需要高植物蛋白、低胆固醇的保健食品，美观大方的服饰，安全、舒适、服务周到的交通工具等，但许多企业尚未重视老年市场的需求。企业市场营销的任务是准确地衡量潜在市场需求，开发有效的产品和服务，即开发市场营销。

4. 下降需求(falling demand)

下降需求是指目标市场顾客对某些产品或服务的需求出现了下降趋势。市场营销者要了解顾客需求下降的原因，或通过改变产品的特色，采用更有效的沟通方法再刺激需求，即创造性地再营销，或通过寻求新的目标市场，以扭转需求下降的格局。

5. 不规则需求(irregular demand)

因季节、月份、周、日、时原因造成的产品或服务需求的变化，会导致生产能力和商品的闲置或过度使用。如公用交通工具，在运输高峰时不够用，在非高峰时则闲置不用。又如在旅游旺季时旅馆紧张和短缺，在旅游淡季时旅馆空闲。再如节假日或周末时商店拥挤，在平时商店顾客稀少。市场营销的任务是通过灵活的定价、促销及其他激励因素来改变需求时间模式，这称为同步营销。

6. 充分需求(full demand)

充分需求指某种产品或服务目前的需求水平和时间等于期望的需求，但消费者需求会不断变化，竞争日益加剧。因此，企业营销的任务是改进产品质量及不断估计消费者的满足程度，维持现时需求，这称为维持营销。

7. 过度需求(overfull demand)

过度需求指市场上顾客对某些产品的需求超过了企业供应能力，产品供不应求。比如，由于人口过多或物资短缺，引起交通、能源及住房等产品供不应求。企业营销管理的任务是减缓营销，可以通过提高价格、减少促销和服务等方式使需求减少。企业最好选择那些利润较少、要求提供服务不多的目标顾客作为减缓营销的对象。减缓营销的目的不是破坏需求，而只是暂缓需求水平。

8. 有害需求(unwholesome demand)

有害需求指对消费者身心健康有害的产品或服务，如烟、酒、毒品、黄色书刊等。企业营销管理的任务是通过提价、减少可购买的机会或根据法律禁止销售，这称为反市场营销。反市场营销的目的是采取相应措施来消灭某些有害的需求。

(三)市场营销管理过程

企业营销管理过程是市场营销管理的内容和程序的体现，是指企业为达成自身的目标，辨别、分析、选择和发掘市场营销机会，规划、执行和控制企业营销活动的全过程。一般的市场营销管理过程包括以下几个步骤。

1. 分析市场机会

进行企业宏微观环境分析，从而找出与企业能力相适应的环境机会(并从中辨明哪些是企业机会)，以及企业可能面临的威胁。对市场营销职能的管理始于对企业情况的全面分析。企业必须分析市场营销环境，以找到有吸引力的机会和避开环境中的威胁因素。

2. 研究与选择目标市场

企业针对存在的机会，根据顾客需求的差异性，划分并确定细分市场，进而选定适合于企业的目标市场并进行市场定位。

3. 设计营销战略

企业营销战略主要是进行市场定位和产品定位。市场定位指的是企业根据自己的竞争优势，让自己的企业和产品在目标市场的消费者心中树立起一个与竞争对象不同的形象。产品定位即通过产品特色、服务特色等方面确立自己的竞争优势。

4. 确定市场营销组合策略

营销组合是企业根据目标市场的需要对自己可以控制的营销手段进行优化组合和综合运用的活动。通常所说的营销组合是指产品(product)、价格(price)、销售渠道(place)、促销(promotion)的组合及具体实施方案，称之为"4Ps"。

5. 组织、执行和控制市场营销工作

这是指企业针对已制定的市场营销战略与策略，进行具体的组织、实施，并对营销计划的执行过程进行控制，以保证计划的有效实施。

四、观光农业市场营销的概念和特点

观光农业市场营销指在变化的市场环境中，为满足消费者的休闲需要而开展的一切活动过程。观光农业市场营销是市场营销的一个分支，其主要内容与一般市场营销相似。但由于市场的特殊性，观光农业市场营销表现出不同的特点。

(1)观光农业提供的产品是一种服务。观光农业产品具有不可感知性，它是一种经历和感受。

（2）消费者参与观光农业产品的生产过程。观光农业企业要生产出符合游客需要的旅游产品，不仅要对从业人员进行管理，而且对消费者也要进行一定的管理，以便实现消费者与产品生产人员之间的沟通，提高消费者对旅游产品的满意度。

（3）时间因素十分重要。这是指观光农业企业应提供迅速、快捷、高质量的服务，及时处理消费者投诉，以此逐渐建立企业的信誉。

（4）产品的分销渠道。有形产品一般通过物流渠道送到消费者手中，而观光农业产品的分销是通过企业与消费者签订合同，然后消费者自己前来参与产品的生产和销售。

第二节　观光农业的客源市场

客源是旅游业发展的原动力，客源市场分析是观光农业开发研究的重点。旅游客源市场分析直接关系着观光农业开发项目的生命力和投资资金的安全性，是项目开发成功与失败的分水岭。

一、观光农业客源市场结构

旅游客源市场是指在一定时期内，对某一旅游产品现实和潜在的总体需求。旅游客源市场结构按消费者地理区域分布、时间分布、旅游动机类型以及人口特征可分为空间结构、时间结构、旅游心理类型结构和人口结构等。

空间结构是旅游客源市场的一种重要结构。不同的地区，人口数量、人口密度、居民的收入水平、人们的习俗不同，对旅游的需求也表现出很大的差异。观光农业客源市场结构通常分为城镇和乡村居民。研究者普遍认可"城镇居民是观光农业景区的主体市场"这一说法。研究者认为，城市生活单调、充满压力及环境污染等问题使城镇居民纷纷奔向环境幽雅、空气清新、耐人寻味的乡村，而乡村居民则往往更容易被都市风光吸引。

时间结构指某旅游地客源市场随时间变化的态势。旅游市场的时间结构可分为季节性变化结构和年际变化结构。旅游客源市场随季节不同，会出现旅游淡季、旺季。旅游客源市场的年际变化主要是由客源地的国家政策、国民收入水平以及一些突发因素引起的。目前，许多观光农业园区根据不同季节针对不同客源调整自己的产品结构，做到一年四季客源不断。

旅游心理类型结构指旅游客源市场按照旅游者的性格气质、旅游动机等因素来划分市场。旅游者的旅游动机和目的，是实现旅游活动的主观条件。观光农业旅游者的动机有审美动机、遁世动机、教育动机、娱乐动机等。

人口结构包括年龄、性别、职业、收入、教育水平、家庭规模等，直接反映消费者的自身特点。人口指标中所包含的各种变量主要来源于消费者本身有关数据相对容易获得，所以人口指标是考察某一地区或某一景区市场结构的重要依据。分析观光农业客源市场结构最常见的变量是年龄、职业、收入等。如根据年龄变量，观光农业客源市场可以分为少儿、青年、中年、老年群体；根据职业变量，观光农业客源市场可以分为教师、公务员、企业经理、工人、学生等群体;根据收入变量,观光农业客源市场可分为高收入、中等收入、经济低收入等。

二、观光农业市场需求的影响因素

(一)个人因素

观光农业旅游者的性别、年龄、职业和生活方式等不同,使观光农业市场的需求呈现多样性。例如,男性更倾向于体验娱乐类或探险类的观光农业活动,而女性较偏爱采摘、购物等观光农业活动;工作繁杂程度高、人际交往频繁的白领喜欢放松型的度假,而一般城市居民喜欢参与程度较高的农事或体验旅游。

(二)经济因素

社会的经济发展水平及产业结构的调整和变化,会在很大程度上影响人们的职业和收入,同时影响观光农业的发展和规划,以及人们对观光农业产品的购买行为。

(三)社会文化因素

任何一种消费行为都是在特定的社会环境中进行的,社会文化影响着人们的价值观念、偏好,从而决定了个人购买观光农业产品的种类。中老年人强调实用性,比较节俭,一般很少购买娱乐类观光农业产品。年轻人思想观念较为开放,加之工作和生活压力,较多选择放松休闲的度假观光农业产品。

(四)市场供给因素

市场供给因素包括观光农业资源、旅游设施、旅游项目、旅游服务等,其中观光农业资源是激发旅游者需求的重要因素。此外,完善的旅游设施、丰富的旅游项目、周到的旅游服务等,也会影响观光农业的需求。

三、观光农业消费者的消费决策

旅游消费决策是旅游消费者作出的关于购买某种旅游产品的决定。观光农业消费者在作出决策时面临的问题,可以归纳为以下几方面。

(1)why,即为什么消费。观光农业者的消费动机不同,对旅游产品的需求也就不同。

(2)what,即消费什么。决定消费什么是观光农业消费决策的核心,如观光农业产品的类型、规格、价格等。

(3)how many(much),即消费多少。消费数量多少通常取决于其实际需求、支付能力及市场供求状况。

(4)where,即去哪里消费。观光农业消费者会根据自己的消费能力、交通便利状况决定消费的目的地。

（5）when，即什么时候消费。这一般取决于观光农业消费者消费需求的紧迫性及空暇时间。

（6）how，即如何消费。比如消费者是否选择预订，通过哪些方式预订等。

四、观光农业消费者消费决策的过程

观光农业消费者消费决策的过程如下：

（1）消费认识阶段。在这一阶段，消费者会根据自己的经济实力、闲暇时间以及所在地区观光农业的发展状况，作出是否出游的决定。

（2）信息收集阶段。旅游者如果认为有必要进行观光农业消费，就会寻找有关观光农业产品的信息。观光农业消费者获取信息的渠道有固有的记忆、亲戚朋友的意见和建议、政府部门提供的信息、新闻媒体提供的信息等。

（3）方案评价和选择阶段。信息收集之后，观光农业消费者会将几种观光农业产品进行对比、评价，结合自己的经济能力、消费动机等进行选择。

第三节　观光农业的销售渠道和营销策略

一、观光农业销售渠道

（一）观光农业销售渠道的类型

观光农业销售渠道是指观光农业产品从观光农业经营组织那里送到消费者手中所经历的各个环节连接起来的通道。

观光农业销售渠道有长短宽窄之分。销售渠道的长度是指产品从观光农业经营组织那里送到旅游者手中所经历的中间环节的数量。环节越多，销售渠道就越长；反之，销售渠道就越短。销售渠道的宽度是指一个时期内销售网点的数量。销售网点越多，销售渠道越宽；反之，销售渠道就越窄。

观光农业销售渠道有直接和间接之分。直接销售渠道是指观光农业经营企业直接面对最终消费者进行销售，没有任何中间环节，如消费者直接到农业观光园观光用餐。这是目前我国观光农业经营大多采用的类型。间接销售渠道是指观光农业产品从经营企业转移到消费者手中要经历的一些中间环节，如零售商、批发商等。

（二）观光农业销售渠道的构成

观光农业销售渠道的中间环节包括代理商、批发商、零售商、专业观光农业媒介等。

1. 观光农业代理商

观光农业代理商是指与观光农业组织签订合同接受委托，在某一特定区域内代理销售其旅游产品的旅游中间商。其主要收入来自被代理的观光农业经营企业支付的手续费或佣

金。当观光农业经营企业需要开拓市场或无法直接进行营销活动时，其可借助观光农业代理商的营销优势寻找市场机会。观光农业代理商在消费者选择观光农业产品的决策中具有重要的作用。对于观光农业经营企业来说，其应当为观光农业代理商提供了解观光农业产品的机会，如邀请观光农业代理商考察相关观光农业产品，以便观光农业代理商更好地发挥作用。

2. 观光农业批发商

观光农业批发商一般是指一些实力较为雄厚，具备较强管理、宣传和销售能力的旅游公司或旅行社。观光农业批发商通过与观光农业企业、运输公司以及其他餐饮娱乐服务机构等直接洽谈签订合同，购买一定数量的单项旅游产品，将其组合成旅游线路批发给观光农业零售商。其收入主要来源于订房差价、门票差价、运输公司支付的代理佣金等。由于单项观光农业产品越来越多，而观光农业消费者对观光农业产品缺乏全面的了解，往往更倾向于从观光农业批发商提供的观光农业产品目录中选择。因此，列入观光农业产品目录的观光农业经营企业具有更多的被消费者选择的机会。

3. 观光农业零售商

观光农业零售商是指直接向旅游者提供观光农业产品的旅游中间商，主要是指旅行社。旅行社要在熟悉各种观光农业产品及其价格的基础上，帮助旅游消费者安排恰当的旅游线路，向其提供咨询服务，并同各个观光农业经营企业保持良好的沟通和联系，及时反馈旅游消费者的需求信息。其主要收入来自餐饮、住宿、运输等支付的佣金。

4. 专业观光农业媒介

专业观光农业媒介是指从事观光农业宣传，向旅游者提供信息服务、预订服务、线路推荐服务的促销机构、旅游经纪人、旅游信息中心等。旅游促销机构可以是完全独立的组织、政府所属部门、旅游行业协会等。旅游经纪人是为交易双方牵线搭桥，促成交易，成交后向观光农业经营组织收取一定佣金的一种旅游中间商。旅游信息中心则把不同类型的观光农业经营组织的信息资料收集之后输入电脑，旅游消费者可以通过电话、电脑等进行自动预订。

观光农业经营企业一方面要加强与旅游中间商的合作，尊重中间商的利益，根据中间商的营销能力、资信状况给予不同的价格优惠，以此调动旅游中间商的积极性；另一方面要根据市场的变化、产品的特点以及中间商的表现，对旅游中间商进行考核，对销售不利、不能适应市场变化的旅游中间商可以终止合作，重新设计销售渠道。最后，观光农业经营企业要积极调解旅游中间商之间的冲突，加强同各个旅游中间商的沟通联系，避免恶性竞争。

二、观光农业营销策略

(一)产品策略

产品是营销组合中最基本的要素，因而产品策略在营销组合中占有非常重要的地位。城市旅游者的需求日益多样化，只有不断推陈出新，以新、奇、异、特的旅游项目来吸引旅游者，才能使农业观光旅游产品在市场上保持长久的生命力和竞争力，才能满足旅游者不断变化的需要。例如，观光农业经营企业针对城市小家庭可推出"欢乐家庭农家度假游"；针对城市青少年可推出"农村知识修学游"；针对曾经插过队、下过乡现已回城生活的知青，可推出"忆峥嵘岁月游"等。

(二) 价格策略

旅游价格制定是否合理直接关系到旅游产品的竞争力。在观光农业产品价格构成中，主观价值构成受到更多关注。观光农业产品消费带给消费者的独特观光休闲体验是确定主观成本的依据，这种体验值的判定增加了企业制定价格的难度。定价过低，易导致消费者的过低体验品质预期；定价过高，易导致消费者的过高体验品质预期。定价策略主要包括新产品定价策略、心理定价策略、折扣定价策略等。

1. 新产品定价策略

企业新产品能否打开和占领市场，给企业带来预期效益，价格因素的作用非常重要。新产品的定价策略主要有撇脂定价策略、渗透定价策略、满意定价策略等。

(1)撇脂定价策略是一种高价格策略，即在新产品进入市场初期，以超出产品实际价值较多的价格出售，以期获取较高的利润。新颖、有特色的观光农业产品出现时，价格高一些符合一般性规律。这种定价策略的优点如下：对新产品实行高价策略，容易吸引消费者的注意和激发消费热情，同时也有利于旅游企业尽快占领市场，取得高额利润，尽快收回投资。而且，这种定价策略降价空间较大，可以在竞争加剧时采取降价手段，既可限制竞争者的加入，又符合消费者对价格从高到低的心理认知。但这种定价策略要求市场上存在高消费和追逐时尚的需求，适用于独具特色、不易仿制的观光农业新产品。

(2)渗透定价策略是一种低价策略，即利用消费者求实惠、求价廉的心理，在新产品进入市场的初期，将其价格定在预期价格之下，以较低价格进行促销，迅速打开销路并占领市场的一种策略。这种定价策略的优点在于：对一些特点不突出、容易仿制的观光农业产品实行低价策略，可以阻止其他旅游企业的加入，减少竞争压力。但这种定价策略会导致投资回收期变长，而且如果产品不能迅速打开市场或竞争十分激烈时，企业可能会蒙受重大损失。

(3)满意定价策略是一种折中定价策略，即介于撇脂定价策略与渗透定价策略之间的一种价格策略。企业根据消费者在购买观光农业产品时所期望支付的价格来制定新产品的价格。这样产品在投放市场后能保证观光农业企业取得一定的利润，也能够被消费者所接受。这种定价策略适合大多数消费者的购买能力和购买心理，使企业和消费者双方都满意。

2. 心理定价策略

心理定价策略就是利用、迎合消费者对产品的情感反应，根据消费者不同类型的购买心理对产品进行定价，使消费者在心理诱导下完成购买。心理定价策略主要有尾数定价策略、整数定价策略、声望定价策略、招徕定价策略等。

尾数定价策略，即给观光农业产品定一个零头数结尾的非整数价格，从而给消费者造成经过精确计算的最低价格心理。整数定价策略是企业把旅游产品的价格定在整数上的一种策略。这种定价策略容易使消费者产生一分钱一分货的购买意识。声望定价策略主要针对消费者对价高质优的认识,即对在消费者心目中有信誉的产品制定较高的价格,以迎合消费者通过购买产品来提高自身价值的虚荣心理。招徕定价策略是对一种或几种产品采取低价、减价的办法,借机招徕消费者以带动和扩大其他产品销售。

3. 折扣定价策略

折扣定价策略是以打折或降价的方式来刺激消费者购买而扩大销售的一种策略。定价折扣策略包括数量折扣策略、季节折扣策略、现金折扣策略、同业折扣策略等。

数量折扣策略是观光农业企业对达到一定购买数量的购买行为给予一定折扣的优惠策略。季节折扣策略是观光农业企业在销售淡季时为鼓励消费者购买产品给予的折扣优惠策略。现金折扣策略是观光农业企业为了鼓励消费者以现金付款或按期付款而给予消费者一定价格折扣优惠的策略。同业折扣策略是观光农业企业根据各类中间商在市场营销中所提供的服务不同给予不同的价格折扣的策略。

(三)促销策略

1. 观光农业促销的作用

观光农业促销是指通过一定的传播媒介向旅游消费者进行宣传、吸引、说服等工作,以达到促使旅游消费者了解、信赖直至购买观光农业产品的目的。观光农业促销对于旅游产品的销售具有重要作用。

(1)提供信息,促进了解。当观光农业产品进入市场时,营销人员需要提供观光农业经营企业及其产品的相关信息,了解消费者的需求,确定观光农业产品提供的最佳时间、地点和方式。

(2)突出特点,强化优势。观光农业产品在销售过程中要突出自身特点和优势,避免与竞争者的产品类似。如果观光农业产品和竞争者的产品之间没有本质区别,营销人员可以通过促销突出经营者的经营理念、产品质量和服务,形成品牌,吸引旅游消费者。

(3)树立形象,巩固市场。观光农业企业应通过长期的旅游促销活动,塑造与众不同的市场形象,提高市场占有率。

(4)刺激需求,引导消费。观光农业产品属于生活非必需品,其需求弹性很大,通过促销可以促进民众对观光农业的认识,刺激其消费需求,引导新的休闲方式。

2. 观光农业促销方式

(1)旅游广告。广告是一种大众化的信息传播方式,其媒介有报纸、电视、网络等。其优点是形式多样、辐射面广、信息传播速度快、可重复宣传等;其缺点是传递信息量有限、成本较高、消费者的购买行为滞后等。

(2)旅游营业推广。旅游营业推广是指观光农业企业为配合广告宣传和人员推销,开展一些刺激中间商和消费者尽量购买或者大量购买旅游产品的活动。旅游营业推广的方式很多,如免费赠送游客景点光盘、折扣优惠券,举办竞赛,设立节庆日、展销会等。其特点是形式多样、刺激强烈、效益明显,但成本较高。

（3）旅游公共关系。旅游公共关系是指观光农业企业为了取得内部和社会公众的信任，为自身发展创造最佳的社会关系环境，在分析内部和外部关系时所采取的一系列决策和行为。如观光农业企业采取新闻发布会、公关会议、展览会、庆祝活动等扩大自身影响。旅游公共关系对于塑造观光农业企业公众形象、提高知名度、增强市场竞争力等具有重要作用。

（4）旅游人员推销。旅游人员推销是指观光农业企业利用人员对旅游产品进行推销的促销方式。主要方式如下：营业推销，如销售人员利用电话或当面联系业务、从业人员在服务中销售旅游产品等；派员推销，如观光农业企业派专职推销人员携带旅游产品宣传资料走访客户等；会议推销，如旅游人员在各种旅游订货会、博览会上进行推销。旅游人员推销具有针对性和灵活性强、成交量大等特点。

在实际旅游促销中，观光农业企业应该将以上四种旅游促销方式进行有机组合、综合运用，根据需要进行协调，从而制定理想的促销组合策略。

◎ **思考题**

1. 如何理解市场及市场营销的含义？
2. 观光农业市场营销的特殊性体现在哪些方面？
3. 解释市场营销的相关概念。
4. 简述一般的市场营销管理过程。
5. 简述观光农业客源市场结构。
6. 简述观光农业市场需求的影响因素。
7. 简述观光农业消费决策的过程。
8. 简述观光农业销售渠道的构成。
9. 简述观光农业产品策略、价格策略、促销策略。

第十章　观光农业政策与制度建设

◎ **本章提要**

观光农业政策与制度建设是观光农业可持续发展的基本保障，观光农业标准化发展是观光农业发展的方向。本章主要介绍以下内容：

- 观光农业的政策；
- 观光农业的法规；
- 观光农业的标准化；
- 国外观光农业法律法规借鉴。

◎ **学习目标**

通过本章的学习，你应能：

- 掌握观光农业发展的基本政策；
- 掌握观光农业标准化发展的基本内容；
- 了解国外观光农业法律法规基本情况。

第一节　观光农业政策

政策是一个国家的中央或地方政府为了其全局和长远利益而主动干预产业活动的各种政策的总和。观光农业政策是指导观光农业产业发展和结构优化的基本方针、政策和措施的总称，是政府宏观调控的政策之一。观光农业作为农业与旅游业的交叉性产业，其发展单靠农业部门、旅游部门的努力是不够的，要依靠国家产业政策的支持。与观光农业产业密切相关的政策主要有政府主导政策、政府扶持政策、金融支持政策、土地流转政策等。

一、政府主导政策

观光农业产业的发展与政府的强力推动密不可分，要培育和建设好观光农业园，政府必须发挥重要作用。打造观光农业园，是一项综合性系统工程，不能完全依靠市场的力量进行，而需要整合行政管理、公共工程、土地与资源、税费优惠、营销促进、招商引资等诸多方面，以商业化的理念实施综合经营。政府要充分发挥其作为社会管理者和社会协调者的作用，为观光农业园营造良好的生存和发展环境。在此过程中，政府应凭借其较高的社会威望、强大的管理能力与雄厚的财政实力，发挥其不可替代的主导作用。政府的作用具体体现在以下四个方面。

(一) 科学编制规划

发展观光农业的首要前提是编制科学的发展规划。政府应按照"因地制宜，合理布局，突出特色"的原则编制观光农业发展规划，突出体现高起点、国际化、前瞻性、时代性。同时，政府应加强规划管理，严格按规划要求安排或审批观光农业建设项目，以有效防止观光农业开发中低水平、重复建设的盲目行为，急功近利的短期行为以及损害环境的破坏行为。

(二) 政策引导及协调

政府应通过制定财政、金融、税务、价格、工商管理、招商引资、交通运输、出入境管理等方面的一系列产业政策，优化观光农业园建设环境。同时，政府应加大对基础设施、公共服务体系建设的导向性资金投入，有效地实现投资主体的多元化。

(三) 管理和市场推广

观光农业园建成后，需由政府加强指导和监督，帮助直接管理者管理好景区景点，做好运营工作。同时，各地应加大对旅游目的地的市场推广力度，充分利用政府的影响力，以多种手段、多种形式、多种渠道，特别是利用旅游节庆、新闻媒体等提高观光农业园的知名度和美誉度。

(四) 监督企业提高服务质量

完善管理、优化服务是打造观光农业园的"生命线"和"保障线"。服务是重要的产品。目前旅游者对旅游服务越来越重视，观光农业园能否真正成为精品，服务是重要因素，因此观光农业园要创造服务品牌，并不断完善服务品牌。政府应要求企业加强诚信建设，倡导文明经营、诚实守信的风气，加大对市场秩序和服务质量的监管力度，加快推进旅游企业标准化认证进程，建立服务质量和规范评估体系，推动整体服务水平的提升。

二、政府扶持政策

(一) 观光农业项目用地优惠政策

对观光农业项目，政府应优先给予用地指标；对不搞永久性建筑的项目，可以按照农业结构调整政策办理，不再办理农业用地审批手续；集体所有的"四荒"地，可作为观光农业项目附属建设用地。在土地价格方面，政府可以给予观光农业项目用地适当的价格优惠。

（二）观光农业项目基础建设倾斜政策

2008 年，中共中央、国务院颁布的《关于切实加强农业基础建设进一步促进农业发展农民增收的若干意见》明确表示要抓好农业基础设施建设，加大投入力度，加快建设步伐。各省、市在观光农业项目基础建设方面要最大限度地争取非农资本和社会资金的投入，结合旅游观光农业园区建设的实际，加大政府支持的力度。对统一规划、具有一定发展规模的农业园区的水、电、路、通信等基础设施建设，政府应在项目资金上给予倾斜，并对棚室等生产设施给予政策扶持。

（三）观光农业项目税收优惠政策

政府应给予观光农业项目经营者和为观光农业提供服务的社会中间组织一定的税收优惠，如对农民销售自产农副产品取得的收入免税，对社会中间组织提供技术服务或劳动所得的收入免征企业所得税。此外，政府还可以对一些经营特色明显、运作规范、带动能力和可持续发展能力强的观光农业项目采取以奖代补的形式的补贴；部分经营效益好、表现特别突出的观光农业项目可以享受农业龙头企业的各项优惠政策。

三、金融支持政策

政府应加大对发展观光农业的投入。除了加大对基础设施方面的投资外，政府应继续实施"两减+补贴"政策，加大对观光农业的补贴力度。政府应加快金融信贷体制改革，优化融资服务，为观光农业企业或个人提供贴息贷款和小额信贷，切实解决贷款难的问题。政府应加快农业信用担保体系建设，地方财政可按实际担保额给予一定的担保风险补助。政府应推动信贷支农产品创新，推进林权抵押贷款，探索土地承包经营权抵押等多种贷款方式，扩大信贷支农渠道。政府应完善政策性农业保险办法，适当增加保险品种，特别是对农业龙头企业、专业大户及主导产业等需要保险的农业项目给予保险，并支持农林牧渔业互保。政府应给予毕业的大中专院校学生和科技人才创办家庭观光农场创业贷款支持。

四、土地流转政策

观光农业用地要在坚持农村土地承包政策长期不变、保障农民土地使用权的基础上，建立起"自愿、依法、有偿"的农村土地流转制度。《中共中央关于推进农村改革发展若干重大问题的决定》中明确提出了"三个不得"，即土地承包经营权流转，不得改变土地集体所有性质，不得改变土地用途，不得损害农民土地承包权益。农村土地归集体所有，土地流转的只是承包经营权，不能在流转中变更土地所有权属性，侵犯农村集体利益。国家实行土地用途管制，农地只能农用。在土地承包经营权流转中，农民的流转自主权、收益权要得到切实保障，转包方和农村基层组织不能以任何借口强迫流转或者压低租金价格，侵犯农民的权益。改革的焦点就是通过土地流转等政策手段适度整合被承包到户的土地，允许农民以转包、出租、转让、股份合作等形式流转土地承包经营权，发展多种形式的适度规模经营。

第二节　观光农业法规

一、农业法律法规

观光农业是"农旅合一"的产业，其法律法规涉及农业产业和旅游产业的法律法规。我国政府已颁布的与农业产业相关的法律法规有《中华人民共和国农业法》《中华人民共和国动物防疫法》《中华人民共和国森林法》《中华人民共和国水法》《中华人民共和国防洪法》《中华人民共和国农村土地承包法》《中华人民共和国劳动法》《中华人民共和国土地管理法》等。

二、旅游产业法规

2013 年 4 月，我国通过了新的《中华人民共和国旅游法》。

其他目前相关的旅游法规如下：

（1）旅游行业和企业管理方面的法律法规。如《旅行社管理条例》《旅行社投保旅行社责任保险规定》《旅行社质量保证金赔偿暂行办法》《导游人员管理条例》《中国旅游饭店行业规范》《旅游涉外饭店星级的划分及评定》《出境旅游领队人员管理办法》等。

（2）旅游交通运输方面的法律法规。如《中华人民共和国铁路法》《中华人民共和国民用航空法》《中华人民共和国民用公路法》《中国民航旅客、行李运输规范》《汽车旅客运输规范》等。

（3）旅游者权益保护方面的法律法规。如《中华人民共和国消费者权益保护法》《旅游投诉暂行规定》等。

（4）旅游资源开发、利用和保护方面的法律法规。如《中华人民共和国文物保护法》《风景名胜区管理暂行条例》《旅游区（点）质量等级评定办法》等。

（5）旅游市场管理方面的法律法规。如《旅游统计管理办法》《旅游发展规划管理办法》等。

（6）其他相关法律法规。除了专门的旅游立法之外，我国现行的一些法律如《中华人民共和国民法通则》《中华人民共和国反不正当竞争法》《中华人民共和国公民出入境管理办法》《中华人民共和国海关法》《中华人民共和国食品卫生法》《娱乐场所管理条例》等，都在不同程度上对旅游社会关系起到了调整作用。

三、观光农业法规

虽然观光农业作为新兴产业历史不长，但国外有些国家却制定了较为健全的相关法律法规体系。例如，日本以《观光立国推进基本法》《粮食、农村、农业基本法》为依据，制定了不少与观光农业相关的法律，如旅行业法、温泉法、森林法、海岸法、岛屿振兴法、山村振兴法、旅馆业法、停车场所法、农山渔村余暇法、景观法、自然环境保护法、自然公园法等一系列与观光农业相关的法律法规。这些法律条文明确规定了审批的程序、审核的标准，并且有较强的可操作性，减少了人为因素对政策实施的影响，使条例的执行和管理顺利通畅，既保证了从事观光农业的企业依法经营，又限制了部分人借观光农业之名进行圈地和违法经营。此外，日本对原《农业基本法》进行了重新审视及评价，实施《农山渔村旅宿型休闲活动促进法》，规定了"促进农村旅宿型休闲活动功能健全化措施"和"实现农林渔业体验民宿行业健康发展措施"，推动绿色观光体制、景点和设施建设，规范绿色观光业的发展与经营。再如，西班牙有《乡村住宿法》，德国有《市民农园法》，法国有《家庭农园法》等。

我国观光农业起步较晚，截至 2015 年，专门的法律法规体系还在完善之中，但以中央政府、主管部门或地方政府颁布的条例、实施办法等规范性文件也已相继出台，如中共中央、国务院颁布的《关于推进社会主义新农村建设的若干意见》、国家旅游局和农业部颁发的《关于大力推进全国乡村旅游发展的通知》、浙江省农办和省旅游局发布的《浙江省省级农家乐特色村认定办法》、北京市《乡村民俗旅游户食品安全管理规定(试行)》、上海市《关于推进本市农业旅游发展的若干意见》、广州市《特色乡村旅游区(点)服务规范》、南京市《农业旅游服务规范》、四川省广元市《2009 年广元市现代农业示范园区建设项目实施方案》等。上述探索为规范、促进我国观光农业发展起到了重要的作用。

第三节　观光农业的标准化建设

随着经济全球化和信息化进程加快，标准化在国际经济和科技竞争中的战略地位越来越突出，世界各国和地区纷纷发布标准化战略，努力争夺国际标准的制高点，并通过参与国际标准制定、参与国际标准化活动、进行机制创新理论研究、争取承担国际标准化组织秘书处工作等，保持本国或地区在国际市场的竞争优势。标准化已成为各国或地区提高经济实力、竞争力和自主创新能力的重要手段，是各国促进产业发展、推动对外贸易以及规范市场秩序的重要措施，标准的竞争已成为国际上除产品、品牌竞争之外的一种层次更高、意义更大、影响更广的竞争手段。在标准化竞争中，发达国家或地区希望凭借科技优势和标准化资源的积累，抢占或巩固其在国际市场上的制高点，最大限度地保持优势地位，继续主导世界经济和社会的发展。

我国是世界上最大的发展中国家，经过长期的发展，已具备了一定的参与市场化竞争的实力。我国已研究制定国家标准化发展战略，以迅速提高我国标准化的整体水平，增强我国的国际竞争力。

一、标准化的内涵

国家标准 GB/T 20000.1—2002《标准化工作指南　第 1 部分：标准化和相关活动的通用词汇》和国际标准化组织与国际电工委员会在 1996 年联合发布的 ISO/IEC 指南 2《标准化和相关活动的通用词汇》中，"标准化"术语及其定义均处于第一位，由此可见其概念在标准化学科中的重要性。标准化的定义是，为在一定的范围内获得最佳秩序，对实际的或潜在的问题制定共同的和重复使用的规则的活动。它包括制定、发布及实施标准的过程。

其他国家对标准化也下了类似的定义，尽管定义文字各不相同，但内涵基本一致，都认为标准化是一个包括制定标准、实施标准等内容的活动过程，都指出了标准化的目的是获取最佳秩序和效益。具体来说，标准化的内涵包括以下五个方面。

（一）标准化不是一个孤立的事物，而是一项有组织的活动过程

标准化是制定标准、实施标准进而修订标准的过程。这个过程不断循环、螺旋式上升，每完成一次循环，标准化水平就提高一步。标准化作为一门学科就是标准化工程，它主要研究标准化活动过程中的原理、规律和方法。标准化作为一项工作，就是制定标准、组织实施标准和对标准的实施进行监督或检验。它主要根据国民经济等客观环境条件的变化而不断地促进标准化循环过程的正常进行，以促进国民经济的发展和社会文明程度的提高。

（二）标准是标准化活动的成果

标准化的效能和目的都要通过制定和贯彻实施具体的标准来体现，所以，制定各类标准、组织实施标准和对标准的实施进行监督或检查构成了标准化的基本任务和主要活动内容。

（三）标准化的效果

只有标准在实践中共同与重复实施时，标准的效果才能表现出来，而绝不是制定一个或一组标准就可以了事的，有再多、再好、水平再高的标准或标准体系，没有共同与重复运用，也就没有效果。因此，标准化的全部活动中，"化"即实施标准，是一个十分重要、不可忽视的环节。这一环节若中断，标准化循环发展过程也就中止了，更谈不上"化"了。

（四）标准化的对象和领域不断扩展和深化

标准化初期只关注制定产品标准、技术标准，之后开始涉及管理标准、工作标准；由工农业生产领域，扩展到安全、卫生、环境保护、人口普查、行政管理领域；由对实际问题进行标准化，到对潜在的问题实行标准化等。标准化正在随着社会客观需要不断发展和深化，并且有其相对性。标准化的这种相对性，表现在标准化与非标准化的互相转化上，目前已实现了标准化的事物，经过一段时间会突破原先的规定，成为非标准化的事物，于是又要再对它制定标准。非标准事物中包含标准化的因素，标准的事物中也应允许有非标准的东西，使其满足社会多样化的需要。

（五）标准化是一项有目的的活动

标准化可有一个或多个特定的目的，以使产品、过程或服务具有适用性，这样的目的可能包括品种控制、可用性、兼容性、互换性、健康、安全、环境保护、产品保护、互相理解、经济效益、贸易等。但标准的作用除了为达到预期目的，改进产品、过程或服务的适用性外，还包括防止贸易壁垒、促进技术合作等。

二、标准化的作用

标准化的主要作用表现在以下十一个方面。

(1)标准化为科学管理奠定了基础。所谓科学管理,就是依据生产技术的发展规律和客观经济规律对企业进行管理,而各种科学管理制度的形式,都以标准化为基础。

(2)促进经济全面发展,提高经济效益。标准化应用于科学研究,可以避免在研究上重复劳动;应用于产品设计,可以缩短设计周期;应用于生产,可使生产在科学的和有秩序的基础上进行;应用于管理,可促进统一、协调、高效率等。

(3)标准化是科研、生产、使用三者之间的桥梁。一项科研成果一旦纳入相应标准,就能迅速得到推广和应用。因此,标准化可使新技术和新科研成果得到推广应用,从而促进技术进步。

(4)随着科学技术的发展,生产的社会化程度越来越高,生产规模越来越大,技术要求越来越复杂,分工越来越细,生产协作越来越广泛,这就要求制定和使用标准,来保证各生产部门的活动在技术上保持高度的统一和协调,以使生产正常进行。所以,我们说标准化为组织现代化生产创造了前提条件。

(5)促进对自然资源的合理利用,保持生态平衡,维护人类社会当前和长远的利益。

(6)合理发展产品品种,提高企业应变能力,以便更好地满足社会需求。

(7)保证产品质量,维护消费者利益。

(8)在社会生产组成部分之间进行协调,确立共同遵循的准则,建立稳定的秩序。

(9)在消除贸易障碍,促进国际技术交流和贸易发展,提高产品在国际市场上的竞争能力方面具有重大作用。

(10)保障身体健康和生命安全。大量的环保标准、卫生标准和安全标准制定发布后,用法律形式强制执行,这对保障人民的身体健康和生命财产安全具有重大作用。

(11)标准化标志着一个行业新的标准的产生。

三、关于观光农业标准化建设探讨

1964年,我国召开首次全国农业标准化工作会议,农业标准化的制定已成为国家的一项重要工作。改革开放后,越来越多的农产品被纳入标准化的轨道。1995年我国开始了全国范围内农业标准化的示范推广,农业标准化蔚然成风。早期的农业标准化强调质量,但更注重产量。20世纪90年代中期以后,"三农"问题和农产品质量安全成为农业标准化的主题,农业标准化的内容不断深化,范围不断扩大。我国农业标准化的实践与积累为观光农业标准化的探索与建设奠定了基础。

观光农业标准化是近年兴起的有价值、有意义的基础性和探索性工作,是观光农业可持续发展的保障。随着观光农业的深入发展,人们对观光农业标准化的认识也在不断深入。

观光农业标准化是指以观光农业为对象的标准化活动。具体来说,观光农业标准化是指为了有关各方面的利益,对观光农业资源、产品、技术、科学、管理活动中需要统一、协调的各类对象，制定并实施标准，使之实现必要、合理、统一的活动。其目的是将农业、旅游的科技成果和多年的生产实践相结合，制定成"文字简明、通俗易懂、逻辑严谨、便于操作"的技术标准和管理标准向观光农业经营者推广，最终生产出质优、量多的农产品供应市场，这样不仅能使农民增收，同时还能很好地保护生态环境、保护农业与农村文化。其内涵就是指观光农业生产经营活动要以市场为导向，建立健全规范化的服务与工艺流程和衡量标准。

（一）观光农业标准化的主要对象

观光农业标准化的主要对象是观光农业的设施、设备、产品、规格、质量、等级、安全、卫生要求；检验、包装、储存、运输、使用方法；生产技术、管理技术、术语、符号、代号等。

（二）观光农业标准体系

观光农业标准体系主要是指围绕观光农业制定的，以国家标准为基础的，行业标准、地方标准和企业标准相配套的服务全过程系列标准的总和，还包括为观光农业服务的旅游、环保和农村能源等方面的标准。

（三）观光农业标准化的主要内容

观光农业标准化的内容十分广泛，主要包括以下内容。

1. 观光农业的基础标准

这是指在一定范围内作为其他标准的基础并普遍使用的标准，主要是指在观光农业生产服务中所涉及的名词、术语、符号、定义、计量、包装、运输、储存、科技档案管理及分析测试标准等。

2. 观光农业的游览标准

这是指为满足游客的需要而制定的有关标志、介绍、讲解等方面的标准。

3. 观光农业的产品标准

这是指为保证产品的适用性，对产品必须达到的某些或全部要求制定的标准，主要包括用于观光农业的农林牧渔等产品品种、规格的标准。

4. 观光农业的环境保护标准

这是指为保护环境和有利于生态平衡，对大气、水质、土壤、噪声等环境质量、污染源检测方法以及其他有关事项制定的标准，如水质、水土保持、农药安全使用、绿化等方面的标准。

5. 观光农业的服务标准

这是指为了丰富观光农业的产品与内容，对服务人员的素质、观光农业项目而制定的标准。

6. 观光农业的卫生标准

这是指为了保护人体和其他动物的健康，对食品饲料及其他方面的卫生要求而制定的农产品卫生标准，主要包括农产品中的农药残留及其他重金属等有害物质残留允许量的标准。

7. 观光农业的安全标准

这是指为了保护游客的安全而制定的消防、救护、保卫等方面的标准。

8. 观光农业的管理标准

这是指针对观光农业标准领域中需要协调统一的管理事项而制定的标准。

四、中国观光农业标准化实践

随着观光农业的迅速发展，我国观光农业标准化建设近年来呈现快速发展的态势。

(一) 全国休闲农业与乡村旅游示范县和全国休闲农业示范点创建活动

2010 年 7 月，为加快休闲农业和乡村旅游发展，推进农业功能拓展、农村经济结构调整、社会主义新农村建设和促进农民就业增收，农业部、国家旅游局决定开展全国休闲农业与乡村旅游示范县和全国休闲农业示范点创建活动。凡通过自我创建，达到"全国休闲农业与乡村旅游示范县基本条件"的县和"全国休闲农业示范点基本条件"的休闲农业点（包括"农家乐"专业村、农业观光园、休闲农庄等），均可自愿申报。

全国休闲农业与乡村旅游示范县的基本条件与标准主要包括以下内容：规划编制、扶持政策、工作体系、行业管理、基础条件、产业优势、发展成效等。

全国休闲农业示范点的基本条件与标准包括示范带动、经营管理、服务功能、基础设施、从业人员素质、发展成长性等方面。

这是我国第一次在全国范围内对休闲观光农业进行科学评定。

(二) 全国休闲农业与乡村旅游星级示范创建行动

2010 年 6 月，中国旅游协会休闲农业与乡村旅游分会推出"全国星级休闲农业与乡村旅游企业（园区）示范创建行动"，这是农业部和国家旅游局签署的共同推进休闲农业与乡村旅游产业发展协议的一项重要内容。该项目致力于建立"农旅结合、以农促旅、以旅强农"的推进机制，推动典型示范工程、服务体系建设工程、标准统计体系建设工程、人员培训工程和宣传推介工程的建设，通过示范县和星级企业创建、精品推介、开展全国欢乐乡村游、举办高层论坛和乡村旅游节等系列措施，有效推动休闲农业与乡村旅游产业持续健康发展。

该项行动计划用 3~5 年时间推出一批三星到五星级企业（园区），将精品点连接成线，形成一张全国性的休闲农业与乡村旅游精品消费地图，为消费者提供可放心选择、服务规范、质量上乘的优质乡村休闲度假目的地。

全国休闲农业与乡村旅游星级示范创建行动的标准与内容如下：观光农业规范化发展的前提必须是立足三农，强调体现"三农"特色，带动"三农"发展；基本内容包括交通条件、游览条件、安全条件、卫生条件、通信条件、购物条件、环境条件、食宿条件、服务条件、管理条件等。示范创建行动坚持以农为本，把促进农业生产、农民增收、推进新农村建设作为衡量标准和努力方向，重在提高休闲农业与乡村旅游产业的发展水平。

(三) 国家旅游局印发《全国旅游标准化发展规划(2009—2015)》

2009年4月，国家旅游局印发了《全国旅游标准化发展规划(2009—2015)》，明确指出，旅游标准化工作是促进旅游业科学发展的重要技术支撑，是提高旅游服务质量、规范旅游市场秩序、增强产业竞争力的重要手段。

2009年上半年，国家旅游局重新修订并颁布了《旅游业标准体系表》，初步构筑了以旅游业诸要素为基础的旅游标准体系框架，为旅游业的进一步发展提供了科学、规范的技术支撑，不断规范旅游业的管理行为和服务行为。

根据《旅游行业标准归口管理范围》所确定的框架，国家旅游局旅游标准化工作开展的经验和今后旅游标准化工作的实际需求，参考1999年底全国旅游标准化技术委员会工作会议所确定的制定《旅游业标准体系表》的主要建议，国家旅游局等按照两种体系对旅游标准进行了分类和编排，在此基础上构建了旅游业标准体系的框架：

(1)按照标准的类别划分，分成基础标准、设施标准、服务标准、产品标准和方法标准五大类。

(2)按照旅游业构成要素划分，分成食、住、行、游、购、娱六大类，并且增加一大类——综合类，共七类。

(四) 各地观光农业标准化实践

省、市和地方层面围绕观光农业标准化发展，相继出台了一批与观光农业标准化有关的标准或文件，规范了观光农业的发展。主要类型与内容如下。

(1)乡村旅游类。乡村旅游是指以各种类型的乡村为背景，以乡村文化、乡村生活和乡村风光为旅游吸引物而进行的兼有观光、休闲、体验性质的旅游活动。相关标准或文件有2006年《河北省乡村旅游服务规范(试行)》的通知等。

(2)乡村旅游点。乡村旅游点是指以具有一定数量、规模且地理位置较为集中的乡村房屋、建筑设施和农民(渔民)家庭为接收单位，利用田园景观、自然生态、农村文化及农民(渔民)生产、生活等资源，以农业(渔业)体验为特色的吃农家(渔家)饭、住农家(渔家)屋、干农家(渔家)活的乡村旅游活动点(区)。相关标准或文件有浙江省地方标准《乡村旅游点服务质量等级划分与评定》等。

(3)民俗村类(旅游专业村、旅游特色村等)。民俗村是指依托当地自然生态、田园景观、民俗风情及农民生产生活等资源，以农户为接待单位，从事乡村旅游接待和经营活动，且具备一定规模、区域相对独立、特色鲜明的行政村或自然村。相关标准或文件有《浙江省省级农家乐特色村认定办法》《天津市旅游特色村认定办法》《贵州省旅游村寨定点管理暂行办法》《杭州市级农家乐休闲旅游特色村认定标准》。

(4)"农家乐"类。"农家乐"是指以农业、林业、牧业、渔业为特色，提供具有乡村特色的餐饮、住宿、娱乐等服务的农家场所(包括渔家乐、牧家乐等)的经营活动。相关标准或文件有《江西省农家旅馆星级的划分与评定》《天津市乡村旅游经营户质量等级评定办法》《青岛星级"农家乐"旅游地方标准》《北京市郊区民俗旅游接待户评定标准(试行)》《成都市农家乐旅游服务质量等级评定实施细则(试行)》。

(5)农业园区类。观光农业园是指从事观光农业经营活动,具有观光、采摘、休闲、教育等功能,能提供相应观光服务设施的独立经营实体,包括观光农园、观光果园、垂钓渔场、综合性观光园等类型。相关标准或文件有《北京市观光农业示范园评定标准(试行)》《杭州市级休闲观光农业示范园区(点)考核标准》。

(6)休闲农庄类。休闲农庄是指具有休闲、度假、娱乐、教育功能的综合性农业接待服务企业,是将乡野风情、农业景观、生态景观、田园景观、农耕文化与住宿、餐饮设施进行结合,能够为游客提供乡野休闲体验的经营实体。其经营者大多是农户、农村集体组织、城市投资者或某些机构。主要类型有休闲度假村、休闲农庄、市民农园、乡村酒店等。相关标准或文件有《湖南省休闲农业庄园星级评定办法》《绍兴县农庄等级评定实施细则(试行)》。

总之,从各地发展实践看,目前在全国范围内普遍兴起的观光农业标准化、规范化工作,凸显了地方特色。但观光农业形态的名称规范问题,因地域不同而不同,影响地区间的交流。

第四节　国外观光农业法律法规借鉴

一、德国

(一)对市民农园的支持

市民农园是将城市或近郊区用地规划成小块土地出租给市民,承租者可以在农地上种植花草、树木、蔬菜、瓜果,或进行庭院式经营,体验农业耕作、田园生活以及接近大自然的乐趣。从世界观光农业的发展历程来看,租赁阶段是观光农业发展的最高阶段。

约150年前,市民农园在德国兴起。德国于1919年制定了《市民农园法》。德国截至2015年共有10200个市民农园,占地面积达46640公顷,超过400万人参与市民农园的种植和管理。在德国,能够拥有或租赁一块自由的农园土地,已经成为继汽车、住房之后的一种新的财富象征。

根据1983年制定、2001年修订的《市民农园法》,市民农园的基本条件有两个:一是用于非营利用途,其产品仅用于自用或休闲;二是与其他多个市民农园集中设置在一起,共同拥有道路、游戏场地和协会、住宅等设施。私人财产中的花园或属于住宅法要求拥有的私人花园、住宅共有花园、雇工花园、有园艺种植要求的花园、周末住宅花园以及独立设置的市民农园性质的花园均不属于市民农园的范畴。修订后的《市民农园法》使得市民农园也由生产导向的经营方向,转向以农业耕作体验与休闲度假为主,结合生产、生活和生态三生一体的经营方向,并规定了市民农园的五大功能:一是提供体验农耕的乐趣,二是提供健康且自给自足的食物,三是提供休闲娱乐及社交的场所,四是提供自然、美化的绿色环境，五是提供退休人员或老年人消磨时间的最佳地方。

市民农园只能租赁不能购买，租赁者向区协会或直接向当地市民农园协会申请一块地，申请人必须成为市民农园协会的会员，并要根据花园条件和区位交纳 200～5000 欧元不等的年转让费，有时转让费用可高达 8000 欧元。另外，承租者须根据所在区域条件交纳 60～200 欧元的年费，包括租赁费、协会费用以及街道清扫费、保险费、临时用电费等。

德国市民农园联合会下辖 19 个州协会以及 15200 个市民农园协会。市民农园组织发展始于 19 世纪中期，经过 60 年的酝酿，于 1921 年正式成立德国市民农园帝国协会。德国市民农园帝国协会 40 多年后分化为两个协会，后来在德国园艺联合会的框架下重新结为一体。协会的宗旨在于建立社会福利城市的可持续市民农园，使市民农园面向所有阶层，保持和扩大市民农园的社会、生态以及城市建设功能，塑造社会福利型和生活型城市，延续市民农园文化。协会的主要功能包括论坛形式的信息交流、咨询与护理、为儿童提供自然教育基地、提供休闲活动场所、进行环境保护和绿色空间的专业教育、培育植物、组织市民农园竞赛等。

国家和联合会颁布的若干关于市民农园的法律条例及相关说明，成为市民农园租赁、使用和规划的必要制度保障。1919 年德国颁布了第一个市民农园和租赁土地法规，从法律上保护市民农园非营利性用地的使用者的权益。现行的相关法律条例及其相关说明有《市民农园法》《关于市民农园解约赔偿的管理条例》《关于永久市民农园和私人土地上市民农园的管理条例》《关于市民农园共用认可与监督管理条例》《市民农园现存下水采集设施的更新和维修说明》等。

(二) 几点启示

德国的市民农园由于适应了城市和谐发展和城市居民的生活与消费要求，表现出强大的生命力，其产生背景和发展演变过程对我国观光农园发展和新农村建设具有重要的启示。

1. 社会维度

在德国，市民农园是一个社会场所，对社会福利城市的发展具有重要意义。市民农园是没有花园的多户住宅建筑的扩展居住用地，弥补了那些住户没有花园的缺陷，为有孩子的家庭提供了宁静安全的生活，为老人提供了体力活动的场所和必要的社会交流空间。正是通过这种方式，市民农园实现了对大多数社会弱势群体阶层的关怀。同时它也在一定程度上限制了城市的蔓延，从而为资源节约型的聚落发展创造了更优化的土地使用方式。而市民农园协会成为在不同代际间以及德国人与外国人之间沟通的重要公共生活场所，使得城市中日益增长的社会隔阂得到一定程度的消解。中国目前正处于城市化高速发展的时期，也面临着德国当时城市人口激增所带来的失地农民就业、城市低收入阶层生活条件差、城市人口老龄化等一系列社会问题。市民农园不失为一种解决"三农"问题和抚慰城市弱势群体的良好途径。它一方面为城市大众群体，特别是儿童和老人提供充足的自然认知空间和社会生活空间；另一方面让市民成为农园和城市绿化建设的生产力量，而失地农民则从生产领域退出，转向为市民提供服务。这是城乡统筹发展观念上的关键转变，同时也是实现"以工哺农、以城带乡"战略的有效措施，对缓和社会矛盾、促进城乡统筹发展具有深远的意义。

2. 文化维度

从文化教育角度看，市民农园的建立一开始本着为有儿童的家庭提供教育服务的初衷，因为它不仅是孩子们的安全游乐场所，还是他们了解植物播种、采摘、收获的乐园，有助于孩子了解和认知生态系统以及作物种植过程和生长机制，培养孩子们的劳动美德和基本种植知识，因此成为当今德国家庭教育中不可分割的组成部分。中国园居文化与德国的市民农园文化有异曲同工之妙，古代士大夫有在郊外建别院的传统，以期成为官居之补充，这种园居文化将中国特有的人与自然和谐共处的哲学观融合在居住建筑布局中，使建筑空间环境能够成为人们修身养性、陶冶情操的精神家园。亲近自然、感受自然、理解自然、享受自然一直是中国古代园居规划设计的基本命题和灵魂所在。因此发展市民农园是对中国园居文化的传承，有助于打破当代工业化社会城乡分离的格局，符合城乡一体化与和谐社会文明建设的目标。

3. 经济维度

市民农园的意义首先在于其非市场导向及再生产功能。其自给自足的产品降低了人们的生活费用。其次，市民农园有限的租赁价格，导致它不能适应城市中心区土地价格以及自由土地市场竞争，结果造成它们在城市边缘区的集中分布。就像城市的其他开敞空间一样，市民农园可以阻止城市过度蔓延，确保城市的社会效益和生态效益。再次，市民参与农园的种植和养护，可以节约城市公共绿化的人力和物力投入。对现代中国而言，在快速城市化进程中如何避免城市无序蔓延、保护耕地、合理有效利用土地是一项长期而艰巨的任务。开辟市民农园，建立土地认养的新型经营制度是一种有益的创新和尝试。一方面它能为城市市民提供从事劳动体验的条件，让市民成为生产投资主体、经营主体和城市绿化建设参与者。另一方面，这种经营模式更符合广大农民从农业外部发财致富的心理，对加速城乡融合、促进社会主义新农村建设起到一定的示范作用。

4. 法律维度

德国的市民农园是在国家法律体系和民间社会组织制度的双重制约和保护下实现其功能的。在市民农园的大规模建设之初，国家就对市民农园的性质、规模、所有权、租赁者的权利和义务作出了详细的法律规定，使市民农园及其租赁者的权益同时得到了保障。同时，市民农园从一开始就具有严格的协会组织制度，它在保护市民农园特色，保证其管理质量、设施建设、教育培训等方面起到了至关重要的作用。

5. 生态维度

市民农园的生态学意义在于它是城市开敞空间和绿地系统的组成部分，具有重要的城市生态功能，如改善城市小气候，避免城市土地过度使用，保护动植物生活空间以及充当人类休养地的功能。市民农园为城市居民提供接触自然的机会，同时它避免和减少了休闲和度假过程中使用长途交通工具所带来的生态负担。另外，它还是城市景观规划中重要的城市开敞空间要素，对城市自然品质和景观形象具有重要意义。20世纪80年代以来，随着人们旅游度假需求的日益增加，我国观光农业的功能由单纯的观光逐步向度假等方向转变。近年来，发达城市市民日趋富有，生活空间开始向农村延伸，为适应城区市民回归自然、体验农业的需要，观光农园经营开始向更高级的租赁形式发展，即以土地为最基本的生产资料，向市民出租，使市民就近种植蔬菜花卉，栽培果树等，实现实用、生态、康体的统一。同时，个人租赁经营所带来的多样化生态类型也为城市景观个性的塑造创造了条件。

二、英国

(一) 与环境、农业多样性和乡村有关的支持

近年来，英国更加关注农业的多样性，与此相对应，英国农业的行政机构已于 2001 年作出调整，由原来的农业水产与食品部扩展为环境食品与农村事务部。

英国是发达的资本主义国家，长期对农业实行补贴政策。英国政府对农业的重视，不仅体现在过去对农业投入的积累(这其中很大部分通过补贴方式支持农业发展)，而且体现在目前对农业投入的增多，更体现在对农业未来预算的增加。

对农业未来预算的增加集中表现在新目标的设置，如侧重于满足消费者需求的高质量食品，现代、持续、富有竞争力的农业和渔业，保护农村及水域环境，繁荣农村经济等新目标。

2000 年 10 月通过的"英格兰乡村发展计划"有两个优先领域：一是环境的保护与改良；二是创造高效、持续的农村经济。其中，农业环境计划涉及乡村就业、乡村通道计划、环境敏感区、有机农业计划、居住计划、沼泽地计划等。该计划鼓励农业的多样性，鼓励对环境友好的种植业及乡村的公共娱乐性。该计划对那些同意在其拥有的土地上进行以下经营的农场主提供补偿：对野生动物有益、观光型、资源保护、历史特征或公共通道等。

英格兰有 22 个环境敏感区，覆盖耕地面积的 10%，因其观光价值或历史因素而被保护。

再如"乡村就业计划"，目标就是要保护并提升重要的英国景观。具体目标包括优美景观的保护、野生动物的繁衍、生活环境的改善、历史文化的保存、考古的延续，以及通过公众提高乡村的娱乐性。

(二) 启示

英国农业支持的新方向值得我们借鉴。今日的英国，对农业的补贴预算依然很高，因为取消对农场主的补贴，将意味着很多的农场主破产，因此，农业补贴是一项非常重要的政治选择。英国今后重要的农业支持方向之一是深入关注农业与农村的多样化，这也是我国农业和农村今后发展的重要方向。

我国的农民不同于英国的农场主，我国无法直接借鉴英国的经验。但西方尤其是英国通过成立多种多样的农场主协会、合作社等非政府组织机构，加强各领域、各环节、各行

业的有效合作，促进观光农业的规模化发展、企业化经营，提高观光农业的竞争力和农民的主体地位，值得我国借鉴。

三、日本

(一) 绿色观光计划

1992 年，日本农林水产省开始实施绿色观光计划。1993 年，日本农林水产省在全国挑选了 50 个示范区，大力宣传和推进绿色观光农业开发。在此基础上，1994 年 6 月，日本制定了《促进农山渔村滞留型余暇活动的基础建设的法律》，对全国农山渔村滞留型余暇设施建设进行软硬件支持。2006 年日本重新修订该法，并规定，日本都、道、府、县地方政府必须制定景观良好地区的农村滞留型余暇活动功能建设的基本方针，主要包括土地利用事项、农事作业体验设施的建设等；各市、町、材可根据地方政府的基本方针制订计划，包括设施建设的区域范围、功能建设方针、农用地利用以及农事作业体验设施（设施的种类、大致的位置和规模等）；国家及地方政府的支持政策包括按照市、町、村确定的计划，向农业经营者及农业团体的农事体验设施提供必要的资金支持；给予市、町、村计划实施者必要的培训指导及其他援助；将市、町、村计划纳入国家农业生产基础设施计划等。

此后，日本政府逐步确立了绿色观光农业在国家发展计划中的重要地位，制定了通过发展绿色观光农业来促进城乡交流的法律制度框架。在每五年修订一次的《粮食、农业、农村基本法》及其实施计划中，日本政府将绿色观光与城市居民的休闲观光、农民就业机会以及区域振兴并列作为国家的基本国策，大力促进绿色观光活动和城乡交流，不断促进农村区域经济的发展。在 2007 年制定的《关于强化 2007 年城市和农山渔村的共生、对流关联对策》等政府文件中，明确阐述了"城市和农山渔村的共生和对流"对区域经济发展的重要贡献，强调通过发展绿色观光农业、促进农山渔村体验式学习和多样化主体参与，满足退休族和年轻一代旅游休闲愿望，实现城乡互动，积极促进区域经济发展。日本政府制定了推动绿色观光发展战略和计划，并辅以资金预算，做到有战略、有计划、有预算。此外，日本有各地的绿色观光推进协议会和区域农业振兴协议会等团体和企业。政府通过相应的法律和法规对其进行管理，必要时通过研究项目等多种方式支持民间组织参与绿色观光农业的开发。

(二) 市民农园

日本的市民农园主要供工薪阶层家庭以休闲的方式种菜、养花，以老人的休闲和学生等的体验学习为目的。

市民农园适应市民亲近土地、接触自然的要求，1965 年以来就在日本各地开始兴起。随着城市化进程的加快，人们对市民农园的需求高涨。1989 年日本通过了《特定农地贷付法》。该法允许农地以小面积和短期为条件面向市民大众实行租赁。1990 年通过的《市民农园整备促进法》使得市民农园的法律制度更加完整。2002 年日本通过基于《构造改革特别区域法》的《特定农地贷付法》等特别措施，使得农业者、民间公司等开设面向大众的市民农园成为可能。

1. 市民农园的背景

在农村，劳动力高龄化问题较为严重，由于缺乏农民，土地抛荒严重。而市民追求农村生活的需求越来越高涨，想利用市民农园的呼声也越来越高，因此，在构造改革特区制度下，以大众为对象的市民农园应运而生。

日本农林水产省在 2002 年发表"食品与农业的再生计划"。该计划在给予"城乡共生物交流"以重要位置的同时，最大限度地利用了农村资源，实现了城乡交流的生活方式。2003 年，《特定农地贷付法》使地方公共团体和农业者等开设市民农园成为可能，极大地促进了市民农园的发展。

2. 市民农园的种类和利用

一是没有法律手续的市民农园。没有法律手续的市民农园，简单地说就是不需要租赁农地，只要付入园费就可以体验农业的市民农园，如体验农园、采摘农园、学童农园。

二是有法律手续的市民农园。这是指《特定农地贷付法》（没有附带设施的）和《市民农园整备促进法》（附带设施的）确定的租赁农地。

3. 市民农园的开设状况

随着市民休闲的需求日益高涨，市民农园的数量逐年增加。在《特定农地贷付法》和《市民农园整备促进法》公布后，2003 年市民农园达到 2904 个，15 万块，可以供 15 万个家庭利用。市民农园的平均规模是：每个农园有 53 块（2173 平方米，每块 41 平方米）。全国市民农园开设数为 6138 个（其中都市地区为 4747 个）。

4. 日本发展市民农园的对策

（1）在法律上确定市民农园的地位

①《食品、农业、农村基本法》（1999 年法律第 106 号）。该法给予市民农园以重要的地位。其中关于"都市与农村的交流等"部分的第 36 条明确规定：针对国民对农业以及农村的理解和关心日益加深、向往健康而悠闲的生活，国家将积极推进都市与农村的交流，加强市民农园及其他必要设施的建设。

②《构造改革特别区域法》（2002 年法律第 189 号）。该法律把《特定农地贷付法》和《市民农园整备促进法》作为一种特例，允许地方公共团体和农协以外的个人利用市民农园，地方团体可以在现在不耕作的、持续抛荒的或难以耕作的农地上开设市民农园。只要符合以上条件的农地，遵守《特定农地贷付法》（第 2 条第 2 项 1~3 号：小面积、短期性），保证合理地利用该土地，与土地的法人缔结合同，就能够利用市民农园。

③《特定农地贷付法》（1989 年法律第 58 号）。在《构造改革特别区域法》中把《特定农地贷付法》等作为特区的特例来处理，使得面向大众的市民农园的开设成为可能。

④《市民农园整备促进法》（1990 年法律第 44 号）。

（2）在税收和经费上对市民农园的支持

1994 年通过的《特定市民农园的继承税》规定，市民农园的税率控制在 30%以内，要求建筑物面积占农地总面积的 12%以内，开设面积 500 平方米以上，贷款期限 20 年以上。

(三)启示

日本观光农业的发展经验对我国观光农业发展的启示如下：第一，发展观光农业，要立法先行，不断建立和完善相关政策法规和法律体系，设立常设主管机构，并辅以财政预算。第二，以政府为主导进行观光农业的开发，积极发挥政府的扶持作用，并对观光农业的发展进行分类指导，做到有法律、有预算、有规划、有目标、有评估。第三，充分发挥民间组织在观光农业开发中的参与促进作用。第四，深入挖掘各地农村的自然资源和文化资源，开发体验性、文化性和教育性产品。第五，重视和尊重当地居民的民主决策程序，注重其规模效应和环境效应，及时进行农村环境的影响评价。

◎ **思考题**

1. 我国与观光农业相关的法律法规有哪些？
2. 简述观光农园标准化的思路与基本内容。
3. 国外观光农园的法律法规有哪些？
4. 联系本地实际，简述你对观光农业的标准化建设的思路与途径。

第十一章　观光农业可持续发展

◎ **本章提要**

实现观光农业的可持续发展是发展观光农业的最终目标，本章主要介绍以下内容：
- 观光农业可持续发展的内涵；
- 观光农业可持续发展的途径。

◎ **学习目标**

通过本章的学习，你应能：
- 了解观光农业可持续发展的含义；
- 掌握观光农业可持续发展的实现途径；
- 掌握观光农业可持续发展的趋势。

观光农业作为农业与旅游业相结合的一种交叉产业，其发展必须实现生态持续性、社会经济持续性和旅游持续性。

可持续发展理论是随着 20 世纪 50—60 年代环境问题的加剧和 70 年代以来全球绿色运动的兴起而产生的。观光农业对自然资源和人文资源具有高度依赖性，强调对农业资源、乡村空间和农村人文资源的优化组合。观光农业的发展，必须以可持续发展理论为指导，以资源的永续利用和生产的良性循环为原则，通过协调而非改造的方式建立人与自然的和谐关系，建设并维持一个健康且具备自然与文化特质的农业景观。在观光农业发展过程中，各地不仅要重视经济效益，还要重视生态效益和社会效益，其最终目的是要形成生态、生产、生活三者协调发展。

第一节　观光农业可持续发展的内涵

一、可持续发展的含义

可持续发展这一概念于 1980 年在国际自然和自然资源保护联盟、联合国环境规划署、世界野生生物基金会发表的《世界自然保护大纲》中首次提出，其内涵包括了"持续性"与"发展"两个概念，即达到人类经济、社会发展与自然生态环境保育三者之间的平衡发展，而永续的自然环境资源为经济、社会可持续发展的基础。

可持续发展理论从本质上讲,有三个基本点:一是自然可持续性,指维持健康的自然过程,创造一种最佳的生态系统,使人类的生存环境得以持续;二是经济可持续性,即在保持自然资源的质量和不损害自然资源承载力的前提下,经济发展的净效益增加到最大限度;三是社会可持续性,指长期满足社会的基本需要,保证资源与收入在当代人和各代人之间的公平分配。

世界环境与发展委员会在1987年的《布伦特兰报告》中将可持续性定义为既满足现代人的需求又不损害后代人满足需求的能力,强调了现代人之间的公平概念。《布伦特兰报告》首先论述了实现可持续发展的基本要素,即可再生资源与不可再生资源的利用率以及自然资源的保护。毫无疑问,可再生资源的利用不应该超过其自我更新的能力。而且,若某种不可再生的资源被用尽,后代则必须使用其他形式的替代资源,于是至少几代人都应该坚持资源的持续储备。《布伦特兰报告》说,实现可持续发展的第二个重要因素是对地方和全球污水排放量增长所造成的影响的反思。

1992年,联合国环境与发展大会在里约热内卢召开,在这次会议上签署了《21世纪议程》——一个有关环境的行动总则。

1997年,京都会议召开。该会议产生了《京都议定书》(又称《京都协议书》),签订该协议的国家承诺在5年的时间内(2008—2012年)将温室气体的排放量控制在一定水平。

可持续性也被定义为这样一个增长过程:这种增长不会受到自身增长结果的威胁,如污染、资源枯竭和社会动荡。换言之,可持续性就是发展的水平不得超过当地的环境承载能力,否则就会引起严重的不可逆转的变化,长期来看发展则难以维持。

可持续发展既可以从一个国家或者一个地区层面来考虑,也可以仅从单一的休闲或旅游项目层面来考虑。在考虑一个项目时,我们也需要考虑到该项目可能产生的环境成本和环境效益。其方法是综合计算一个项目的总生产成本和总社会成本,以及总生产收益和社会收益,也就是说评价一个项目的可行性需总计该项目的社会价值,包括需要考虑的环境影响和市场获利能力。总之,可持续性可以总结为以下几个方面:需考虑外部存在;需考虑不可再生资源的枯竭;将经济活动调整到与环境承载能力相适应的程度;风险预防原则;污染者付费原则。

二、旅游可持续发展的含义

从旅游业的可持续发展角度看,1990年全球旅游持续发展大会将旅游可持续发展定义为"旅游资源的管理应当既满足经济、社会和美学的需求,又维持文化完整性、基本的生态过程、生物多样性和生命支持系统"。会议明确了旅游可持续发展的目标:其一,让人们更加明白和理解旅游能给环境和经济带来的好处;其二,在发展中维护公平,保证人与人之间对环境资源选择机会的公平性;其三,提高旅游地居民的生活水平;其四,为旅游者提供高质量的旅游感受;其五,保持上述几个目标所依赖的环境质量。旅游业的可持续发展理论要求旅游业的发展在不对其赖以生存的自然和人文环境产生消极作用的基础上,通过增加旅游容量和提高旅游产品质量来进行。

1995 年，世界旅游组织、世界旅游及旅行理事会和地球委员会根据《21 世纪议程》为旅行和旅游行业制定了专门的环保方针。

2002 年，可持续发展世界首脑会议在南非的约翰内斯堡召开。该会议提出娱乐和旅游行业中应该改变现在非可持续性的消费和生产模式，采用以保护和管理自然资源为基础的经济和社会双重发展的理念促进可持续发展；可持续发展的休闲旅游业也有助于社会、经济和基础性建设的发展以及世界发展中国家的可持续发展。

三、农业可持续发展的含义

农业的可持续发展是人类经济社会可持续发展的基础与关键。农业可持续发展是人们关注的议题。第二次世界大战以来，发达国家率先用现代科技和现代工业武装农业，主要是机械、化肥、农药的投入以及农作物杂交优势的应用，显著提高了劳动生产率和土地生产率。但是，现代农业的发展也带来了一系列新问题：一是随着人口急剧增长，食品供需矛盾增大。全世界有相当一部分人生活在贫困线以下。二是自然资源不足。例如森林面积减少、土地沙化、水土流失、草原超载、土地质量下降等。人口和环境、生态和资源、经济和社会的不平衡发展，不仅影响当代人的生存，也影响子孙后代的延续和发展。这就促使人们重新考虑农业、人口、资源、环境的关系，努力排除农业可持续发展的不利因素，探索未来农业发展的方向和策略。

面对现代农业发展中出现的问题，农业可持续发展思想受到世人关注。20 世纪 80 年代末，农业可持续发展思想反映在一些国际组织的文件和报告中。1987 年，世界环境与发展委员会提出《2000 年粮食：转向持续农业的全球政策》报告；1988 年，联合国粮农组织制订了《持续农业生产：对国际农业研究的要求》计划；1989 年 11 月，联合国粮农组织第 25 届大会通过了有关持续性农业发展活动的决议，强调在推进经济与社会发展的同时，维护和提高农业生产能力；1991 年 4 月，联合国粮农组织在荷兰召开农业与环境国际会议，并发表了著名的《丹波宣言》。该宣言关于农业和农村持续发展的要领和定义是：采取某种使用和维护自然资源基础的方式，以及实行技术变革和体制改革，以确保当代人及其后代对农产品的需求得到不断满足。这种可持续的发展（包括农业、林业和渔业）旨在保护土地、水和动植物遗传资源，是一种优化环境、技术应用适当、经济上能维持以及社会能够接受的方式。宣言首次把农业可持续发展与农村发展联系起来，并力图把各种农业的持续发展要素系统组合到一个网络中，使其更具有可操作性。《丹波宣言》提出，为过渡到更加持久的农业生产系统，农业和农村的持续发展必须努力确保实现三个基本目标：第一，在自给自足原则下持续增加农作物产量，保证食物安全；第二，增加农村就业机会，增加农民收益，特别是消除贫困；第三，保护自然资源，保护环境。从总体看，农业可持续发展的目标是追求公平、和谐、效益，实现持久永续的发展。

农业可持续发展是当今世界性潮流，它涵盖农村、农业经济和生态环境三大领域。1994 年，我国国务院发布《中国 21 世纪议程——中国 21 世纪人口、环境与发展白皮书》，其中包括确立实施农业可持续发展的基本原则和措施。

四、观光农业可持续发展的含义

就观光农业的可持续发展而言，生态层面强调的是观光资源所包含的环境因子的组成、交互作用及循环未发生显著的变化。它致力于改变以往传统的农事生产方式，运用产业生态学的概念，发展生态农业，以降低农事生产过程对环境的冲击，保障资源循环利用。经济层面强调的是当地合理的居民收入、物价稳定和就业机会的公平。它主要通过发展观光农业，调整农业生产结构来增加农民收入。社会层面强调的是当地社区的传统文化、社会秩序、社会结构的维持。它主要借由观光农业的生产方式、农村景观、自然环境及农村产业文化吸引游客，发展农业生态旅游，向民众灌输生态保护的观念。这三个层面环环相扣，互相影响，最终追求的是观光地区在环境、经济、社会三个层面的永续发展。

在发展理念上，观光农业的可持续发展主张人与自然和谐共生，把发展农业生产和建设与生态环境结合起来，在生态文明意义上解放生产力和发展生产力，实现资源循环、再生和增值；它不仅重视环境保护、生态平衡，也强调生产和经济的稳步发展，强调对农业资源、乡村空间和人文资源的优化组合，从而实现资源的永续利用和生产的良性循环。

第二节　观光农业可持续发展的实现途径

观光农业可持续发展，是一种生态合理、经济可行、社会适宜的旅游活动。它在推动旅游业向前发展的同时，可以维护郊区旅游资源的合理、永续利用，保护和改善乡村生态平衡，并能带动农村经济的发展，增加农民收入，改变农村相对贫穷的落后面貌，为农村经济的持续增长增加新活力。为此，各地一定要坚持科学发展观，统筹好各方面的关系，将产业开发与保障当地居民利益结合起来，创造一个环境优美、天人合一、城乡统筹、市场规范、品位高雅、生态文明的乡村旅游区，实现社会、经济、生态、环境等各方面的协调共生与永续发展。

一、保护观光农业的乡村性和文化性

观光农业的发展离不开农业，但仅有农业而无美好的自然环境和景观也无法成为观光农业。农村自然景观是发展观光农业的基础资源，发展观光农业必须强调对自然生态、田园景观和历史文化的保护，坚持利用与保护有机结合的原则。如果不能有效保护这些资源，休闲最终将失去发展的基础。

观光农业应重点突出农业文化产业的丰富内涵，定位于旅游与生态农业协调所体现的地域特点，即地域生态农业特色和地域农业文化特色，保持并充分体现传统的农村民俗文化。尤其是在某些民族地区，观光农业的开发要注重彰显民族文化品位，丰富体验内容，加强对民族农耕文化、民俗风情文化、田园景观文化、居民建筑文化、乡村艺术文化等农业文化产业内涵的挖掘。

自然与文化是旅游的永恒主题。在发展和规划观光农业的过程中，各地必须将自然景观与文化景观融为一体，深入分析及充分利用当地的生态资源和文化资源优势，将当地具

有地域性的意象进行发挥，同时加强生态环境的建设与保护，将永续的议题纳入其中，如游程的规划、设施的兴建等，都必须符合安全性、生态性、景观性原则。

因此，观光农业的可持续发展，要以农业经营为主题，以实现农业可持续发展为出发点，把农业生产、科技应用、艺术鉴赏和旅游融为一体，既要充分发挥其观光休闲价值，使之成为为大城市提供优质、特色、鲜活农副产品的重要基地和城市居民体验田园生活、农耕文化、乡村习俗的活动场所，又不与环境保护相冲突，不以破坏自然资源为代价。

二、科学规划与设计观光农业

观光农业既不是纯粹的农业开发，也不是传统的旅游开发，它必须兼顾农业和旅游的发展规律才能成功。开发观光农业，需要熟悉农业和旅游知识的专业人员进行论证和设计，并制定科学合理的乡村旅游发展规划。项目总体规划要充分反映发展旅游的主导思想，明确观光农业发展的总体目标与方向。各地要注意农业发展与观光旅游的配套，关注农业资源的利用，切忌走上传统旅游大投入、低产出、重形式、轻内容的歧路，切忌踏进为观光而观光、为产品而产品的误区。

观光农业不同于传统农业和传统旅游业，它的基础是农业。因此，观光农业项目的设计不应按风景名胜区或高档度假村的模式和要求进行。观光农业设施的设计，要体现农村和现代农业的气息，建筑风格要与当地农家的建筑风格相吻合，内部设备既要立足农村实际情况，又要满足游客的基本生活需求。

各地在开发观光农业旅游产品时，要把农业科技、农业生产和农村经济与旅游有机结合起来，使产品内容具有知识性、趣味性、娱乐性和参与性，通过高品位农业旅游文化产品的开发，带动农业生产的发展。各地应开发集奇趣性、参与性、多功能、地方特色于一体的、丰富多彩的观光农业旅游项目，使旅游者充分感受"创耕耘，植五谷，驯畜禽，尝百草，创编织，兴贸易"的农业生产过程，体味农村生活景象。观光农业只有通过科学的规划与合理的设计，才能符合休闲者的消费需求，为当地创造实质的经济利益，达到永续发展的目的。

三、提升观光农业的经营与服务

观光农业与传统农业的最大不同是它具有服务业的功能。观光农业依托城市、服务城市、受益于城市，是一种强调城乡经济协调发展、人与自然和谐统一的发达农业形态，是农业由第一产业向第三产业的延伸，是各产业间的有机融合。传统农业是产"物"的，而观光农业则是与"人"打交道的，观光农场若要靠经营观光农业获取利润，一定要吸引相当数量的游客亲自前往观光农场消费，要"引人""留人""留心"才能赚钱。因为观光农场获利的主要来源并不是农产品的营销或加工品的销售，而是体验性服务，这一经营范畴已超过了其传统产业的范畴。观光农业如果不能提供优质产品与服务则会失去其存在价值，因此提高服务意识和服务品质至关重要。

对于服务而言，显然城市居民到观光农业开发区并不是期望得到城市星级酒店的那种标准化服务，他们需要的是乡村的特色服务。更为重要的是，观光农业并不是简单地提供农家饭、住宿和有机农产品等，而是在传统农业的基础上，大力拓展其服务功能，为消费者提供观光、体验、文化、教育等方面的产品或者服务，切实让消费者体验农耕与丰收的喜悦。

此外，观光农业与其他服务业类似，也应保证向游客提供社区治安、医疗服务等基本的旅游服务。

四、树立观光农业的营销新理念

树立与时俱进的现代新型营销理念是发展观光农业的先导。休闲是人的一种存在方式和生活方式，是人的价值存在的一种表现形式，是人的本体论意义之所在。实现人的充分休闲及自由发展，是社会文明进步的主要标志。休闲经济时代的消费观念已不同于传统的消费时期。现在人们推崇"定制生活"，以满足个性化需求；推崇商业外表之下蕴涵的物质文明与精神文化，以构建自身与企业及社会公众的利益共同体；推崇感官体验以及思维认同，要求观光农业企业创造和提供有价值的体验经历，从而全面实现由传统营销向"绿色营销""体验性营销""文化性营销""人性化营销"以及"个性化营销"的转变。

当前，我国观光农业存在着营销观念与方法不能满足消费者需要的问题，主要是整体发展不平衡、布局不科学、层次不高、文化性不强、宣传不够。因此，各地应营造发展观光农业的良好氛围，扩大观光农业的知名度和影响力，重视观光农业的形象策划与包装，通过各种促销手段、品牌效应来吸引更多的消费者，从而促进观光农业做活、做强，让更多的农民从观光农业的发展中受益。

五、强化观光农业的科技支撑

观光农业依赖于都市农业，它需要多学科的参与和结合，需要农业科技的支撑。都市农业的发展水平决定了观光农业的发展状态和可持续发展能力。因此，各地在发展观光农业时，应加大科技投入，加强研发力度，依靠科技力量，不断创新产品和生产方式，不断提高其科技含量，强化农业生产的科技水平，提高农业劳动生产率，在有限的土地上提高农业综合生产能力，创造较高的经济效益，靠科技拓展农业的社会服务功能，实现农业生产和现代农业经营的协调发展。

各地应依靠科学技术加强环境保护，发挥资源的综合作用，实现第一产业、第三产业优势互补。在观光农业发展过程中，各地应采用国内外先进、成熟的技术手段或方法，对观光农业旅游造成的环境影响进行科学的分析和评价，并提出相应的对策，将农业资源、旅游资源、科学技术予以有效规划、有机结合，解决开发问题。

六、提高观光农业从业农民的素质

农民是观光农业发展的主力军，他们在观光农业开发中具有不可忽视的重要作用。一方面，他们是农业生产和农村建设的主体；另一方面，他们的衣食住行、文化习俗、精神风尚、生产方式又是观光农业开发的客体。因此，各地要着力提升从业农民的综合素质，在提高他们生产技能的同时，注重培育他们的经营管理能力，提高他们的服务水平，为观光农业旅游创造一个安全、有序、整洁、卫生的外部环境和淳朴热情的人文环境。

现阶段，我国观光农业发展主要依靠当地农民。由于没有经过系统的培训，从业农民文化素质普遍不高，服务意识不强，不能将先进的企业管理经验运用于实际工作中，从而制约了观光农业产业的发展。即便是专业的观光农业经营管理人员，也大多是原来从事农业生产、加工、营销的工作人员，对旅游业缺乏管理经验。旅游服务人员也大多不是正规职业学校的毕业生，有的虽然进行了短期培训，也存在着培训时间短、不规范的问题。因此，从整体上来看，观光农业从业人员素质仍然偏低。

有关部门应将观光农业的服务培训纳入农民素质教育的体系，对观光农业管理人员、技术人员和服务人员进行旅游、营销、管理等各方面的专题培训，力争提高观光农业从业人员的服务意识、业务能力及服务水平，并建立起适应观光农业发展的专业化的导游、接待和服务队伍，为观光农业的可持续发展创建良好的软环境。

七、加强观光农业的管理

大力发展观光农业是对传统农业功能的再认识。发展观光农业，要加强政府的宏观调控，把观光农业纳入经济发展规划，通过政策从各个方面给予支持；对整个观光农业的发展进行统一规划部署，并建立观光农业可持续发展的管理体系和法制体系，营造有利于观光农业产业发展的外部环境。

各地应建设完善的观光农业从业规章，规范观光农业产业发展。各地应明确行业管理部门，制定行业统一的管理标准，完善观光农业的服务标准，明确各类观光农业景区(点)的基本条件及配套设施的标准，统一各类观光农业旅游产品的质量标准，定期考核结合不定期抽查，对各类观光农业景区(点)的服务进行评定，并予以公布。各地要加强对餐饮、卫生、环境等条件的监管，防止对生态环境和社会文化造成负面影响。

同时，各地应加强对农业观光区域环境保护的宣传、教育和培训，提高公民的环保意识和可持续发展意识；加强对民族传统文化、民俗文化价值的宣传，提高农民对地方文化的认识，自觉维护特有民族文化，保持观光农业的可持续发展。

第三节　观光农业可持续发展的趋势

一、产业化

随着城乡居民收入水平的不断提高，人们的消费水平必将随之提升。未来观光农业的消费结构无疑会更加丰富。因此，观光农业必须以科技为依托，形成以现代加工业为主体，集农业生产、加工、销售于一体的企业联合集团和"龙头"产业，这样才可能拥有更加旺盛的生命力和更加广阔的市场。目前，各地观光农业正在朝着产业化的方向发展，行业集中度逐步提高，集团化趋势日渐凸显。大规模的企业或企业集团的出现，反映了观光农业产业整合化、规模化和集团化的发展趋势，行业的成熟度正在逐步提高，但仍需继续加强。

二、特色化

地方性和乡村性是观光农业的吸引力所在，特色是否鲜明关系到观光农业能否吸引游客。如何深入挖掘地方潜能、突出当地特色是观光农业可持续发展的关键。当前，观光农业经营雷同化、低水平化倾向严重，休闲方式单调，缺乏精神需求和氛围，容易让消费者产生疲劳，难以持续经营。今后观光农业发展要从质量上下功夫，深入挖掘乡村旅游资源和环境的文化内涵，避免在大范围内出现同质化倾向，并向更高层次推进产业发展，这样才能使观光农业具有很强的竞争力和旺盛的生命力。

三、生态化

良好的自然生态环境是一切旅游开发的根本，农业旅游更是依托于自然。所以，观光农业的可持续发展必须生态化，要坚持"保护第一，开发第二"的原则。观光农业项目的开发应与城市郊区和乡村良好的生态环境相协调，从城乡统筹和区域统筹的高度出发，避免破坏整体氛围和美感。

四、多元化

如果经营者的收入来源渠道单一，必然产生旺季时车水马龙、淡季时门庭冷落的局面，不仅影响经营者的经济效益，而且会导致恶性竞争，以及观光农业项目开发的短期行为。未来观光农业的可持续发展，必须以多种经营开辟多条收入渠道，如通过"农家乐"季节性特色项目、旅游服务、生产旅游纪念品、直销农副产品、花卉苗木经营等方式来扩大旅游收入来源，这样有利于农村经济、农业经济与旅游经济的协调发展，减轻农村经济因旅游和农业生产的季节性而产生的过大波动。

五、科学化

科学论证与合理规划是实现可持续观光农业的必要条件。对于观光农业项目的经营者而言，其在项目开发过程中要注重科学化，抉择之前一定要对当地旅游资源、客源市场、地理位置等进行充分有效的评估、定位和市场研究分析，之后再确定是否能够开发、如何开发，并在日常经营中不断提高管理和经营水平，提高服务意识，多在经营手段和活动内容上下功夫。对于政府而言，其在规划过程中更要注重科学化，以点带面，因地制宜，扬长避短，逐步推开。同时，政府要加大投入，改善软、硬环境，鼓励观光农业向高品位、高档次发展，并建立观光农业项目的评价体系。

六、国际化

当前，国内观光农业的游客主要集中于邻近城市，由于大多数园区不具备一定的规模档次和品牌感召力，难以招徕国际游客。事实上，境外游客对我国农村的山水风光、文物古迹和民俗风情最感兴趣，很多国际旅游者有强烈的与当地人交往、了解当地农村文化和生活方式的意愿。而观光农业作为一种特殊的乡村旅游产品恰好可以满足境外旅游者的这一需求，尤其是景区型和民俗特色鲜明的观光农业项目最具潜力。因此，今后观光农业也应该朝着开拓国际市场的方向发展。

◎ **思考题**

1. 可持续发展的含义是什么？
2. 您所在的地区是如何实现观光农业的可持续发展的？

第十二章 农业嘉年华

第一节 农业嘉年华规划设计

规划背景与条件分析

对项目背景进行全面的调研和分析，作为制定规划的依据。项目背景包括政策背景、产业背景、市场背景和社会经济背景等，也包括国家政策及战略机遇、所在省市农业主导产业资源背景、项目所在地农业相关行业背景、市场背景、社会和经济背景等。

规划总则与发展目标

规划总则与发展目标是农业嘉年华规划成果的总纲，一般应该包括规划路径、规划原则、总体定位和规划目标。

规划的原则

规划原则如下：以政策为导向；以农业为基础；以文化为纽带；以科技为支撑；以旅游为特色；以乐活为目标。

农业嘉年华规划布局

农业嘉年华园区的空间结构规划是其规划模式的空间落实。要想发挥最大的经济效益，农业嘉年华的选址应该选在城市郊区，充分利用城市交通和信息渠道，大大缩短农村与中心城区的距离，起到良好的示范带动效用。农业嘉年华规划应由农业主导产业主题展馆核心区、农业科技园和农业产业园组成，建设规模的不同，其核心区、科技园和产业园的面积也不同，但一般不超过 5000 亩。

基础设施规划

农业嘉年华园区的基础设施规划包括水资源供需平衡分析、灌溉工程、雨水工程、给水工程、污水工程、电力工程、通信工程、供暖工程、燃气工程、综合防灾规划等。

近期重点建设项目规划

　　一般应结合国民经济与社会发展规划的编制周期以及甲方的经济状况和实施能力进行近期重点建设项目规划，包括重点项目建设规划和建立 A 级园区的重点建设项目库。

农业嘉年华景观设计方向

随着农业嘉年华设计案例的增多，农业嘉年华在景观设计方面已形成了基本的方案模式，但在品种、技术、互动项目、节点等方面需要更深层次的挖掘与延伸。农业嘉年华的景观设计方向仍需探索。

场馆内的景观设计为农业嘉年华的主体部分，也是最吸引人的核心部分，可同时集休闲、旅游、科普、体验等功能于一体。设计思路就是结合当地农业主导产业和融入当地特色文化。

除了景观创意外，农业嘉年华的内涵即文化创意也尤为重要。如何将文化与景观相结合，以景观丰富的表现形式来体现文化，都是文化创意景观要考虑与研究设计的方面。

场馆外景观设计不仅为场馆内提供配套设施，也为农业嘉年华提供一个户外休闲与娱乐的空间。通常农业嘉年华室外景观设计包括科技引领示范、旅游休闲、服务配套等多种功能。在结合景观元素的同时，也要考虑品种、技术、互动等多种技术指标，一些场馆内无法表现或不适合表现的品种可以在场馆外以专类品种园的形式进行科普展示，包含品种展示、技术推广、休闲采摘等多种作用。

未来几年内农业嘉年华可能会发生更大的变化，其内涵和经营内容都会更加丰富。农业嘉年华也会不断创新，融入更多科技元素、反季节展示独特的蔬菜水果、更加注重参与者的体验方面等，而农业嘉年华的设计都需要通过景观设计来实现，只有正确把握设计方向，才能更好地为农业嘉年华服务。

第二节　北京七届农业嘉年华给我们的启示

"2017 年，昌平区全区草莓总产量达到 625 万千克，栽培面积已经达到 5200 亩，实现总产值 3.3 亿元，在带动全区农民持续增收、促进首都农业转型升级、引领全国草莓产业发展方面发挥了重要作用。"2018 年 3 月 18 日上午，借北京农业嘉年华举办契机，由北京市昌平区政府主办、北京农业嘉年华组委会和昌平区农业服务中心承办的中国草莓高峰论坛召开，会上，北京市昌平区区长张燕友介绍了一组喜人的成绩。

而就在 3 月 17 日，围绕落实党的十九大乡村振兴战略蓝图，以"乡村让生活更美好"为口号、以"创新、协调、绿色、开放、共享"为发展理念的第六届北京农业嘉年华开幕式在昌平区草莓博览园举行。嘉年华东区"莓好生活"馆围绕昌平区的草莓产业打造出了微型"草莓小镇"景观，将品种观赏、知识科普、应用互动全部融入其中，集中展示昌平草莓近年来的最新技术成果、产业发展成果。

在北京市农村工作委员会副主任马荣才看来，历经了第七届世界草莓大会、连续六届的北京农业嘉年华，昌平的草莓产业已经成为北京都市型现代农业的典型代表，不仅具有很高的生产价值，而且在乡村产业振兴、引领观光休闲农业、推动产业链发展方面发挥了很好的连锁效应。

北京农业嘉年华开启乡村体验之旅

180 余个创意农业景观、80 余项先进农业技术、660 余个农业优新特品种、200 余项互动体验活动……一年一度的北京农业嘉年华再次迎来了全国各地的朋友，2018 年的参展企业数量创下历史之最，吸引了 23 个省份、5 个自治区和 4 个直辖市的 300 余家企业参展，不仅让游客朋友们观赏到农业美景、了解农耕文化、体验农趣生活、感受农业科技，还可以品尝各地特色美食、购买各类国际特色农产品。

北京农业嘉年华组委会办公室执行副主任刘正雄介绍，本届嘉年华非常注重区域产业联动作用以及对昌平相关产业的辐射带动作用。通过场馆设置、景观创意、板块策划，将农业嘉年华打造成集展示农业产业、全域旅游产业、文化创意产业、科技创新产业为一体的优质平台，同时通过与农业、旅游、文创、科创等区域优质企业合作，推动嘉年华特色品牌打造，促进产业发展。

值得一提的是，在过去的几年里，内蒙古阿鲁科尔沁旗、青海省曲麻莱县、西藏当雄县、河南省栾川县及河北省怀来县、巨鹿县、尚义县七个兄弟县旗与昌平区在农业发展方面密切交流与合作，昌平区不仅为兄弟县旗带去了农业种植、生产技术等方面的资源和经验，还借北京农业嘉年华召开之际，为兄弟县旗提供了免费的交流展区。通过创意景观搭配实物展示的表现手法，展现出兄弟县旗独具特色的休闲旅游、农特产品、民俗文化等方面的优质资源。

"这体现了昌平区与各兄弟县旗携手发展，在新时代共同为百姓创造更加幸福生活的美好愿景，同时这也是昌平区落实乡村振兴战略，谱写草莓产业发展新篇章的重要举措。"张燕友说。

草莓成地方农民致富的"摇钱树"

2008 年，昌平区成功申办第七届世界草莓大会，由此昌平区政府把大力发展草莓产业写入历年政府工作报告，开启了昌平草莓产业的迅速发展期。伴随 2012 年第七届世界草莓大会的成功举办，昌平草莓产业规模也进入了鼎盛时期。

"从 2013 年至 2017 年，伴随着五届北京农业嘉年华活动，昌平区有 1500 多户农民发展了草莓种植，上万人通过草莓产业实现了就业增收。"昌平区农服中心副主任陈怀勐介绍，作为昌平的农业主导产业，近五年来，草莓产业年产值最低的年份达 3.19 亿元，最高的年份达到 4.62 亿元，占昌平地区农业总产值百分比 40% 以上，有的年份甚至超过50%，已经成为昌平区农业经济发展中一个无可替代的产业。

"农业嘉年华对昌平的草莓产业振兴是立竿见影的，有的采摘园甚至直接打出'嘉年华推荐的采摘园'招牌吸引游客，通过政府的站台和对农户的技术指导、产品监管，让游客对昌平草莓的品质有了很高的认可，不仅好卖，也能卖上好价钱，甚至带动了周边的民俗旅游产业发展。"前五届农业嘉年华累计接待游客达 589.5 万人次，带动周边地区草莓园接待游客 1280 余万人次，实现草莓销售收入达 8.294 亿元。"政府搭台，产业受益"这一模式带来的积极效应，使得河南、湖北、辽宁、贵州、广西等省市也纷纷通过举办农业嘉年华来推动地方农业产业发展。一些草莓新品种如圣诞红、隋珠，从昌平走到了全北京市乃至全国，昌平的草莓被推广到内蒙古、云南、河北、浙江等省份。

"随着世界草莓大会和北京农业嘉年华的举办，北京的草莓产业也在不断升级发展，昌平草莓被入选为国家地理标志性产品，草莓产业已经成为北京不可或缺的产业。"马荣才介绍，北京草莓的栽培面积有 80% 在昌平，昌平种植的草莓品种达 20 多个，目前正在向多样化、高产优质的方向发展。经过近几年的发展，北京的草莓种植在种苗繁育、土壤处理、病虫害防治、淡季栽培、标准化管理等方面走在了全国前列，形成了明显的科技优势。

政府"搭台唱戏"让乡村产业振兴

"今年是全面贯彻党的十九大精神的开局之年，也是实施乡村振兴战略、建设美丽乡村的起步之年。"张燕友表示，在这个大背景下，农业嘉年华不仅要唱响"乡村振兴"主旋律，突出推动城乡协调发展、突出助力京津冀协同发展、突出促进农业与科技、生态、旅游、文化融合发展，而且还要在乡村产业振兴的路径和模式探索上下功夫、干实事、抓实效，力争为全面实现"农业强、农村美、农民富"的战略目标作出昌平应有的贡献。

过去的 5 年，昌平区政府不断加大对草莓产业的扶持力度。在草莓产业发展初期，仅新建一栋标准日光温室就补助 3 万元，棉被、卷帘机及灌溉等设备也给予一定的资金支持。2016 年，昌平区政府出台《北京市昌平区人民政府关于扶持农业产业化发展的意见》（昌政发〔2016〕9 号），制定了一系列惠农政策，每年发放草莓产业政策补贴资金 2000 万元以上。

在草莓种植推广的同时，昌平还加强与科研院所和大专院校的合作，坚持广泛引进并运用科技成果。为了将技术人员打造成高端的技术型人才，先后组织草莓技术骨干到西班牙、日本等地深入学习，多次到吉林蛟河、浙江建德、辽宁东港、安徽长丰、四川双流、山东烟台、福建宁德等地进行学习考察。在走出去的同时，也多次邀请日本、美国、西班牙、德国等国家和地区专家来昌平讲学、交流。

"可以说，昌平草莓产业的发展并不是一朝一夕就促成的，从技术发展、人才支撑、政策扶持上，昌平积累了许多经验和模式。通过政策扶持，昌平在调动莓农种植积极性、降低莓农种植成本的同时，也提高了'昌平草莓'的产品品质。"张燕友表示，但同时也应看到，经过近10年的发展，昌平区"一花三果"（百合花、苹果、柿子、草莓）中特色农产品优势较为明显的仅剩草莓和苹果。

"产业振兴是乡村振兴的基础，乡村的产业振兴了，人才、资金等要素才会向乡村聚集，广大农民积极性、主动性、创造性才能被调动起来，广大农民共同富裕的愿望才能实现。"张燕友说，未来昌平区的农业发展将以"构建现代农业产业体系、生产体系、经营体系，健全农业社会化服务体系"为目标，进一步加强草莓产前、产中、产后的技术管理和流通，促进优质草莓安全生产与可持续发展，推动草莓生产模式、销售方式转变，强化"昌平草莓"品牌效应，在增加农产品科技含量、引进先进栽培种植技术、规范生产标准、提高产品品质等方面进一步作深入研究，为今后中国草莓产业的融合发展提供理论依据与技术支撑，为加快推进农业农村现代化、振兴乡村产业作出应有的贡献。

第三节　以农业嘉年华为突破口助推乡村振兴

一、乡村振兴

党的十九大报告提出实施乡村振兴战略，并明确了"产业兴旺、生态宜居、乡风文明、治理有效、生活富裕"的总要求，这是新时代"三农"工作的总抓手。在当今城乡融合发展的新格局下，只有在乡村地区找到突破口，才能最终实现乡村振兴这一项长期的历史性任务。乡村振兴的灵魂是乡村文化的振兴，是实现乡村振兴的突破口。无形的乡村文化的传承与传播需要媒介，农业嘉年华正是以乡村文化为灵魂实现乡村振兴的一种载体，其起源、发展模式、表现形式和特点都在不断创新和拓展。

二、农业嘉年华

1. 农业嘉年华的起源

"嘉年华"是英文单词 Carnival 的中文译音，早在欧洲是一个传统的节日。嘉年华的前身是欧美狂欢节，最早起源于古埃及，后来成为古罗马农神节的庆祝活动。多年以来，"嘉年华"逐渐从一个传统的节日，发展成为今天的包括大型游乐设施在内，辅以各种文化艺术活动形式的公众娱乐盛会。

2. 我国现代农业嘉年华的兴起与发展

近年来，我国各地多次举办了各类农业展会，农事节庆活动，名目繁多，百花齐放，内容丰富，在农业科技交流、农业信息交流等方面发挥了巨大作用。随着现代都市农业园区的大力发展，为了进一步发展品牌农业，扩大农业产业化链条，同时，也是为了进一步方便都市人民体验农业优美的景观和生态环境，体验浓郁的田园风光，农业嘉年华应运而生。江苏省南京市于2005—2016年连续举办了十二届农业嘉年华，其显著特点是周期短，形式多样，内容丰富，引领了全国农业嘉年华的发展。北京市于 2013 年 3 月下旬至 5 月上旬在昌平草莓博览园举办了首个农业嘉年华。由于组织充分，规划设计科学，管理先进，该活动得到了超出预期的效果。于是，北京市又于 2014—2017 年 3 月举行了第二至第五届农业嘉年华。安徽省马鞍山市和县于 2014 年 11 月 15 日至 12 月 15 日举办了为期一个月的农业嘉年华。① 广西玉林市于 2015 年 1 月 1 日开始举办了长期的农业嘉年华。

从此，农业嘉年华活动如雨后春笋，在全国各地纷纷举行。近两年来，辽宁辽阳市首山、河北邢台市南和、河北秦皇岛市青龙、辽宁丹东市凤城、河南洛阳市汝阳、山东聊城市莘县、四川岷江、内蒙古赤峰市元宝山等地，先后举行了农业嘉年华活动。

上述的农业嘉年华，得到了全国各地各级政府、涉农企业等部门的高度重视。据悉，一些部门、农业企业正在积极筹备当地的农业嘉年华，农业嘉年华已经成为现代都市农业园区的新业态。

3. 我国农业嘉年华的发展历程

我国的农业嘉年华是以发展现代都市农业为方向，以市场需求为导向，以现代农业科学技术和科学装备为支撑，以现代农业产业体系和经营形式为载体，以弘扬农耕文化、享受农事乐趣为内容，充分发挥农业的多功能性，最终实现引领现代农业发展，促进农民增收的现代都市农业园区的新业态。经过几年实践，我国的农业嘉年华显示出强大的生命力。

中国创造的"农业嘉年华"，是"嘉年华"与农业的结合与应用，是农业活动史上一项历史性发展、创新和提升。它是以农业生产活动为背景，以农事活动为载体的一种农业体验方式。它以发展现代都市农业为方向，以市场需求为导向，以现代农业科学技术和科学装备为支撑，以现代农业产业体系和经营形式为载体，以弘扬农耕文化、享受农事乐趣为内容，充分发挥农业的多功能性，最终实现引领现代农业发展，促进农民增收，建设生态、美丽新农村的目的。

农业嘉年华作为城市近郊区农业扩散出来的大型农业活动，是以农业生产活动为主题，以狂欢活动为平台的一种农业休闲体验模式，是能促进一二三产业融合发展、增加农民收入的一种都市农业新业态。作为农业、科技、旅游与文化四轮驱动的综合载体，在中央大力推进农业改革背景下，农业嘉年华这一新型农业发展模式日臻成熟。本书根据农业嘉年华不同发展阶段呈现的特点，将其发展历程划分为四个阶段：

（1）品牌起步阶段（2005—2012 年）：农产品展会+创意休闲体验

这一时期的农业嘉年华本质上是农博会的升级，形式上是国外农业嘉年华模式的模仿和创新，主要具有四个特征：一是活动组织策划方、投资主体均是政府。二是活动主题鲜明，但开放时间短，分散投资，一般规模相对较小。三是主题局限于成果展示、项目推介及娱乐休闲等方面，难以形成品牌效应，对周边产业的带动性不强。四是地点不固定，活动结束后，资源利用效率低，甚至部分处于闲置状态。如南京农业嘉年华自 2005 年首届至第八届，每年活动时间均仅有 2 天，后续至第十三届，活动时间才逐渐延长至 1 个月。

---

① 陈义山：《和县首届农业嘉年华昨闭幕》，《马鞍山日报》2014 年 12 月 16 日，第 1 版。

活动主要展示都市农业新成果、现代农业新技术、郊区农民新风采和城乡和谐新生活，兼具展览、娱乐、购物、展示、宣传和招商等功能，其模式新颖，发展潜力巨大，但由于举办地点的不固定，造成游客吸附力差，影响力不足。

（2）成长发展阶段（2013—2014年）：都市休闲体验+产业辐射

这一时期的农业嘉年华得到进一步发展，相继在北京、安徽和县及河南郑州等地成功举办。活动组织模式从之前的政府实施，逐渐转为由政府搭建平台、专业化企业负责具体执行；场地由露天搭建逐步发展到拥有固定场所，并建有专门场馆；活动时间进一步延长至1~2个月，内容增加了休闲体验项目。此时，农业嘉年华品牌逐渐形成，影响力进一步扩大，辐射带动作用明显，科技带动、科普作用初显。如北京农业嘉年华，自2013年起连续举办了六届。年均游客量超百万人次，其成功举办大幅提升了昌平草莓品牌效应，带动了草莓产业、周边地区的旅游、餐饮及住宿等相关产业发展，让广大农户获得切实的利益，实现了城乡统筹发展。同时，展示了极具魅力的都市农业发展新模式与未来农业发展新趋势，成为首都都市型现代农业的新品牌和昌平转型发展的新亮点。

（3）创新发展阶段（2015—2016年）："农业+N"的综合载体模式

这一时期的农业嘉年华，政府搭台、企业唱戏的组织模式逐渐成熟，运营模式发生了极大的变化，运营时间由原来间断开展变为常年运营，内涵也与当地三农建设、主导产业及城乡融合高度关联，生存、盈利能力和辐射带动作用更加明显，品牌影响力发生质的飞跃。同时，农业嘉年华的综合载体属性凸显，融产业、科技、旅游和文化等于一体，有效实现三产联动，形成区域发展极核。如河北邢台南和农业嘉年华以"农业嘉年华+设施园艺产业集群+农用工业产业"为抓手，形成了南和万亩农业经济综合体的核心区，通过新模式、新科技和新创意的全新发展理念，引爆并撬动区域整体发展。活动不仅带来了旅游项目的兴起，更带动了周边农业种植结构的变革，并逐步形成了以嘉年华为中心，以红树莓、设施蔬菜、中药材及苗木等种植基地为特色的农业园，带动农民年增收2000多万元，同时提升了原有农产品品牌价值，形成农业集群式发展，使得农业效益大大提升。

（4）区域统筹建设的新阶段（2017年至今）：田园综合体+农业嘉年华

2017年2月，"田园综合体"被写进2017年中央一号文件，随后全国各地都在积极推进"农业+文旅+新型社区"的综合可持续发展模式的开发落地与实践创新。作为现代乡村新型产业发展方向之一，田园综合体将成为今后休闲农业和乡村旅游发展的大方向。这一时期，农业嘉年华项目不再是一个单独性的都市农业休闲体验项目，其以区域统筹建设及乡村综合发展为着力点，与周边区域的现代农业产业发展、生态环境建设和田园社区建设相结合，建在田园综合体、国家现代农业示范区、国家现代农业产业园、国家农业科技园区、国家农业高新区和国家农业公园等大型或超大型农业园区内，是田园综合体的重要组成部分及区域发展核心点。以广西玉林"五彩田园"农业嘉年华为例，早在2015年1月1日，广西玉林"五彩田园"便已经将田园综合体变成了现实，而随着不断建设发展，玉林也成了农业嘉年华与田园综合体有机结合的典范。不仅构成了集现代农业生产、文化旅游观光、乡村特色食宿和美丽乡村建设于一体的"田园综合体"，同时，积极发挥农业嘉年华内的高科技优势，定期开展科普讲座，推动当地农业发展；打造当地学生、企业的教学实践基地，品牌效应凸显。此外，"五彩田园"的成功也对整个玉林社会经济发展起到了辐射作用。

4. 我国农业嘉年华的特点

(1)都市型现代农业的盛会

我国目前的农业嘉年华，其地点都选择了城郊，开办以来得到了城市居民的重视和欢迎，市民们踊跃参与。据报道，2013年北京市首届农业嘉年华共接待了107万人(次)游客，到2017年第五届农业嘉年华共接待了136.93万人(次)游客。广西玉林农业嘉年华自2015年元旦开园，当天入园人数突破2万，元旦3天小长假，共接待游客6.3万人(次)。当年1~11月，农业嘉年华的"五彩田园"共接待游客500万人(次)，其中进入高科技农业展览馆的人数超过100万人(次)。游客中基本是城市居民和大中小学生，其中也不乏涉农企业、农业科技工作者、各类团体、境外外交官员等。

(2)突出农业特色，展示都市型现代农业魅力

我国的农业嘉年华，内容丰富，特色明显，并且不断地更新和提升，每一处(届)农业嘉年华都含有不同的主题和特色。如北京首届农业嘉年华的主题为"观农业盛典，享花样年华"，之后四届的主题分别为"多彩农业，点亮生活""美丽乡村，快乐生活""智慧农业，引领生活"和"科技农业，绿色生活"。广西玉林农业嘉年华打出"五彩田园"的主题广告语，安排了"浪漫三月三，相邀嘉年华""亲近自然，体验农耕"等为主题的一系列活动。河北南和农业嘉年华设计了"蔬朗星空""畿南粮仓""本草华堂""童话果园""花样年华""同舟共冀"等农业场馆，尽显农业特色。

通过对农业嘉年华具体活动内容的分析，发现农业嘉年华突出了农耕文化、休闲农业、创意农业、观赏农业的特点，体现了农业的艺术性、趣味性，展示了农业的生产功能、生态功能、生活功能。

(3)内容丰富，农业、科技、创意相结合

综观我国的农业嘉年华，其内容非常丰富，涵盖了种植业中的蔬菜、草莓、果树、花卉、粮油作物和食用菌，以及与农业密切相关的蜜蜂、桑蚕等。北京历届农业嘉年华中的"蔬菜森林""番茄迷宫""芽菜世界""瓜样年华""紫蔬探秘""蔬情画意""丝路蔬语"，广西玉林农业嘉年华中的"瓜彩世界""农艺高科""玉蔬林凤"，安徽和县农业嘉年华中的"农艺华章""蔬艺花苑"等，都是以蔬菜为主的活动场馆；而"草莓星空""草莓隧道""草莓奇境"等，则是以草莓为主的活动场馆；果树栽培以南方果树和葡萄为主，如"台湾农情""燕赵葡园"；以花卉为主的场馆为"梦幻花乡""幽兰奇境""丝路花语"；以粮油作物为主的场馆则为"五谷道场""金玉良缘""五谷丰登""和美田园""向阳花海"等，主要涉及玉米、高粱、谷子、麦类、水稻、向日葵等作物；与农业密切相关的食用菌、蜜蜂、桑蚕等场馆有"蘑幻王国""蜂彩世界""蜜境先蜂""桑蚕织梦"等。此外，为增加游客的互动性，农业嘉年华还安排设计了"激情狂欢乐园""农事体验乐园"等活动，有的农业嘉年华安排了国内著名农业专家为广大市民讲授农业科技。北京农业嘉年华安排了"草莓休闲观光采摘带"，供市民休闲、观光、采摘。农业嘉年华主题场馆的艺术化命名、各场馆内丰富的创意设计，是吸引市民持续参加农业嘉年华活动的一大亮点。

农业嘉年华的设计，在突出农业这个主题的同时，充分运用现代科技手段，促进农业这个第一产业与休闲、观光、餐饮等二、三产业有机融合。

5. 我国农业嘉年华的科技创新

（1）品种丰富

据不完全统计，我国农业嘉年华共引进、示范、展示了400余种农作物新品种，其中蔬菜230余种，多为名、稀、特品种，如樱桃番茄、水果黄瓜、观赏瓜类、紫色蔬菜、药用蔬菜、山野菜、芳香蔬菜等，其中一部分为从国外引进、国内尚未示范种植的品种；粮油作物100余个品种，均为在国内极有种植前途的品种，如高油玉米、高蛋白玉米、水果玉米、优质小米、油用向日葵等；水果则为在我国北方设施内正在推广的南方水果品种，如火龙果、香蕉、柠檬等和华北地区有名的葡萄品种。这些品种一是在国内具有推广价值，是增加农民收入的一种渠道；二是具有很高的保健价值和观赏性，因此它们成为我国农业嘉年华的一大主角。

（2）栽培技术先进

我国农业嘉年华的蔬菜栽培，采取了国内外的高新栽培技术。这些技术的应用绝非仅仅为吸引游客的注意力，更重要的是它代表着我国现代农业建设中高新技术发展的方向，有着广泛的推广前景。

①基质栽培

我国农业嘉年华中的蔬菜及粮油作物的栽培都采取了无土栽培的方式，其中大多数是基质栽培。在基质栽培中，大部分为草炭、蛭石、珍珠岩的复合基质，其中一部分为椰糠基质。这是一项国内先进技术。

在基质栽培中，又采取了盆栽、槽培、箱培、树式栽培、廊架栽培等多种立体栽培方式，从而展示了我国蔬菜无土栽培的广阔前景。

②水培

水培即营养液栽培，我国农业嘉年华广泛应用了这一高新技术。在栽培品种中，有黄瓜、甜瓜、茄子、辣椒、番茄、韭菜等多个品种；在栽培方式中，应用了管道水培、浮板水培、雾培等几种方式。

（3）应用先进的设施设备

我国的农业嘉年华应用了许多国内外先进的设施设备，如声波助长仪、二氧化碳发生器、硫黄熏蒸器、营养液消毒设备、植物静电发生器、微纳米气泡发生器、灌溉水处理设备、温室调控仪、补光灯、电生功能水等。这些先进设施设备的应用为我国设施农业的发展提供了可靠的推广依据。

（4）家庭园艺项目多彩

根据现代农业园区的特点和都市人民的需求，绝大多数农业嘉年华内开设了家庭园艺项目，内容极其丰富，种类主要是蔬菜和花卉，品种多样。其栽培方式为盆栽、槽培和箱培，设施丰富多彩，有立体盆栽、多层箱式栽培、多层管道栽培、柱状栽培等，非常适合城里人家庭阳台种植。为方便居民就地取材，嘉年华场馆内展示了竹子管道栽培蔬菜，泡沫箱栽培蔬菜及家庭芽苗菜生产、鱼菜共生的简易设施。据了解，家庭园艺项目深受都市人群欢迎，在嘉年华活动期间，许多游客购买了种子、种苗及设施。

6. 我国农业嘉年华的效益分析

(1)惠及城乡居民

①提升了农业价值

农业嘉年华弘扬了农耕文化，开拓了农业观光、旅游、休闲、体验项目，丰富了市民的农业传统文化知识，从而进一步提升了农业的价值。

农业嘉年华集游、购、娱为一体，突出了艺术性和趣味性，满足了市民多层面的消费需求。如北京农业嘉年华的成功举办，得到了北京市民的广泛认可与好评，已经成为北京市民春天里的一份期待，推动了活动的举办。广西玉林农业嘉年华全年开放，通过开展"百花科技节""荔枝科技节""石斛科技节""养生科普节"四季主打节庆活动，吸引了省内外更多的市民参与其中，随着内容越来越丰富，游客也越来越多，农业嘉年华已经成为当地农业旅游的第一个骨干项目。

②加强了农业科普教育

在农业嘉年华的活动期间，通过"走进农业，探索未来"活动，许多大、中、小学组团前来参加。如北京第二届农业嘉年华共吸引全市范围内 80 所幼儿园、4.5 万名中小学生参观、体验，许多家庭利用周末携子女共同来农业嘉年华游玩，从而进一步培育了城市青少年认识农业、热爱农业的中华传统美德。广西玉林农业嘉年华在 2015 年 4 月 25 日，吸引了玉林高中近千名在校师生走进"五彩田园"开展农业科普教育社会实践活动。2015年，广西玉林农业嘉年华被农业部、共青团中央认定为"全国青少年农业科普示范基地"。

③促进了先进农业技术的推广应用

农业嘉年华活动期间，中央电视台科技苑节目、省市区电视台先后多次报道了农业嘉年华展示的农业新品种、新技术，有的农业嘉年华组委会(北京)还举办了"农业科普日""食品安全日"活动，这不仅使全国人民受到了农业高新技术的科普教育，也使许多农民学到和应用了农业新技术。例如，中央电视台科技苑节目于2014年5月7日、5月9日播放了北京第二届农业嘉年华《紫色蔬菜原来有那么多秘密》《巧技术、神技术，全是新技术》后，北京中农富通园艺有限公司(该届北京农业嘉年华的设计者和实施者)接到了许多来自全国各地农民、农业企业的咨询电话，纷纷前来详细了解有关新品种和新技术。北京市昌平区电视台在北京第三届农业嘉年华拍摄了关于药用蔬菜的保健功效、栽培技术、市场分析的科教片并向全区播放，使农业嘉年华成为开拓农民致富之路、提高农民收入的一个平台。

④经济效益显著

有关资料显示，第二届北京农业嘉年华活动期间，周边各草莓采摘园接待游客 256 万人(次)，销售草莓 301.6 万千克，实现收入 1.63 亿元，带动周边兴寿、小汤山、崔村 3 个镇实现民俗旅游收入 0.75 亿元，园区实现直接经济收入 3510.47 万元。第三届北京农业嘉年华活动结束后，实现园区总收入 5195.7 万元，带动周边地区草莓观光采摘收入 1.58 亿元，民俗旅游收入 0.93 亿元。安徽和县农业嘉年华开园一个月，旅游总收入达 390 万元，销售农业机械及农副产品 1200 多万元。农业嘉年华提高了农民和涉农企业的收入。

（2）推动了农业产业化的进一步发展

北京农业嘉年华以草莓博览园为中心，辐射周边万栋草莓日光温室，已形成以草莓为中心的农业产业。第三届北京农业嘉年华开园不久，嘉年华组委会即与周边5个乡镇共666.7平方百米草莓种植园签约，引领春季草莓采摘体验热潮，为草莓产业的持续发展增添后劲。同时，农业嘉年华集中展示了都市型现代农业的多种功能，吸引了更多人士关注农业，借势推动了全市休闲旅游、文化会展产业的发展。在农业嘉年华活动期间，通过涉农企业参与，进一步拓宽了农业产业化渠道。

广西玉林农业嘉年华在建设中分为"核心区""拓展区"两期建设，从而促进了一、二、三产业融合互动。据玉东新区管委会介绍，2015年广西玉林农业嘉年华已签约项目19个，合同总投资额55亿元，在谈项目20多个，意向投资近80亿元。2015年10月，广西玉林农业嘉年华荣获"国家农业产业化示范基地"称号。

在安徽和县农业嘉年华期间，举办了全国蔬菜产业发展与机械化论坛、安徽省蔬菜产业学术研讨等高规格的农业专业性会议，共同描绘了全省乃至全国蔬菜产业的未来远景。

（3）加强行业间合作，促进科技园区的建设

第二届北京农业嘉年华活动期间，来自全国29个省、市、自治区的近千种产品创意集中亮相，450多家农业企业参展，"优质农产品展销活动"吸取地标产品生产企业18家，食品生产企业48家，京郊特色农产品生产企业14家；第三届北京农业嘉年华为京津冀联合办展，优势互补，为国内首创。参加活动省份达24个，招商198家，展示地方特色产品708种；广西玉林农业嘉年华展示了11项国家农业专利项目，50多项农业科研成果，接待了来自区内外参观考察团队20多个；安徽和县农业嘉年华有来自全国近百家农业企业进驻会展，展示、展销农资、农副产品近千个。这些来自全国的农业企业参与农业嘉年华活动，丰富了农业嘉年华的活动内容，更重要的是进行了行业间的信息交流，建立了新的业务和技术联系，进一步丰富了我国现代都市农业科技园区建设的内容，使我国现代都市农业科技园区建设不断提升创新水平和科技含量，从而保证其可持续的发展。

农业嘉年华是现代都市农业的一种新模式、新业态，从投资运营、产业带动、品牌价值等方面推动了现代农业的发展，它将农业元素融入嘉年华活动，展示了农业的生产性、生活性、科技性、生态性、趣味性等多种功能。经过几年的发展，农业嘉年华越来越受到广大市民的欢迎，已经显示出旺盛的生命力。为了推动农业嘉年华的可持续发展，需要广大实践者不断完善、不断创新，去追求理论创新、模式创新和科技创新。

7. 农业嘉年华的未来发展趋势

文化如果想在乡村振兴中发挥强大的推动作用，实现产业化，必须把握两大前提：一是发展阶段；二是商业模式。而"农业嘉年华+地域文化"则是在满足消费需求和消费观念的前提下，顺应时代发展规律所形成的一种新型产业业态，其基本价值特征是不仅市值高，而且市盈利高，经过了多年的发展，已经拥有了一套成熟、独特的商业模式。

未来全域嘉年华时代集群效应将愈加凸显。农业嘉年华通过嫁接和整合发达国家已成熟的生活方式，借它们的芯片搭建我国农业新平台。当前在中国国内快速发展，聚合了大

量人气。农业嘉年华的核心是围绕"三农"问题的解决,探索农业三产融合发展模式。大量事实已经证明农业嘉年华对于提升区域经济增长、农民增收致富、提升城市功能、推动农业经营等方面是一种行之有效的路径和方法,是一种出游型消费经济。目前是以省为单位、以区域主导产业为基础,以农业嘉年华+产业园、科技园、国家农业公园、田园综合体、特色小镇等模式发展,其类型都是综合型的农业嘉年华。未来农业嘉年华的发展需要通过整合资源,创新发展模式,突出集群效应。以省为单位建设全域农业嘉年华是其未来的发展方向。其发展不仅表现在参与人数的增长上,还体现在体验品种的增加上,各行业积极参与,各部门齐抓共管,所有居民共同参与,建设开放式集群农业嘉年华。为了发展全域农业嘉年华的集群效应,不仅要把区域资源做成"单项冠军",更要把各个单项冠军联合起来实现"团体冠军",使各个资源之间互相借势、优势共享,从而形成整个区域的一个产品体系和客户体验体系,最终促进区域产业经济的整体发展。

"一枝独秀"的文化产品策略就是塑造符合自身战略定位的核心拳头产品。要做到一枝独秀,首先就是要立足区域资源,深度挖掘地域文化,找出项目的独特文化价值,并将文化附着在产品之中,以此诠释产品的独特性,提升产品的核心竞争力。

跨界与融合跨界的本质是消费需求的扩大和升级,也是商业农业竞争和发展升级的表现。新理念、新业态、新功能、新技术、新服务方式不断引入,增加了商业农业的项目体验性、参与性、差异性,是形成项目美誉度和附加值的方案。文化创新是实现跨界融合,塑造"一枝独秀"的产品策略的关键举措。而文化的创新关键在于人才。全域农业嘉年华涉及面广、内容复杂,对于人才的需求,不仅是局限在农业方面,更需要文化、旅游、影视多方面的人才引进,才能在思想碰撞交融中找出与农业创新连接的卖点。

全域农业嘉年华作为农业嘉年华的一种创新发展思路,有其自身的特殊规律,未来要根据它的特点和规律,按照"三化",即策划、规划、计划的方法循序推进。重视策划的环节,也就是在项目之初就要把自身放在全国乃至全世界的大背景下衡量研究,找出自身的独特优势,确定好发展方向、思路及适合的商业模式。其次才是落实规划,也就是把战略落实到空间、时间上去。最后,再制定计划,将目标分解作为政府的考核指标,唤起工农千百万,让所有参与者心往一处想,劲往一处使。

8. 结论

农业嘉年华作为文化传播的一种新媒介,是以科技为支撑创新文化发展的新型业态,它通过传播已选择加工过的象征性的文化符号,实现乡村文化的再造,不仅可以延展乡村社会的文化空间,而且能激励拓展乡村文化主题的创新空间,参与建构新农村主流文化。目前,在乡村地区正发挥着"聚人、塑魂"的核心引爆效应,具有强大的文化构建力,注定要在新时代乡村振兴的进程中扮演重要角色。

第四节　农业嘉年华——乡村振兴的有利抓手

农业部农产品加工局印发了2018年工作要点,提出实施休闲农业和乡村旅游精品工程。加大督促检查,深入推动落实十四部门《关于大力发展休闲农业的指导意见》。其中指出培育一批功能完备、特色突出、服务优良、示范带动力强的美丽休闲乡村、休闲农庄（园）、农家乐等精品，鼓励各地因地制宜开展农业嘉年华、休闲农业特色村镇、农事节庆等形式多样的品牌创建和推介活动。

望眼当前，中国最大的不平衡是城乡发展的不平衡，最大的不充分是农业农村发展的不充分，然而短板就是潜力，差距也是机遇。党的十九大报告提出，实施乡村振兴战略，它是社会主义新农村建设的升级版，确定了产业兴旺、生态宜居、乡风文明、治理有效、生活富裕的任务目标。

在实现乡村振兴的路径上，要提高涉农人员的素质与能力，要盘活农村资源，要增加农民收入，要重视科学技术的作用，提高农村基础设施和公共服务水平等。这需要培育新的载体来完成使命，农业嘉年华以独特的形式成为不可缺少的元素。

农业嘉年华是以市场需求为导向，以农业生产活动为主题，以狂欢活动为平台，以农业科技为支撑，以农产品为成果，充分挖掘和展示都市型现代农业的全景功能，从而达到全民关注都市现代农业发展与健康生活方式的目的。

近几年，在不断的实践探索和发展中，嘉年华设计不断遵循以农业为基础、以科技为支撑、以文化为纽带、以旅游为特色、以乐活为目标的原则，形成了"嘉年华+科技园+产业集群"等多元素共同发展的形式，成为助力乡村振兴的主要抓手。

一、以科学规划为基础助力乡村生态发展

美丽中国要靠美丽乡村打底色，恢复和提升农村生态，让农村的生态优势变成农村发展的宝贵资本，所以要把生产生活发展和环境保护融为一体，"绿水青山就是金山银山"。如果没有良好的自然生态，乡村就找不到令人向往的诗情画意，找不到乡愁中的田园风光。

农业嘉年华的建设以生态农业为根本，紧跟政策导向，结合现代农业的发展理念，在推广科技的同时，以环境友好为前提。积极探索生态防治、循环农业、生态农业等新模式，以景观的形式进行技术展示和科普。大力推广有机、绿色、无公害产品，引导当地农业发展方向，提升产业结构升级，引领农业可持续的稳定发展。

二、以农业科技为抓手助力现代农业发展

中国农业发展正处于由传统农业向现代农业转变的关键阶段，既承担着为农村区域发展提供产业支撑的历史重任，又面临着资源和市场的双重制约，现代农业科技支撑体系对中国现代农业发展的作用越来越突出。

在农业嘉年华活动中，作物的多种先进栽培方式、栽培设备展示，栽培生产中应用的从播种、施肥到采收，最后加工的各类先进机械，都是技术亮点。它们在产生利润的同时，也有很大的农业引领示范效益。

随着物联网技术的发展，农业领域在信息化建设的过程中也开始应用这一技术手段，而农业具有一定的复杂性，影响因素较多，生产周期较长，利用物联网技术能够对农业各个环节进行整合。在农业嘉年华中，应用农业物联网技术将大量的科技设备与其他技术结

合，应用于食品安全追溯系统、智能化专家管理系统、精准农业、生物信息和诊断系统和远程监测和遥感系统等，促进农产品高效、节能、绿色生产，销售、物流体系完善，保证农产品安全性全程追溯等，提高市场竞争力，为现代农业科技推广起到很好的带头作用。

农业产业和其他产业一样，不同的社会经济发展水平存在着差异，每一个经济带下的产业结构都与该地区的经济水平存在着密切的联系。随着经济的发展，经济强势地区产业结构也必然升级，原来优势的产业会随着经济发展梯度向相邻的经济带推进。农业嘉年华的建设带动当地农业产业结构的升级，也必定对相邻地区的农业产业发展起到推进作用。

在经济落后的地区率先引进先进的科学技术，实现该地域的跨越式发展，这样的情况在工业产业中很常见。对于农业嘉年华项目的建设我们也可以借鉴这种方式，引进国外的理念和技术，实现区域性农业的跨越式发展。

三、以科普培训为抓手助力农业知识传播

十九大报告提出了农业农村现代化，农业和农村的现代化首先要实现人才现代化建设。我们要把乡村建设好，培养一批具有现代观念、现代技能的新农民。人才是创新的根基，是创新的核心要素，农业的发展最终要靠人才。而农业嘉年华是最为典型的以科技示范、休闲观光为特点的现代农业项目，一方面园区高效运营，另一方面也有效地带动了周边农业人才发展作用，可对外提供技术交流和农业职业培训、农业科普教育等服务。

四、以农耕文化为抓手助力乡村文化振兴

农耕文明是中华文化的典型特征，聚族而居、精耕细作的农耕文明孕育了内敛式自给自足的生活方式、文化传统、农政思想、乡村管理制度等，与今天提倡的和谐、环保、低碳的理念不谋而合，是建立民族文化自信的重要载体。

各地农业嘉年华深入挖掘当地的历史文化、农耕文化、旱作文化、梯田文化、林果文化、森林文化、畜牧业文化、乡村民俗文化等，将种植作物和农耕工具的发展演化进程、传统的庭院、祖先的遗存、乡土文化活动等以创意化的形式展示给游客并使其参与其中，加深其对当地农耕文化的了解。

当然乡村的文化振兴不能速成，但农业嘉年华成为农耕文化挖掘与传播的重要途径是实现乡村文化振兴不可缺少的抓手。

五、以发展乡村旅游助力城乡融合发展

伴随着我国快速发展的城镇化进程，房价高涨、交通堵塞、用地紧张、环境污染等城市问题越来越严重，反而人们到农村去寻乡愁、休闲旅游、度假养生等需求如潮水般涌现。中国的消费逆城市化时代已然到来。

农业嘉年华活动是随着我国经济发展和产业转型而出现的都市农业新业态，以农事生产活动为基础，以开发具有观光、旅游价值的农业资源和农业产品为前提，把农业生产、科技展示、艺术加工和游客参加农事活动等融为一体，供游客领略大自然浓厚意趣和现代化的新兴农业科技艺术，极大地满足了城乡居民对都市休闲农业不断增长的需求。

六、有效带动农村劳动力的就地转移

目前，我国的农业生产还处于自然经济状态，提供的产品还属于初始产品。缺乏深加工使得产品的附加值较低，这既不利于农民收入的提高，也限制了农业生产活动的空间及农业劳动力的分流。

农业嘉年华正好可以作为一个展示农业高新尖技术的平台，一个推动三产融合发展的支点，一个利用"三农"的优势和特色来解决"三农"问题的有效方式。研究数据表明，每增加一个休闲行业的直接就业人员，就会间接带动其他相关行业增加五个就业人员。

中农四方农业规划设计研究院认为，发展农业嘉年华是一条解决就业和再就业难题的有效途径，农业嘉年华融汇了吃、喝、玩、乐、娱、购等元素，通过对餐饮、住宿、购物、交通、文化等行业发展的促进作用，创造更多的就业机会，从而能在一定程度上缓解农村劳动力的过剩问题。

嘉年华利用其科技集中和聚人气效应，对市民普及都市农业概念，对农民进行技术培训和农业信息共享，对企业进行技术升级，为创业者提供平台和指导。

以举办农业嘉年华系列活动为契机，通过企业参与、商户入驻，拓宽农业产业渠道，加强城乡科技、资金、信息交流，增强产业发展实力，进一步提升品牌影响力，不断增加农民收入，促进城乡居民就业，促进产业融合，促进城乡融合发展。

七、可吸纳更多社会资金倾向新农村建设

农村水、电、路、通信等基础设施建设的落后是长期以来制约农村发展的重要瓶颈，而解决这一瓶颈的最大难题在于必要经费的短缺。其中，贫困地区的投资需求尤其高，而城市的投资需求相对较低。

如果按照这种投资标准，根据专家测算，仅自来水、沼气、道路硬化等项目，全国大约需要资金 4 万亿元。因地制宜地发展具有地方特色的农业嘉年华，带动农村特色产业，通过农业嘉年华的平台展示当地特色的农作物、农耕文化、农产品等，推动乡村农业品牌，从而推动农村经济发展，同时农业嘉年华又汇聚了国内外知名农业企业、加工企业、旅游企业、地产企业等，能够有效增加农业溢价，这将对繁荣市场、全面推进农村建设，吸纳社会资金起到积极的促进作用。

由此可见，依托农业嘉年华巨大的流量引爆效应、科技输出力量，有助于加快建设美丽乡村的步伐，农业嘉年华也可成为实施乡村振兴的强有力抓手。

参 考 文 献

[1]王家富.体验经济时代的营销新策略——让消费者参与顾客价值创造[J].大众科技，2005(12)：160-161.

[2]舒伯阳.基于体验经济的价值链分析及企业竞争策略[J].经济管理，2004(21)：27-31.

[3]潘立勇.人文旅游[M].杭州：浙江大学出版社，2005.

[4]黄志红.休闲农业体验价值模型的构建及其应用[J]，统计与决策，2009(23)：123-124.

[5]孙明泉."体验"的经济价值及其产业发展——以环都市乡村休闲产业为例[J].中州学刊，2009(5)：50-55.

[6]吕永康，李光涛.云南思茅烘青毛茶茶坯加工中经济成本核算[J].茶业通报，2007，29(2)：75-76.

[7]郭焕成，郑健雄.海峡两岸观光休闲农业与乡村旅游发展[M].北京：中国矿业大学出版社，2004.

[8]原梅生.中国休闲农业发展研究[M].北京：中国财政经济出版社，2008.

[9]任荣，刘军萍.北京市观光休闲农业园区服务指南[M].北京：中国农业科学技术出版社，2006.

[10]骆高远.观光农业与乡村旅游[M].杭州：浙江大学出版社，2009.

[11]张晴，罗其友，刘李峰.国外农业休闲功能及对中国农业的启示[J].世界农业，2008(10)：38-40.

[12]张亚男.欧美国家乡村旅游的基本特征[J].开发研究，2007(6)：134-135.

[13]郭焕成，孔艺惠，任国柱，吕明伟.北京休闲农业与乡村旅游发展研究[J].地球信息科学，2008，10(4)：453-461.

[14]袁胜军，黄立平，王宁，占锦川.对上海休闲农业旅游的调查与对策分析[J].湖南农业科学，2006(1)：7-9.

[15]周荣华.成都"农家乐"发展现状调查研究[J].社会科学家，2004(5)：93-94.

[16]姜太碧.成都市近郊观光农业调查报告[J].西南民族大学学报：人文社会科学版，2006，27(4)：152-154.

[17]曾玉荣.台湾休闲农业的发展[J].福建农业科技，1992(3)：33-34.

[18]李飞.台湾休闲农业的发展模式及其对大陆的启示[J].东北财经大学学报，2008(3)：67-69.

[19]戴斌，周晓歌，梁壮平. 中国与国外乡村旅游发展模式比较研究[J]. 江西科技师范学院学报，2006(1)：16-23.

[20]赖明洲，薛怡珍，谢佩珊. 台湾休闲农业的可持续发展刍议[C]. 休闲农业与乡村旅游发展——第二届"海峡两岸休闲农业与观光旅游学术研讨会"论文集，2004.

[21]刘春香. 发展观光休闲农业，实现农业可持续发展[J]. 生态经济，2006(2)：97-98.

[22]籍瑞芬，刘志，谭艺平. 基于可持续发展视角的长株潭地区都市休闲农业初探[J]. 安徽农业科学，2008，36(4)：1530-1532.

[23]魏敏，马连君，冯永军. 农业生态旅游及其旅游地的可持续发展[J]. 农机化研究，2008(2)：250-252.

[24]张梅. 北京市休闲观光农业可持续发展研究[D]. 北京：中国农业科学院，2009.

[25]黄燕玲. 西南民族地区休闲农业可持续发展探析[J]. 安徽农业科学，2008，36(3)：1171-1173.

[26]庞如春，李胜利，仇新红. 休闲农业的营销创新[J]. 吉林省经济管理干部学院学报，2007，21(6)：70-72.

[27]约翰·特莱伯. 休闲经济与案例分析[M]. 3版. 李文峰，译. 沈阳：辽宁科学技术出版社，2007.

[28]郭馨梅. 体验经济刍议[J]. 北京工商大学学报：社会科学版，2003，18(4)：1-4.

[29]皮平凡. 体验经济时代的旅游产品开发探索[J]. 学术交流，2005(2)：66-69.

[30]范萍. 现代休闲理论初探[J]. 黑龙江史志，2009(17)：107-108.

[31]陈颖. 景观农业的内涵和构建[J]. 经济学家，2008(3)：124-126.

[32]王浩，等. 农业观光园规划与经营[M]. 北京：中国林业出版社，2003.

[33]潘贤丽. 观光农业概论[M]. 北京：中国林业出版社，北京大学出版社，2009.

[34]张晴. 观光农业的产业融合定位思考[J]. 农村经济与科技，2008，19(11)：60-61，66.

[35]李娜，徐梦洁，王丽娟. 都市农业比较研究及我国都市农业的发展[J]. 江西农业大学学报：社会科学版，2006，5(1)：69-72.

[36]马勇，李玺，李娟文. 旅游规划与开发[M]. 北京：科学出版社，2004.

[37]菲利普·科特勒. 营销管理[M]. 梅汝和，梅清豪，周安柱，译. 北京：中国人民大学出版社，2001.

[38]谢彦君. 基础旅游学[M]. 北京：中国旅游出版社，2001.

[39]孙海植，安永冕，曹明焕，李定实. 休闲学[M]. 朴松爱，李仲广，译. 大连：东北财经大学出版社，2005.

[40]李大兵，景再方，司伟. 现代农业企业管理[M]. 太原：山西经济出版社，2006.

[41]蔡根女. 农业企业经营管理学[M]. 北京：高等教育出版社，2003.

[42]张德. 人力资源开发与管理[M]. 2版. 北京：清华大学出版社，2001.

[43]张爱卿，钱振波. 人力资源管理：理论与实践[M]. 2版. 北京：清华大学出版社，2008.

［44］杜彦坤. 农业企业技术创新与管理［M］. 北京：经济科学出版社，2004.

［45］熊健. 海峡两岸农业企业化经营与管理［M］. 合肥：合肥工业大学出版社，2005.

［46］陈芳，冯革群. 德国市民农园的历史发展及现代启示［J］. 国际城市规划，2008，23
（2）：78-82.

［47］蒋建科. 论农业本质［M］. 北京：中国农业出版社，2007.

［48］詹玲. 发展休闲农业的若干问题研究［M］. 北京：中国农业出版社，2009.

［49］夏英，牛若峰. 农业产业一体化理论及国际经验［J］. 农业经济问题，1996（12）：
2-7.

［50］邬义钧，邱钧. 产业经济学［M］. 北京：中国统计出版社，2001.

［51］章海荣，方起东. 休闲学概论［M］. 昆明：云南大学出版社，2005.

［52］史亚军，等. 城郊农村如何发展观光农业［M］. 北京：金盾出版社，2006.

［53］史亚军，黄映晖. 观光农业开发与经营［M］. 北京：中国农业科学技术出版社，2006.

［54］史亚军，黄映辉，李立伟. 小康之路：观光农业项目与技术［M］. 北京：科学普及出
版社，2008.

［55］史亚军，邓蓉，黄映晖. 都市型现代农业发展研究［M］. 北京：中国农业出版
社，2008.

［56］史亚军，李立伟，黄映晖. 小康之路：新农村建设模式与解析［M］. 北京：科学普及
出版社，2009.

［57］黄映晖，史亚军. 小康之路：农村文化资源的开发与经营［M］. 北京：科学普及出版
社，2009.